“十二五”国家重点图书出版规划项目
国际商法经典案例丛书

比较担保法案例选评

杨贝　编著

对外经济贸易大学出版社
中国·北京

图书在版编目（CIP）数据

比较担保法案例选评 / 杨贝编著. —北京：对外经济贸易大学出版社，2013
（国际商法经典案例丛书）
“十二五”国家重点图书出版规划项目
ISBN 978-7-5663-0829-0

Ⅰ. ①比… Ⅱ. ①杨… Ⅲ. ①国际法－担保法－案例 Ⅳ. ①D996.2

中国版本图书馆 CIP 数据核字（2013）第 226190 号

比较担保法案例选评

杨 贝 编著

责任编辑：王 煜 潘北枝

对 外 经 济 贸 易 大 学 出 版 社
北京市朝阳区惠新东街 10 号 邮政编码：100029
邮购电话：010－64492338 发行部电话：010－64492342
网址：http://www.uibep.com E-mail：uibep@126.com

山东省沂南县汇丰印刷有限公司印装 新华书店北京发行所发行
成品尺寸：170mm×240mm 20.25 印张 318 千字
2013 年 10 月北京第 1 版 2013 年 10 月第 1 次印刷

ISBN 978-7-5663-0829-0
印数：0 001－3 000 册 定价：41.00 元

总　　序

随着世界经济一体化的发展，我国涉外经贸人士越来越需要了解各国和国际层面的商事立法和运用这些立法的案例。这对我国的法学教育也提出了相关要求。除了英美法系国家关于商事立法的案例之外，欧洲大陆法系国家关于商事立法的判例法近年来也在迅速发展。与此同时，各国适用不同的国际商事公约的案例已经有了越来越多的积累。在此情况下，有必要对这些案例进行搜集、筛选、翻译，并加上适当的评注，然后以案例教科书的方式出版。

从推动教育改革的角度讲，在国际商法教学领域引入案例教学，让学生通过阅读大量的由各国法院发布的案例，对于拓宽学生视野，培养其分析和解决问题的能力以及理论联系实际的能力，具有重要的意义。

编写译为中文的案例教科书的意义在于：（1）完全采用英文案例教学会使阅读案例的数量减少，导致教学信息量较少和知识覆盖面较窄。而采用译为中文的内容较为精简的案例，能大大地增加阅读量。（2）由于英文案例复杂难懂，在课程中适当采用一定比例的编译为中文的案例，将其与英文案例相结合，更利于学生的透彻理解。

本案例丛书作为对外经济贸易大学法学院长期坚持职业法律人才和国际化法律人才培养的教学实践成果，荣获“十二五”国家重点图书出版规划项目。这是对我院长期以来倡导和身体力行的案例教学方法的充分肯定。在此套丛书陆续出版之际，我作为现任法学院院长和在我国最早提倡案例教学方法的学者之一，感到由衷的高兴。尤其让我们感到自豪的是，参加编写这套丛书的教师已经从最初的几个人发展到今天的强大团队。在此，我向所有关心和支持我院学科建设的领导、同事和各界朋友表示最衷心的感谢！

对外经济贸易大学法学院
王军
2011 年 9 月

前　言

随着市场经济的发展和交易量的增大，交易安全越来越受到人们的关注。以确保债权实现为目的的担保制度已成为现代市场经济中一项不可或缺的重要法律制度。一般而言，担保法是指调整担保活动中相关当事人之间的法律关系的法律，是各国最基本的民商事法律制度之一。担保法对保证债权实现和交易安全，促进资金融通和商品流通，具有十分重要的作用。按照大陆法系的法的分类，担保法兼跨物权法、债权法两大法域，几乎涉及民商事法律体系的各个方面，在民商事法律制度中具有重要的地位。

本书以我国债权担保制度为基本线索，以举案说法、以案释法的方式，评析了近60个来自英国、美国、德国、法国、我国大陆及台湾地区的典型案例。通过列出案例来源，使读者能够进一步地追索案例并进行深入研究；通过概述案情与判决意见，使读者能够掌握案件背景；通过评析案例，在阐释担保法基础理论的同时，对各国的担保法律制度进行比较分析，以使法学专业的学生在掌握了民商法一般理论的基础上，对担保法原理及各国的担保法律制度有更深入的理解。最后，本书节选了美国、德国、法国、日本四国的担保法中较为重要的法律条文，以供读者参照、比较。

编著者

2013 年 8 月

目　录

第一章

担保概述

担保通常是指，为确保特定的债权人实现债权，以债务人或第三人的信用或特定财产来保证债务人履行债务的制度。担保法是民商事法律的重要组成部分。各国法律均有关于担保的规定，但各国所采取的立法模式却有所不同。概括而言，担保法的立法模式有以下两种：一是在民法典中规定担保问题，这是绝大多数国家采取的立法模式。这种立法模式在具体做法上又有所不同。有的国家根据担保的不同性质，将担保法规范在民法典的各编中分别加以规定，即将抵押权、质权等担保物权规定于物权法编，而将保证、定金等规定于债法编中，德国、日本等国采取这种处理方式；有的国家不区分担保的性质，将担保法规范集中规定在债法编，俄罗斯、智利、蒙古等国采取这种处理方式。二是通过制定单独的担保法规定担保问题，即制定专门调整担保关系的法律。我国不仅在《民法通则》和《物权法》中有担保的规定，而且制定有专门的《担保法》，这种立法模式为我国所独创。

第一节 担保利益

担保利益是指依据担保协议或法律规定而在特定财产上设定的利益，用以担保义务（通常是债务）的履行。A. L. Diamond 在其报告中基于担保的功能而非担保文件的形式对担保利益作了广义的界定。报告认为，担保利益包括与财产相关的两种利益，第一种是债务人（或其他人）为了担保债务的履行，作为财产的所有者或利益持有人，以转移权利的方式设立的赋予债权人在某种财产上以利益或追及的权利；第二种是基于同样目的，由债权人在某种财产上创设或保留的权利。该定义将所有权保留、分期付款、附条件买卖等均纳入了担保范围。①

我国法律对担保财产范围的界定主要结合各项具体的担保制度加以规定。《担保法》在立法上分别确立了抵押和质押的概念，不仅规定了抵押制度，还对质押、留置等担保制度作了规定。在此基础上，分别设定了可设立担保的财产的范围。

美国《统一商法典》第九篇将担保利益分为三类：第一类为占有的担保利益，即债务人将担保物交付担保权人占有，直到债务得以偿还；第二类是非占有的担保利益，即债务人不转移担保物的占有，债权人只是在该担保物上享有优先受偿的权利；第三类担保利益是买卖价金担保利益，即卖方以出卖物作为全部或部分价款的担保物所享有的利益，或者第三人为使买受人取得对买卖标的物的权益或能够使用买卖标的物提供某项贷款或承担一项债务，而对该买卖标的物所享有的担保利益。依据美国法律规定，担保权益的创设主要涉及两个文件：担保协议和融资声明。美国《动产担保交易法》沿用了《统一信托收据法》的“公告登记”（notice filing）制度，规定当事人申请时只需提交一份“融资报告”即可完成登记。在此之前，美国《统一动产抵押法》以及《附条件买卖法》均要求当事人以担保协议作为申请材料。担保财产的类型区分或者说担保财产的性质界定问题因为涉及登记规则，而影响到担保利益的最终设立。美国《统一商法典》第九篇对现存的多种多样的担保制度进行了回应，为担保利益的设立与规制提供了较为全面的框架。②

案例1　Case 信贷公司诉 Madison 县第一国民银行案

【案例来源】

J. I. Case Credit Corporation v. First National Bank of Madison County, United

---

① See A. L. Diamond. A Review of Security Interests in Property. Department of Trade and Industry. London, 1989: 10－12.

② 周名峰．中美动产担保法律制度比较研究．商业时代，2006（16）：48～50.

States Court of Appeals, Seventh Circuit. No. 91 –3531.

【案情简介】

Humphrey 曾是 W. H. Hardy & Sons 公司（以下简称 Hardy 公司）的惟一股东和首席执行官。直到 1985 年，Hardy 公司都是一家国际农用收割设备公司的经销商。1984 年，农机设备市场不景气。为了将业务扩大到二手车买卖市场，Hardy 公司通过“地面方案（floor-plan arrangement）”[①] 从被告第一国民银行（以下简称第一银行）处融资。当时，除了该笔地面方案的贷款，Hardy 公司在第一银行还有其他几笔未清偿的贷款。

1985 年，原告 Case 信贷公司购买了 Hardy 公司的农机设备买卖业务，Hardy 公司从而成为 Case 信贷公司的特许代理商。Case 信贷公司通过地面方案为 Humphrey 的农机设备买卖项目提供资金支持。为了保证清偿，Case 信贷公司在其卖给 Hardy 公司的农机设备和正在使用中的农机设备上设立了担保利益。根据担保协议，担保利益明确地包含了出售农机设备所得。Case 信贷公司告知了银行它在农机设备上享有的担保利益，负责监督 Humphrey 贷款的第一银行业务员 William Powers 知道 Case 信贷公司担保利益的存在。

Case 信贷公司的担保协议要求 Hardy 公司立即将农机设备买卖收益的 90% 转给 Case 信贷公司。协议还要求 Hardy 公司将所有收入设立“书面信托”给 Case 信贷公司，而且 Case 信贷公司可以要求 Hardy 公司为农机设备买卖设立专门账户，不与其他资金混同。然而，Case 信贷公司实际上并没有要求立即清偿，甚至也没有要求 Hardy 公司不与其他账户混同。事实上，Humphrey 将 Hardy 公司的农机设备买卖收入存入了他在第一银行的商业活期账户，此账户中也有他买卖二手车的收入和其他业务收入。Humphrey 用此账户的钱清偿所有债权人债务，其中也包括 Case 信贷公司。

1987 年 12 月至 1988 年 4 月，Hardy 公司售出了 26 台农机设备，Humphrey 将收入所得的 294 000 美元像往常一样存入了他在第一银行的个人商业活期账

① 地面方案是一种常见于汽车销售的融资方案。地面方案是为经销商设立循环信用额度，经销商可以就库存借款，因此，该方案也被译作库存信贷。在该模式下，贷款人享有对库存的所有权。一旦部分或全部库存出售，所有权将由贷款人转给购买人，经销商用出售所得偿还贷款并从中获利。

户。同期，Humphrey 还将 388 000 美元的借入资金、353 000 美元的其他收入也存入了这一活期账户。然而，Case 信贷公司没有收到其中任何一笔钱。与此相反，Humphrey 还用这些钱（包括部分 Case 信贷公司的贷款）清偿了包括第一银行在内的其他债权人。1987 年 12 月至 1988 年 4 月，Humphrey 用支票向第一银行支付了金额异常巨大的贷款，总计 603 000 美元。1986 年，Humphrey 平均每月向第一银行清偿 4 000 美元，1987 年（直到 12 月）每月清偿 10 000 美元。Humphrey 对于银行贷款的清偿完全是自愿的，第一银行从未要求 Humphrey 加速清偿。不止如此，尽管存在大额付款的现象，第一银行事实上并不知道 Humphrey 是用 Case 信贷公司的贷款进行清偿。

Case 信贷公司似乎每 30 天清查一次 Hardy 公司的库存，但 Humphrey 通过持有已经出售的农机设备，使 Case 信贷公司没能发现应收的收入。即使这样处心积虑，Humphrey 也没能挽救农机设备业务。1988 年 4 月下旬，Hardy 公司宣告破产。

Hardy 公司破产不久后，Case 信贷公司发现了 Humphrey 用本应付给信贷公司的账款偿还其他债权人的情况。1988 年 7 月，Case 信贷公司对第一银行提起诉讼，要求不当得利返还、欺诈、普通法侵权和盗窃的赔偿。开庭前，Case 信贷公司同意撤回欺诈的诉讼主张，地区法院就盗窃做出了有利于被告第一银行的简易判决。地区法院就不当得利和普通法的侵占进行了审理，最终判决支付 Case 信贷公司 188 000 美元。

在一审中，地区法院明确驳回了被告第一银行的辩护理由。被告认为其无须对 Case 信贷公司承担责任，因为 Humphrey 对于第一银行的清偿是在其经营的通常交易过程中，银行是通过适当流程成为票据的持有人的。法院认为，在 Humphrey 向银行清偿时，银行明知 Hardy 公司和农机设备市场的经营状况不佳，银行已经将包括 Humphrey 在内的所有农业交易贷款列为“可疑”。而且，银行已经依照联邦存款保险公司的要求为 Humphrey 的贷款设立了特别准备金以保障银行贷款安全。尽管银行不知道 Humphrey 用本应偿还 Case 信贷公司的钱清偿贷款，但是银行明确知道 Case 信贷公司在 Humphrey 农机设备上设立了担保利益。法院认为，所有这些都使得“一家合理的经营审慎业务的银行应当注意到异常情况。”法院接着发现，银行在接受 Humphrey 还款时没有询问还款来源。因此，法院认为第一银行接受的清偿不是在正常的经营流程中，银行并没有通过适当流程成为票据的持有人。最后法庭驳回了银行的相关抗辩。被告第一银行提起上诉。

【判决意见概述】

上诉法院认为，毫无疑问，原告 Case 信贷公司已就 Hardy 公司出售的农机设备所得货款设立了有效的担保利益。美国《统一商法典》明确允许担保权人就收益设定担保利益。《印第安纳州法典》第 26－1－9－306（2）条规定：“担保利益存续在任何可分辨的收益中……”作为担保权人，Case 信贷公司有权提起侵占之诉要求返还被错误支付给第三人的担保利益。

Case 信贷公司主张，依据这些一般性规则，其应当胜诉。依据《印第安纳州法典》第 26－1－9－201 节，“一旦债务人违约，(《统一商法典》）第九篇规定的担保权人享有优于‘任何人、任何地方、任何方式’的优先受偿权，但法律就优先权另有规定的除外。”被告第一银行并不否认收取了 Case 信贷公司的收益，也不否认 Case 信贷公司的担保利益优先于银行就这些资金享有的利益。然而，银行主张，债务人的现金收益混入了债务人活期账户，这使得附有“另有规定除外”的一般优先规则在此不能适用。第一银行特地援引了美国《统一商法典评述》第 9－306－2（C）条里一般规则“例外”条款做出抗辩，用于清偿银行贷款的现金出自债务人混合的活期账户，美国《统一商法典》“例外”条款的存在排除了“一般规则”的适用。

被告援引的第 9－306－2（C）条规定，当现金收益进入债务人的活期账户并用于营业支出，这些资金的接收人免受这些收益的担保权人的追诉。上述涉及正常经营中的支付与转账。如果转账不是基于正常的经营流程，而是与第三方恶意串通欺骗担保权人，那么有关欺诈的法律将毫无疑问地予以适用，收款人应当向担保权人返还收益。然而，美国《统一商法典》并没有明确地定义美国《统一商法典评述》第 9－306－2（C）条中例外情形下的“通常交易过程”，但已指出，最起码通常交易过程中的支付应发生在债务人的经营活动中。Humphrey 对银行贷款的清偿就是在正常的商业还贷过程中进行的，所用的资金来源于自己的商业活期账户。这一点上双方没有实质争议并且地区法院没有发现相反的状况。

但是评述并没有仅因为支付是在债务人商业经营过程中进行的这一点就禁止担保利益人获得补偿。事实上，在一些特定案件中，如果受偿人在“通常交易过程”之外获得清偿或者与债务人相勾结以损害担保利益人，那么该支付是可以得到补偿的。这就将可获补偿的支付的范围扩大到了通常交易过程之外，但是如何界定这个范围呢？

上诉法院认为：根据美国《统一商法典评述》第9-306-2（C）条，如果债务人是在经营过程中进行支付，受领人不知道而且也不是装作不知道该支付会损害第三人的担保利益，则该支付就是基于通常交易过程。首先，上诉法院总结了各法院的态度，结果发现“通常交易过程”的确切含义始终是个问题。上诉法院发现，多数法院允许通过通常交易过程从普通账户获得清偿的债权人拒绝担保权人返还这些款项的主张。这些法院普遍认为担保权人可以尝试要求第三方返还混同账户中的资金，但他们大都查阅了美国《统一商法典评述》第9-306-2（C）条，并分析了那些支付是否出自通常交易过程，进而据此判断返还是否正当。不过，这些法院仍然没有就“通常交易过程”给出明确定义。

上诉法院注意到，美国第一巡回法院赋予了“通常交易过程”相当宽泛的含义，只有当混同账户的收款人从事了“在商事领域里十分失当的行为时”，才负有返还义务。第一巡回法院发现“良好的商业理性”理论可以支持这一主张。“……如果法院过于轻易地向从普通账户中获得资金的人课以义务……那么提供电、气、桌、椅等的普通供应商将发现自己被要求向担保权人……返还普通收款。”本案中的上诉法院有着和第一巡回法庭一样的担忧。如果过于轻易地向收款人课以义务，那可能会妨碍商品和服务的自由流通，而银行的贷款就是一种商品。然而，法官们关于“何为良好的商业政策”的理解不足以界定“通常交易过程”的宽窄。

其次，在法律实践没有为“通常交易过程”提供明确定义的情况下，上诉法院的法官选择了回到法律文本本身，通过考证法律条文的措辞来探究法律的真实含义。上诉法院的法官建议在法典和注释2（C）中的寻找答案，认为里面的措辞可能已经具体显示了立法者的政策选择。法典和注释对“通常交易过程”做了相当宽泛的界定。按照美国《统一商法典评述》第9-306-2（C）条的解释，判断一项支付是否通过通常交易过程进行，决定性的因素是看收款人是否明知该款属他人合法所有。这出自这段论述，“如果转账不是基于正常的经营流程，或者是与第三方恶意串通欺骗担保权人”，那么在“适当的案件中”，被支付人应当返还。“例外”条款似乎将非通常交易过程与串通欺诈结合起来了。如果“非通常交易过程”不涉及串通和欺诈的共同要素，那么更正常的措辞应当是“非正当流程或者串通……”。与串通欺诈相联系意味着，非通常交易过程的支付是指知晓收到的钱款由他人合法所有。根据布莱克法律辞典，串通是指两个以上的人合意欺骗他人。合意意味着行为人必然知道合意的对象。在本案中，就是知道要去欺骗担保权人，拿走本属于担保权人的钱。这意味着，美国《统一商法典评述》第9-306-2（C）条的意思是，当债务人通过通常交易过程向第三方支付混同资金时，除非第三方知晓该支付侵犯了这些资金上设立的优先担保权益，否则该支付就是通过通常交易过程进行的正常支付。《统一商法典》第1-201（9）条支持了对这一评述的解读，它将一个相似术语“通常交易过程中的买家”界定为“出于诚信，不知道该出售侵犯了第三方的所有权或担保利益的”买受人。立法者在美国《统一商法典评述》第9-306-2（C）条使用了与《统一商法典》第1-201（9）条相同的术语——“通常交易过程”。我们由此可以合理地推论，“立法者有意基于同样的考虑因素——诚信和不知情——将某笔支付或转账认定为基于通常交易过程。”

由上，“诚信和不知情”是通常交易过程的必要含义。同时应该注意到，即使收款人并不真正知晓该支付侵犯了他人的担保利益，该支付仍可能不是出自通常交易过程。在掌握了使其充分怀疑支付可能侵犯他人担保利益的信息的情况下，某人因为害怕他已经知悉的情况，故意采取一些措施以避免更多的发现。有意的忽视或者故意对明显的危险视而不见就是“放任”，法律通常用“放任”来替代故意或实际知悉。这就使得“放任”也成为判定通常交易过程的关键要素。在对“放任”进行分析时，还需要注意与“过失”相区别。一般情况下，“放任”与“过失”相区分这一原则适用于判定支付是否基于通常交易过程，以及其他法律领域。《统一商法典》第1-201（9）条阐述了这一点。该条要求，对一个通常交易过程中的买家而言，他必须是“基于诚信并且在不知情的情况下……”购买。法典将“诚信”界定为“真正的诚实”。即使是显见的过失（即大意和失误）也不是不诚实。然而，如果一个人已经发现他的收款可能侵犯了别人的担保利益，却故意闭眼不看，那就不能说他是诚信行为。在认定Humphrey对第一银行的支付不属于通常交易过程时，初审法院事实上运用的是过失标准，认为第一银行掌握了充分的信息，这使它负有“一家合理的经营审慎业务的银行应当注意到异常情况”的义务。但通过上述分析，在判断是否属于通常交易过程时，诚信、知情和不放任是决定性因素，而过失与放任不同，不能作为判断标准。

既然初审法院已明确，第一银行并不知道Humphrey的还贷行为损害了担保利益人的利益。那就只剩下是否存在“放任”的问题，而卷宗里没有证据表明银行存在“放任”的情况。地区法院依据第一银行知道Case的担保权益这一点，以及其他两个事实判定Humphrey的支付没有通过通常交易过程。法庭注意到，尽管第一银行知道农机设备买卖市场萧条，仍然接受了Humphrey的前所未有的大额付款。法庭还注意到，银行已将Humphrey贷款归入问题贷款并且就此设立了专门的准备金，但却没有询问Humphrey用于还款的资金来源。但这些不足以推出银行存在“放任”行为。银行可能知道Case信贷公司担保利益的存在，但是没有证据表明银行知道或者甚至怀疑Humphrey没有履行对Case信贷公司的清偿义务。

简言之，案卷里没有证据支持初审法院关于第一银行采取了放任态度的结论，而初审法院自己也确认第一银行对于Humphrey侵犯Case信贷公司担保权益的行为并不知情。因此可以得出结论，Humphrey是在日常经营活动中通过通常交易过程向第一银行偿还贷款，第一银行无须向Case返还。据此，上诉法院最终推翻了初审法院的判决。

【案例评析】

本案争议围绕的是买卖价款担保债权人和普通商业交易中一般收款人的利益冲突问题，涉及“通常交易过程”中买方优先权以及例外规则。买卖价款担保利益是买受人以贷款人所借之款项购买商品并且以该商品向贷款人提供担保，从而创设的一种担保利益。美国《统一商法典》第9－107条对此有规定，主要包括两种情形：（1）出卖人为保证其全部或部分价款得到偿付，从而在出卖的商品上取得或保留担保利益；（2）某人通过预先支付或承担给予价金的方式，使得债务人可以获得商品，如果债务人已经将所获得的价金实际用于购买支出，则该人在该商品上享有担保利益。美国《统一商法典》第9-306条第二款：除本篇另有规定外，担保物被出售、交换或作其他处置后，其中的担保权益仍继续存在，除非该种处置系受担保方在担保协议中或以其他方式授权作出的；并且，担保权益也继续存在于任何可分辨的收益中，包括债务人所收到的款项。一般而言，与在后公示的担保利益或者未公示的担保利益相比，在先公示的担保利益享有优先权。在一般情况下，买卖价金担保利益优先于非买卖价金担保利益。存在冲突的担保利益之间的优先权，一般是遵循上述规则，但是也存在一些例外情况。美国《统一商法典》第9-312节中第4段的优先权判断规则适用于除了存货以外的所有种类抵押物。如果债务人在收到抵押物时，买卖价金权益已经公示或在收到抵押物后10天内买卖价金权益得以公示，则买卖价金担保利益将获得优先权。买卖价金担保利益得以公示意味着，取得买卖价金担保利益的一方，在债务人收到抵押物之前，已经提交存档了融资声明，或者已经在第9-304（4）小节或者第9-304（5）小节规定的文件名义之下，使附着于货物之上的担保利益得以公示。取得买卖价金担保利益的一方并不需要知道抵押物上是否还存在其他担保利益。即使其知道存在其他的担保利益，也不影响其基于该担保利益获得优先权。①

从根本上来看，本案的争议源自买卖价金的担保权人事实上放弃了担保协议中有关担保利益实现的有利条款。在贷款发放之后，首先是没有要求债务人设立专门的账户以便监管；其次在监管过程中没能及时发现债务人的欺诈行为。尤其是放弃了设立专门账户的要求之后，担保权人处于非常不利的地位。在本案中，由于债务人将作为担保利益的收益与其他来源的资金混同在一个账户中，使得第三方无法知晓债务人对第三方的清偿是否侵犯了在先设立的担保利益。

若要判断第三方是否负有向担保权人返还担保利益的义务，其中的关键就是

---

① 徐海燕．英美担保法．北京：对外经济贸易大学出版社，2006：167~168．

第三方的收款行为是否基于正常的经营流程。关于该问题，《统一商法典》第1－201（9）条和美国《统一商法典评述》第9－306－2（C）条都有涉及，其中美国《统一商法典》第1－201（9）条的规定：通常交易过程中的买方必须是在购买货物时并不知晓他正在损害第三人的权利。这一要求对于商业交易是必需的，不过在实践中各法院采用了不同的主张。本案中的上诉法院就此做了十分详尽的梳理与论述。

我们认为，有担保利益的债权人在债务人违约时享有优先受偿的权利，是担保权人要求设立担保的初衷，应该得到法律的保障。但是美国《统一商法典评述》第9－306－2（C）条例外条款的规定限制了这一优先权，在同时满足“一项转移支付是否是债务人通常交易过程中进行的”、“受领人接受时是否不知或无理由得知所得的支付损害了第三人的合法担保利益”两个条件下，担保利益债权人的优先受偿权让步于普通商业交易中一般收款人的利益。从中可以看出立法者的价值取向。立法者并未偏执地一味保护担保权人利益，而是试图在保护担保权人和促进交易、维护交易安全之间找到平衡。

我国目前没有相关法律规定来解决担保利益的债权人和普通商业交易过程中一般收款人的权利冲突问题。比较类似的是我国抵押担保中未经抵押权人同意转让抵押物的效力问题，即善意第三人能否以此善意取得抵押物完整所有权的问题。最高人民法院《关于适用〈中华人民共和国担保法若干问题的解释〉》（以下简称《担保法解释》）第67条规定：“抵押权存续期间，抵押人转让抵押物未通知抵押权人或者未告知受让人的，如果抵押物已经登记的，抵押权人仍可以行使抵押权；取得抵押物所有权的受让人，可以代替债务人清偿其全部债务，使抵押权消灭。受让人清偿债务后可以向抵押人追偿。如果抵押物未经登记的，抵押权不得对抗受让人，因此给抵押权人造成损失的，由抵押人承担赔偿责任。”由此可以看出，抵押权设定后，抵押人就抵押物行使所有权将受到限制，但只要不构成对抵押权行使的妨害，就应当被允许。抵押人将已登记的抵押物转让给第三人，并不影响抵押权的实现。也就是说，受让人在抵押物登记的情形下依然无法获得抵押物的完整所有权，抵押权的效力并不因抵押物的转让而受影响，抵押权对抵押物买受人继续有效。抵押具有物权的追及效力，当债务人不履行债务时，抵押权人可以追及抵押物之所在行使变价权、优先受偿权以满足债权且取得抵押物的第三人对此不得提出异议。取得抵押物所有权的第三人因抵押权的行使还可能丧失抵押物。在这种意义上讲，抵押权的追及效力使买受人对抵押物享有的所有权缺乏稳定性。抵押权人追及权的行使不利于商品流通和交易安全。

为了维护抵押物买受人的利益，使其获得无担保负担、所有权完整的财产，各国法律都规定了第三人享有的涤除权，即取得抵押物的第三人可以向抵押权人支付或者提存适当数额的金钱而消灭抵押权。我国《担保法》及其司法解释没有明确规定抵押权人的追及权，我国《物权法》规定可以代为清偿债务消灭抵押权，与涤除权的精神一致。

以上问题涉及的还是担保权人利益和促进商品流通、保护交易安全的平衡问题，制度的设立反映对不同公共政策的考量和权衡。美国利用判例直接确定了“通常商业过程”中买方优先权，以保护善意第三方的利益从而保障商业交易顺利安全进行。中国在类似的问题上没有相关规定，反映了不同的价值需求。我国侧重于对公信力的保护，登记的抵押权可以对抗善意第三人，这种通过对社会整体交易环境的维护节约了交易成本，在一定程度上有利于交易的顺利进行和交易安全的维护。①

案例2 Allis-Chalmers 公司诉 Staggs 与 Bailey 案

【案例来源】

Allis-Chalmers Corp. v. Staggs&Bailey, Appellate Court of Illinois, Fifth District. No. 82 – 453 Sept. 2, 1983.

【案情简介】

1979 年 7 月 19 日，债务人 Staggs 农具公司——Allis-Chalmers 的一个经销商，依据与两原告签订的两个独立的担保协议，为原告设立了担保物权。这两份协议的内容基本一致，在协议中，该财产被列为担保物。“担保物包括债务人库存的

① 徐海燕．英美担保法．北京：对外经济贸易大学出版社，2006：167～168.

由担保权人制造的或者出售的机械设备、零部件、配件以及替换零件，这些物品不仅包括现在拥有的，也包括之后债务人从担保权人处获得的，而且还要加上这些物品产生的收益。债务人的订货单、发票以及双方定期签署的库存清单对担保财产进行了更具体的描述。为了更好地确认，这些订货单、发票以及库存清单被列为合同的一部分以作参考。”

1979 年 7 月 25 日，两原告向伊利诺伊州的州务卿提交了各自的融资声明。两份声明都将担保物描述为：“Allis-Chalmers 公司制造或销售的债务人库存的（无论是现有的还是之后获得的）新旧农具、新旧草坪和花园用具及其配件、附件、备用件”，“债务人已就此或将就此担保物为 Allis-Chalmers 公司设立担保利益，担保物的收益也包括在内。”

1980 年 2 月 20 日，根据当日签署的一个买卖合同的条款，Staggs 与被告 Bailey——Allis-Chalmers 的另一个经销商——做了一单农具生意。交易包括 1980 年 2 月 1 日纳入库存的一些零件，这些物品价值 100 000 美元。Bailey 在 1980 年 2 月 29 日向伊利诺伊州务卿提交了融资声明，其中担保物是这样表述的：“所有现有的或后续取得的交易中的物品、库存、零件和替换的部件，以及所有现有的或后续取得的应收账款和动产文件。”

1981 年 8 月，Staggs 停止经营。1981 年 9 月 28 日，两原告提起了财产返还之诉。在诉状中，原告要求被告 Bailey 返还 Staggs “已（为原告）设立了担保利益”的库存。

原告随后基于他们的担保利益优于被告 Bailey，向法院申请了简易判决。被告同样也向法院申请了简易判决。被告主张原告的担保利益并没有覆盖他根据 1980 年 2 月 20 日的合同出售给 Staggs 的物品。

初审法院在听取了双方的辩论之后，做出了有利于原告的简易判决。初审法院认为，本案不存在真正的事实问题，原告与被告之间在下列物品上存在有冲突的担保权益。因为原被告之间的融资声明中称，担保物涉及“Allis-Chalmers 公司制造或销售的债务人库存的（无论是现有的还是之后获得的）新旧农具、新旧草坪和花园用具及其配件、附件、备用件”。据此，初审法院认定，原告的担保利益范围扩及所有后续取得的由 Allis-Chalmers 制造的库存，包括从第三人处获得的。初审法院进一步认定，根据州法评论第 26 章第 9－312（5)(a）款的规定，存在冲突的担保权益根据设立和登记的时间先后优先受偿。原告的担保权益设立和登记在先，所以优于被告受偿。

被告 Bailey 对此提出了上诉，声称根据原告的担保协议，他们的担保权益限于 Staggs 在 1979 年 7 月 19 日拥有的库存或者之后从原告手中获得的物品，以及物品产生的收益。因此，Staggs 根据 1980 年 2 月 20 日的合同从被告手中获得的物品不在原告的担保权益范围之内。Bailey 称，既然原告的担保权益不及于根据该合同卖给 Staggs 的物品，那么也就不存在双方在担保利益上的冲突，关于处理担保权益冲突的规则也就不适用。

【判决意见概述】

上诉法院认为，正如被告 Bailey 所指出的那样，初审法院做出的双方存在担保利益的冲突这一结论是基于原告在融资声明中对担保物的描述。这个描述范围很广，囊括了从文件中列举的物品到以后从原告处得到的物品。而且这个融资声明里涵盖了原告生产的物品或者从原告手中买到的物品。根据这个文件，初审法院认为原告的担保权益扩展到所有后来由原告生产的物品，包括从第三方手中买来的原告生产的物品。

由于融资声明与担保协议在担保物的描述上存在差异，初审法院判决的有效性取决于原告融资声明中的描述是否足以使原告的担保权益扩展到所有后来取得的原告生产的物品。虽然伊利诺伊州没有类似的判例法解决过这种来自于融资声明和担保协议的差异，但是其他地区的法院已经用《统一商法典》对此问题做过解释。他们认为，当融资声明记录了一个比相关的担保协议范围更广的担保权益的时候，担保权益将会依据范围更窄的担保协议来确定。通过对这些判决和他们做出判决所依赖的商法典条文的分析，州上诉法院认为这个规则是可以适用这个案子的。

州上诉法院发现，初审法院的错误在于依据原告融资声明中的担保物的描述来确定双方争议财产的担保权。因此，原告的担保权益限于 Staggs 在 1979 年 7 月 19 日拥有的库存或者其后从 Allis-Chalmers 处取得的库存，但不能扩展到原告融资声明中那个范围很广的财产中。既然原告在 1979 年 7 月 19 日以后从第三方处获得的财产没有利益存在，那么 Bailey 就有权根据 1980 年 2 月 20 日的合同获得在出卖财产中的担保权益。

双方在上诉时同意在下面两个问题上是没有争议的，即，被告 Bailey 在不属于 Allis-Chalmers 的财产的库存物品上享有优先权，而 Allis-Chalmers 就 Staggs 在 1979 年 7 月 19 日之后直接从原告处买来的财产享有优先权。问题在于 Staggs 的库存中哪些是从被告那买来的，哪些是从原告处买来的，初审法院并没有解决这个问题。

既然问题的核心仍然是双方当事人在争议财产上利益的范围，初审法院做出的有利于原告的简易判决是错误的，必须被推翻。鉴于以上原因，二审法院推翻了初审法院的判决并发回重审。

【案例评析】

本案存在三方当事人，Allis 公司，Staggs 公司以及 Bailey 公司，Allis 和 Bailey 分别与 Staggs 就其库存物品签订了担保协议，并各自向伊利诺伊州的州务卿提交了相应融资报告，后来 Staggs 公司不再经营，双方同时主张担保权益。由于融资报告和担保协议规定的抵押物的范围不同，Allis 和 Bailey 就担保财产产生了争议。本案需要讨论的问题是，如何确定担保利益的范围？是依据双方签订的担保协议还是向登记机关提交的融资声明？在本案中，双方签订的担保协议所设定的担保利益范围小于向登记机关提交的融资声明中声称的担保利益范围。

本案中的上诉法院以及多数美国法院都支持以担保协议为依据。主要理由是只有担保协议才是创设担保利益的依据。担保协议是指债务人在特定的担保物上授予债权人担保权益的协议，其目的是为了创设或提供担保权益。担保协议的内容是双方当事人协商的结果，法律不做过多的限制。融资报告是为了让顺位在后的债权人知晓担保物的担保情况，而在某些指定的地点进行登记的通知。[①] 而“公告登记”的实行，这不仅使当事人免去了准备材料的麻烦，而且也能保护当事人的商业机密，因而为美国《统一商法典》所采纳并推广使用。同时，立法者赋予了当事人充分的选择权：当事人以不处于流动中的动产进行抵押时，也可

① 徐海燕．英美担保法．北京：对外经济贸易大学出版社，2006：75．

以担保协议作为登记申请的文件，只要担保协议符合法律对融资报告的要求；对于某些没有直接采用担保协议形式的动产交易，只要其实际上是出于担保的目的，当事人也可以依据该协议直接进行登记，只要它们符合融资报告的要求。不论在何种情形，允许当事人选择最方便的登记文件是立法者的本意。担保合同的双方当事人是债务人和被担保人。担保协议是为了在债务人和债权人之间创设权利；而融资报告则是为了在债权人以外的其他人之间创设权利，类似大陆法中公示的效力。

《统一商法典》规定，"担保协议的效力取决于它的条款。"而且《伊利诺伊州修正法》第 9 – 203（1）（a）条规定，除非债务人签署了包含有担保物的担保协议，否则担保权益不得对抗第三人。这些条文都表明没有担保协议，担保利益就是空中楼阁，而且担保权益的范围限于担保协议所规定的财产。

与此不同的是，融资声明旨在告知公众，债权人对债务人的某一或某些财产享有或可能享有利益。融资声明是一种法定表格，它只需要三项内容：债权人的名称和住址、债务人的名称和住址、担保物的介绍，其中对于担保物的介绍可能是非常宽泛的。由此可见，融资声明的主要目的在于让公众知悉该项权益的存在，但该声明不必然决定担保利益的范围。

《伊利诺伊法典评论》的作者在提到第 9 – 110 节时明确指出，我们需要时刻牢记，一个对融资声明而言是充分的一般描述，对基础性的担保协议而言未必是充分的。融资声明只起到公示作用，担保协议才实质性地创设了担保权利。担保协议和融资声明是两个不同的展示担保权人的抵押权的方式，而且担保权人的权利决定于两者之中范围更窄的一个。《安德森〈统一商法典〉》也认为，"如果登记的融资声明与担保协议存在冲突，后者优先适用，因为没有担保协议就没有担保利益。因此，超出协议范围的融资声明对于超出部分无效。"

由上，融资声明的描述既不能减少也不能增加当事人双方实际创设的担保权益。因此，当融资声明包括了担保协议所没有的财产时，多余的部分是没有效力的；担保权益限于担保协议所规定的范围，融资声明在财产上额外设立的担保权益是没有效力的。总之，法院仅仅通过融资声明中更广的范围来把担保权益扩展到担保协议之外的物品是无效的。融资声明的功能仅仅是提醒第三方担保权人，文件中描述的担保物上存在担保权益。

另外，案中提到了两个有价值的原则，一是当在一件财产上存在两个相冲突的担保权益时，设立在先的优于设立在后的担保权，这一规则与我国担保法的基本规定是一致的；二是如果向州务卿提交的融资报告和双方当事人签订的担保协议分别规定了担保权益的范围且二者范围不同时，如何确定担保权益的范围。本案上诉法院的法官援引了《统一商法典》以及其他法院的一些案例，指出向州务卿提交的文件只是用来公示的，来提醒第三方该物品上存在担保物权，只有担保协议才能实质性的创设担保物权，没有担保协议，也就不存在担保物权，担保物权的范围限于双方签订的担保协议所规定的范围。

案例3　Reeves 等诉 Foutz and Tanner 典当行案

【案例来源】

Lydia Reeves v. Foutz and Tanner, Inc., Nos. 12807, 12808. Supreme Court of New Mexico. 94 N. M. 760, 617 P. 2d 149, 29 UCC Rep. Serv. 1450

【案情简介】

本案原告本来是分别提起诉讼，但是由于案情基本相似，上诉法院决定合并审理。初审法院做出了有利于原告的判决，但被上诉法院推翻。最终，州最高法院推翻了上诉法院的判决。

本案原告 Reeves 和 Begay 都是没有受过教育的纳瓦霍人[①]，对英语和商事问题知之甚少。被告 Foutz and Tanner 是家典当行。原告均从被告处借了钱，承诺30天内偿还本息，并以珠宝作抵押。用作抵押的珠宝的价值是借款金额的好几倍。之后，原告没能如期还款。被告向每一个原告都发了一份意图保有抵押物的通知，不过 Reeves 说她从没收到过通知。两个原告都未提出反对，于是被告在日常经营中出售了这些珠宝。

在本案中，法官假定被告向原告正确地发送了意图保有担保物的通知，而原

① 美国最大的印第安部落。

告均没有就此表示反对。初审法院发现，被告按照普通业务的做法，将担保物转移到了待售库存中，并从那把珠宝卖给了 Joe Tanner（被告担保公司的董事会主席），或是 Joe Tanner 公司（Joe Tanner 所有的一家经营印第安珠宝的公司）。被告没有向原告给付任何收益盈余。考虑到双方的议价能力差别，初审法院认为被告在处理这些珠宝时没有诚信行事。

被告辩称，初审法院的判决由于适用了《新墨西哥州法注释》第 55－9－504 条而应当被撤销。被告其实是在主张，一旦它按照第 55－9－505（2）条的规定，向债务人送达了意图保有的通知，而债务人在 30 天内未提出反对意见，因此它可以自行处理。双方当事人之间的债权债务关系即终止，债权人即成为抵押物的所有者。

原告则认为初审法院正确地适用了第 55－9－504 条，要求债务人返还通过出售担保物获得的盈余。他们竭力主张控制担保权人的意图，当其意图出售并的确按普通业务做法出售担保物时，应当遵守第 55－9－504 条的规定。

【判决意见概述】

双方当事人都没有引用直接涉及该争议的案例。不过法庭之友提示法院参考了一个与此相关的联邦贸易委员会的案例。该案提到，当法案起草者就 1972 年的修正说明理由时，他们在正式文本中总结了第 9－505 条的立法目的在于，“根据第 55－9－505（2）条，拟替代销售的被担保方应当向债务人和某些第三人告知他建议保有担保物以替代销售。”其后的措辞有力地表明，只有当债权人没有预料到被重新占有的担保物在普通经营过程中会被迅速转售时，第 9－505 条规定的放弃盈余和欠款的权利才是适当的……鉴于此，如果一个汽车经销商只想消除消费者的盈余权，又不想放弃自己对欠款的权利，那么我们不认为这是第 9－505 条的目的所在。联邦贸易委员会认为，只要这一类债权人是为了在立即可见的未来为了自用而意图保有担保物，而不是在日常经营过程中转售担保物，那么他仍可以享有第 55－9－505（2）条的权利。州最高法院同意这一观点。

上诉法院认为，一旦债权人选择了保有抵押物，那么根据第 55－9－505 条的机制，抵押物即为债权人所有，他可以决定自有或出售。州最高法院认为上诉法院的推理没有问题，但是漏掉了一点。如果债权人对担保物满意，他的确可以这样做，但如果他意图在日常经营过程中出售担保物，那这事实上就是第 55 - 9 - 504 条规定的经过深思的出售，他必须按照第 55 - 9 - 504 条的规定向抵押人报告收益盈余。

被告主张，原告本来可以（却没有）对保有提出反对，从而强制按照第 55 - 9 - 504 条的规定出售。州最高法院认为，被告从来没有真正的第 55 - 9 - 505（2）条规定的保有意图，因此原告的相关权利没有丧失。不止如此，原告本来可以（却没有）提出反对这一事实在本案中无足轻重，因为他们的反对只会导致担保物的出售，而被告已就此进行了安排。

被告还主张，初审法院错误地判定其在行使担保权的过程中存在恶意。州最高法院认为没有必要讨论该问题，因为初审法院的这个判断没有对判决形成实质性影响，因而是正确的。

被告最后主张，初审法院错误地允许利息从 1974 年 11 月 1 日起计算。州最高法院认为，该日期基本是原告的损失发生之日，因而是毋庸置疑的。按照第 55 - 9 - 504 条的规定，一旦珠宝出售，应付给原告的款项金额就已经确定了。因此，初审法院将利息计入损失范围以及其选择的计算方式都没有问题。

由上，州最高法院维持了初审法院的判决。

【案例评析】

本案是一起债权人为实现己方债权处分质物而引发纠纷的案件。原告因融资借入的一笔款项而以一价值数倍于借款的珠宝出当，还款期届满因未能及时还款致被告将该珠宝出售，双方就被告出售质物行为的适法性及变价受偿后剩余款项的处理发生纠纷，受诉法院就此两项类似的案件进行了合并审理。对此，本案涉及的问题是，担保权人应当如何实现其担保权益？如何防范担保权人恶意利用法律侵害债务人的合法利益？

法院在审理本案时关注的焦点问题是《新墨西哥州法注释》第 55 - 9 - 505 条与第 55 - 9 - 504 条的关系问题。依照《新墨西哥州法注释》第 55 - 9 - 505 条的规定，发出意图保有通知的担保权人是否可以在不遵守《新墨西哥州法注释》第 55 - 9 - 504 条的情况下，在日常经营过程中出售此担保物。新墨西哥州最高法院认为，本案中的担保权人不得在违反第 55－9－504 条的情况下出售担保物。

根据新墨西哥州最高法院的理解，如果债务人违约，《统一商法典》为占有担保物的担保权人提供了两种救济方案。一是第 55－9－504 条的规定。一般而言，担保权人可以出售担保物。但如果担保权益用于担保债务，那么担保权人必须向债务人报告收益中超出债务的盈余（债务人也必须就欠款的余额承担责任）。二是第 55－9－505（2）条的规定，其赋予担保权人保有担保物以作清偿的选择权。根据该规定，担保权人必须书面通知债务人其欲保有此项担保物以实现债权。债务人则可以在 30 天内提出反对保有的意见并要求按照第 55－9－504 条的规定出售担保物。本案中的新墨西哥州最高法院通过援引联邦贸易委员会的案例，深入地分析了两个法条之间的关系，并且将两个法条项下的出售进行了区分。第 55－9－504 条规定的出售是有意而为，而第 55－9－505（2）条下的出售只限于出乎担保权人意料的情况；前者产生向担保人报告收益盈余的义务，而后者则免除了该项义务。

本案的情形是，被告涉嫌以第 55－9－505（2）条的规定为保护伞逃避第 55－9－504 条下的报告和返还收益盈余的义务。通过法院查明的事实发现，被告其实是在“保有”的名义下通过日常经营渠道出售了担保物，并且没有向原告报告盈利情况。被告则主张其已通过“保有”获得了担保物的所有权，因此可以任意处置。在本案中，初审法院和终审法院（州最高法院）认为，被告是在日常经营过程中出售的担保物，这不是第 55－9－505（2）条下的意外出售，而是被告的蓄意作为，因此，应适用第 55－9－504 节的规定。应当说，这样的分析是符合立法者意图的。

在我国，典当是一种融资担保行为。当物多为较有价值的动产，设当时出当人与当权人需订立当押契约，约定融资数额、当息、当期、回赎期限等项，并需转移当物之占有。中国的典当业可谓源远流长，其历史轨迹可简略概括为：“初见萌芽于两汉，肇始于南朝寺库，入俗于唐五代市井，立行于南北两宋，兴盛于明清两季，衰落于清末民初，复兴于当代改革”。自 1986 年成都华茂典当行率先营业，中国中断了 30 多年的典当业重新进入经济生活领域，先后有数千家典当行在全国各地开设，形成了一支不可忽视的融资力量。据统计到2007年，全国典当行数量已达2 931家，典当分支机构达到185个，注册资本金总计约300亿元。从业人员2.1万人，2007年全国典当累计放款总额超过1 000亿元的规模。典权植根于中国封建制度下以天然的小农经济为主的农耕社会，而随着现代商品经济的发展，典权制度已经无法完全适应市场主体对资金融通的需求，实践中已经很少采用。[①] 我国《典当管理办法》第3条对其的具体定义是："本办法所称典当，是指当户将其动产、财产权利作为当物质押或者将其房地产作为当物抵押给典当行，交付一定比例费用，取得当金，并在约定期限内支付当金利息、偿还当金、赎回当物的行为。"

从外观上看，典当类似于动产质押，即债务人或者第三人将其动产交于债权人占有，以作为履行债务的担保。债务人届时清偿了债务的，质权人应负质物返还义务。债务人届时未清偿债务的，债权人有权依法定程序拍卖、变卖质物使自己的债权受偿，也可以与出质人协商以质物折价受偿。质物折价或者拍卖、变卖后，其价款超过债权数额的部分归出质人所有，不足部分由债务人清偿。但典当并不完全同于动产质押，因其在性质上它属于商事质、营业质，故其运用规则与动产质押有所不同。如我国的动产质押适用《物权法》、《担保法》的相关规定，而当押则适用典当法等（我国目前仅有《典当管理办法》）。在当押中，通常并不禁止流质契约条款，还有一些规则也与动产质押有区别。因此，在处理此类案件时，法官选择适用的法律很重要，适用不同的法律，纠纷的裁判结果就可能截然不同。目前整个典当行业没有一部完整的法律来予以规制，只有一部部门规章。部门规章在效力层级上明显低于法律法规。因此当《典当管理办法》与法律法规如《担保法》发生冲突时，从法律效力上来说，《担保法》为法律，法律效力高于办法；但是办法为特别法，特别法优于一般法。因此在适用法律上难免会出现无所适从的情况。[②]

---

① 茹作勋、肖新明．典当纠纷案件审理中存在的问题及对策．法律适用，2011（10）：98～100.

② 上海市高级人民法院课题组．典当纠纷案件审理中的法律适用问题研究．法律适用，2013（6）：60～63.

案例 4　Amvest 融资公司诉 Rex 集团公司案

【案例来源】

Amvest Funding Company v. Rex Group Inc，. 80 B. R. 774；1987

【案情简介】

被告 Rex 集团公司是一家位于特拉华州于 1983 年 1 月 19 日成立的公司，其原始董事有 Hugh Wiley（“Wiley”），Clyde B. Pitchford，Jr.（“Pitchford”），Joseph A. J. Canada，Jr.（“Canada”），George Morris（“Morris”），and Bertelan DeNemethy（“DeNemethy”）。Rex 公司在 Pitchford 位于弗吉尼亚州 Richmond 的住宅、在位于佛罗里达州 Ocala 的 Ocala 赛马总会以及佐治亚州 Atlanta 设有办公室。当事人对于 Rex 公司是否在 Wiley 位于弗吉尼亚州 Fluvanna 县橡树大农场的农场拥有第二营业地存在争议。[①] 原告 Amvest 融资公司认为 Wiley 的农场是 Rex 公司在弗吉尼亚的第二营业地。

1983 年 1 月 26 日，债务人 Rex 公司与 Amvest 融资公司建立了关系，Rex 公司以 10 万美元的价格将一匹赢过国际大奖的名叫 Hastings 的障碍赛马转让给 Amvest 租赁公司。此次转让可由一张销售单证明。同一天，Wiley 和 Pitchford 签订了一份租赁协议，据此 Rex 公司将从 Amvest 租赁公司租用 Hastings。依据该协议的条款，租约规定 Hastings 仍然是 Amvest 租赁公司的财产。1983 年 3 月 25 日，Amvest 租赁公司将该租约转让给了本案的原告，Amvest 融资公司。

根据一份日期为 1984 年 6 月 4 日的附加文件记载，由 Pitchford 和 Wiley 用 Amvest 的贷款购买的名叫 Subtle Smile 和 Winsage 的两匹马替换了前约的 Hastings。1985 年 2 月，名为 Millstreet 的马替换了 Subtle Smile；1985 年 4 月，名为 Devonsher 的马替换了 Winsage。Amvest 融资公司在解除中止申请书中称这些马是 Winsage 和 Subtle Smile 的孳息，并据此主张对这些马的权益。

1984 年 6 月，为了资助 Rex 公司购买大奖赛障碍赛马，Amvest 融资公司借

---

① Rex 在弗吉尼亚的营业场所的数量关系到弗吉尼亚州有关融资声明的登记规则。

给 Rex 公司 825 000 美元。该笔贷款由 Canada 和他的妻子 Sandy，Wiley 和他的妻子 Serena，以及 Pitchford 提供担保。部分贷款用于清偿 Rex 公司以前的贷款。1984 年 6 月 7 日，Rex 公司出具了一张本金为 825 000 美元的本票并交付给 Amvest 融资公司。Rex 公司还起草了一份担保协议，授予 Amvest 融资公司就 Rio，Brussels，A L'Honneur，Hastings，German Stallion，Rexsum，Millstreet 和 Devonsher 等马匹享有担保利益，这些马匹是本次解除中止申请的对象。担保协议规定，未经 Amvest 融资公司事先的书面许可，Rex 公司不能出售、买卖或是转让其中任何一匹马。Rex 公司也保证对担保协议下的所有马匹拥有完全的所有权。

后来 Rex 公司违反了租赁协议和贷款协议的约定，销售了马匹。1985 年 2 月 27 日，Amvest 融资公司要求 Rex 公司支付租赁协议项下的余款大约是 33 000 美元，以及贷款协议下本息共计 915 000 美元。

【判决意见概述】

本案中，担保财产类型的确定涉及担保登记规则的适用。因此，法官用了较大篇幅处理类型区分的问题。

Amvest 融资公司主张，本案马匹的正确分类应该是第 8.9 - 109 条中待售库存。根据《弗吉尼亚法典注释》第 8.9 - 109（4）条，“如果货物由某人持有且持有人的目的在于出售或出租”，那么这些货物就是存货。

根据《弗吉尼亚法典注释》第 8.9 - 109 条的规定，划分财产类型的标准是所有人对货物的使用。一个普遍接受的规则是，货物的性质在附加担保利益时由债务人声明的使用意图决定，从而确定确立担保利益的正确地点。担保协议是双方意图的具体显示，也是指引债权人或潜在的债权人的审查的主要依据。

在与 Amvest 融资公司订立的担保协议中，Rex 公司保证“购买或使用（担保物）主要是为了营业目的，包括但不限于繁殖、买卖、演出或赛马等业务。”Rex 公司同时保证，“没有 Amvest 的事前书面许可，它不会出售、买卖担保物或就担保物设定进一步的担保。”双方签订的租赁协议写道，“承租人（Rex）经营马匹的繁殖、训练或演出的业务。”

尽管不是结论性的，但 Rex 公司在担保协议和租赁协议中做出的保证显示

Rex 公司使用这些马匹的主要目的是繁殖、训练、演出或竞赛。没有迹象表明这些马匹是作为待售的存货而获得。Rex 公司被要求在获得 Amvest 的事前书面许可前不得出售任何马匹这一事实也支持了这一点。出售库存不会考虑由这些库存进行担保的债权人事前书面许可。这样的要求将迫使债权人能够随时批准其担保物的出售。美国《统一商法典》下的库存融资没有考虑这一情形。

有关 Rex 公司使用马匹的意图的另外一个证据是 Morris 的证词，他始终声称这些马匹是用于演出、训练和繁殖。事实上，当他被直接问及 Rex 公司是否从事出售获奖马匹的业务时，Morris 说"不怎么做"。在为 Rex 公司工作期间，Morris 既没有出售过一匹 Rex 公司拥有的马，也不知道与 Rex 公司拥有的马相关的任何买卖。Morris 认为 Rex 公司的目的就是保有"一群精选的、漂亮的马匹以在路上演出，也就是我们说的巡回演出。"

如果要将担保物合理地界定为待售库存，担保物必须是在日常经营中为了立刻或最终出售而持有。法庭目前没有收到证据表明 Rex 公司在此次诉讼前出售马匹的行为。然而，Rex 公司的确将马 Hastings 换成了马 Subtle Smile 和 Winsage，后者后来又分别被换成马 Millstreet 和 Devonsher。即使如此，Rex 公司与 Amvest 公司之间的交易不能证明这些马匹整体是为了"立刻或最终出售"而持有。这些马匹不是依据服务合同配备的货物，也不是准备向普通公众出租的库存。进一步言之，马匹不能被视作用于生产的短期原料或产品。因此，就算涉及了担保物在交易后的用途，它也不能表明这些马匹是用于立刻或最终出售的库存。仅从档案来看，Rex 公司意在训练或养护获得国际大奖的障碍赛马，从而在国际大赛巡回演出中展示的可能性更大些。

法庭认为，这些马匹不是用于出售的库存，正确地理解应该是设备。该结论由第 8.9－109（2）条中的"其他所有"一语支持，该条规定，如果货物不适合界定为库存、农产品或消费品，那么可以界定为设备。

【案例评析】

在美国，担保财产的类型区分或者说担保财产的性质界定问题因为涉及登记规则，而影响到担保利益的最终设立。美国《统一商法典》第九篇对现存的多种多样的担保制度进行了回应，为担保利益的创制和规制建立了一个全面的法律框架。

毫无疑问，本案所涉及存有争议的马匹是《弗吉尼亚法典注释》第 8.9－105(h) 条规定的“货物”。货物包括所有在担保利益设定时可动之物，或者是第 8.9－313 条规定的附着之物，但不包括现金、文件、票据、账户、动产文件、一般的无形财产，或未经提取的矿物（包括石油和天然气）等。货物也包括依据运输或买卖合同将被截取、拆除的建筑材料、尚未出生的动物胎儿以及正在生长的农作物。

然而，问题在于，这些货物需要依据第 8.9－109 节的规定进一步区分为“消费品”、“设备”、“农产品”或“存货”。用于划分担保物的类型以确定担保利益的设立与否的关键时间点是，最初设立担保利益的交易的时间。用创设担保利益的时间来判定所有者持有担保物的用途，推进了第九篇隐含的政策。该政策的目的是建立一个简单、统一的结构。与以前的美国《统一商法典》相比，在现在的框架下，受担保的融资交易可以支付更少的成本，获得更多的确定性。如果要求债权人依据其他任何时间点确定所有者的用途，则会要求债权人监督债务人对担保物的使用以确定正确的分类。然而，尽管本法有简单化、明确化的趋势，但对直接相关的问题仍然语焉不详。本案就面临这样的问题。

法官们必须用与交易有关的外在证据来确定所有者使用担保物的意图。曾有法院认为担保协议中的声明不是判定所有者意图的决定性证据。但本案法官认为，最能体现当事人意图的莫过于协议本身。因此，依据协议中的相关条款以及相关证人证词判定被告持有担保马匹的意图并不在于出售，不能被视作存货。

我国《担保法》在立法上分别确立了抵押和质押的概念，不仅规定了抵押制度，还对质押、留置等担保制度作了规定。[①] 在此基础上，该法第 33 条规定：“本法所称的抵押，是指债务人或者第三人不移转对本法第三十四条所列财产的占有，将该财产作为债权的担保……。”根据第 34 条的规定，所谓的“财产”涵盖了不动产、不动产用益物权以及动产。学界对动产抵押范围的界定仍有不同意见。有学者认为只有能适用登记对抗主义的财产抵押才是动产抵押。但大部分学者认为不应受此限制，多是根据抵押物性质的不同对动产抵押的范

---

① 沈达明．法国德国担保法．北京：中国法制出版社，2000：1～3．

畴进行界定。

相形之下，法国的担保法经历了较长时间才确立了完整的体系，也更为细致。为排除或减少债务人无清偿能力的威胁有两个不同方法：增加债务人的数量，这是对其他人设立债权，即人的担保；将债务人的一项财产或全部财产提供优先清偿之用，即物的担保。2006 年 3 月 23 日，法国部长会议讨论并通过了《第 2006－346 号关于担保的法令》，实现了法国民法典的一次改革。改革后的《法国民法典》第四卷分两编：《人的担保》和《物的担保》。《人的担保》第一条明文规定了三种人的担保：保证、独立担保和安慰函各自占据一章。除了新引进的“独立担保”和“安慰函”的定义，该部分原有内容并未发生变动。修订后的法典只简单地引入了两者的定义，因为起草者不希望干涉契约自由的实践。《物的担保》分成三个副编：一般规定、动产担保和不动产担保。即，在就先取特权的一般顺序作出规定以后，该编按照“动产担保”和“不动产担保”进行体系划分。这是因为，《法国民法典》第 516 条指明“所有的财产是动产和不动产”，据此，长期以来，在法国法上，动产和不动产的区分构成了财产法律制度的实质性的基础。①

第二节 担保协议

担保协议是指债务人在特定的担保物上授予债权人担保权益的协议，其目的是为了创设或提供担保权益。根据我国《担保法》第 13 条规定，保证人与债权人应当以书面形式订立保证合同。第 15 条规定，保证合同应当包括以下内容：（一）被保证的主债权种类、数额；（二）债务人履行债务的期限；（三）保证的方式；（四）保证担保的范围；（五）保证的期间；（六）双方认为需要约定的其他事项。保证合同不完全具备前款规定内容的，可以补正。另外根据第 38 条，抵押人和抵押权人应当以书面形式订立抵押合同。第 41 条，当事人以本法第 42 条规定的财产抵押的，应当办理抵押物登记，抵押合同自登记之日起生效。第

① 李世刚．典型担保种类在法国法上的演进．河北法学，2001（1）：162～164．

42条规定，办理抵押物登记的部门如下：（一）以无地上定着物的土地使用权抵押的，为核发土地使用权证书的土地管理部门；（二）以城市房地产或者乡（镇）、村企业的厂房等建筑物抵押的，为县级以上地方人民政府规定的部门；（三）以林木抵押的，为县级以上林木主管部门；（四）以航空器、船舶、车辆抵押的，为运输工具的登记部门；（五）以企业的设备和其他动产抵押的，为财产所在地的工商行政管理部门。由此可见，在我国设立保证、抵押、质押等担保权也需要书面形式，并且担保合同中应列明担保物和所担保的债权的各方面的情况。

意思表示是担保协议的核心问题，作为双方法律行为，担保协议须以双方当事人意思表示一致为成立要件，以意思表示真实为生效要件。意思表示一致是指双方当事人对未来合同的必要条款形成合意。担保协议的关键问题是判断担保人是否存在担保的意思表示。关于判断担保人具有担保意思的标准，理论上主要有三个学说，即：客观标准说、主观标准说、主客观标准结合说。客观标准说认为，只要行为人有客观的行为存在，如在担保人处签名，即应认定其有担保的意思；主观标准说认为，不能拘泥于协议的文字或形式；主客观标准结合说认为，以客观行为为依据，如无相反推论，即可认定有担保的意思表示；反之，如果有客观行为的同时有足够依据认定行为人并没有担保的意思表示，则不可以认定。（参见案例6的评析）

依据美国的担保制度，一项有效的担保协议必须满足以下条件：[①]（1）担保协议一般要求是书面协议。这项要求与我国的抵押合同相同。但是美国《统一商法典》对这一规定也存在着例外。如果被担保人已经占有担保物，则不再要求书面协议。然而，随着时代的发展以及科学技术的进步，这一规定显得有些局限性。网络技术的发展和普及改变了我们的生活，这一变化也反映在法律的制定上。新修订的美国《统一商法典》第九篇就规定，在传统的媒介形式之外，还可以包括电子媒介的形式。（2）担保协议要有债务人的签名。担保协议中要求必须由债务人签字，但担保权人的签字则不是必须的。（3）担保协议中必须包

① 徐海燕．英美担保法．北京：对外经济贸易大学出版社，2006：76～77.

含对担保物的描述，此类描述不必十分详尽，但必须达到足以确定担保物的程度，对担保物的范围的描述不能模糊不清。实践中，双方可以通过描述担保物的种类、样品、编号等使其明确化。在特定情形下，担保协议还应对相关不动产进行描述。

值得注意的是，担保合同的成立还需遵守合同法的相关规定。依据中国《合同法》第 44 条规定："依法成立的合同，自成立时生效。法律、行政法规规定应当办理批准、登记等手续生效的，依照其规定。"也就是说，一般而言，合同成立即可生效，但是，如果法律、行政法规要求办理批准、登记等手续才能生效的，则必须在履行该手续之后，合同才能生效。最高人民法院《担保法解释》第 6 条即对外担保合同的无效问题作出了明确的规定，即未经国家有关主管部门批准或者登记对外担保的；未经国家有关主管部门批准或者登记，为境外机构向境内债权人提供担保的；为外商投资企业注册资本、外商投资企业中的外方投资部分的对外债务提供担保的；无权经营外汇担保业务的金融机构、无外汇收入的非金融性质的企业法人提供外汇担保的；主合同变更或者债权人将对外担保合同项下的权利转让，未经担保人同意和国家有关主管部门批准的，担保人不再承担担保责任。但法律、法规另有规定的除外。

案例 5　Pontchartrain 州立银行诉 Poulson 案

【案例来源】

Pontchartrain State Bank v. Poulson, 684 F. 2d 704.

【案情简介】

1976 年 3 月，D&D 矿业公司（以下简称 D&D）的出纳 Saul Siegel，代表 D&D 向银行贷款 10 万美元。3 月 2 日，双方在俄克拉荷马州俄克拉荷马县签署了融资声明，银行为担保权人，D&D 为债务人。融资声明中列出了抵押物的清单，并打上序号。在同一天，D&D 的律师 Richard T. Sonberg 向银行致函确认融资声明涉及的设备的担保物权。

3 月 16 日，D&D 向银行发出一张 10 万美元的本票，其中包含一个条款——

该本票由背面所列明的设备担保。本票上的担保财产清单包括：位于俄克拉荷马州的多件设备，总值15.86万美元。本票由D&D的总裁Dale E. Johnston和D&D的出纳签名。在贷款发放一段时间后，Siegel提前挪用了一部分贷款资金。D&D无法履行其义务，拖欠贷款。银行在1976年12月提起针对D&D和D&D公司董事长Dale E. Johnston的诉讼。1978年2月，法院做出了有利于银行的判决。

1978年4月间，Poulson从Dale E. Johnston建筑公司处购买了两件设备，该设备是D&D和银行签署的融资声明中设定担保的抵押物的一部分。在贷款磋商的期间，该设备一直被Dale E. Johnston建筑公司占有。

在审判中，Poulson证实，在购买设备之前，他询问过Johnston设备上是否设定有负担，Johnston告知没有。在得到Johnston的保证后，Poulson让一个律师调查建筑公司所在地的记录，律师告知Poulson，该设备上没有设定负担。因此，Poulson才购买了这两台设备。当时，尽管Poulson知道D&D公司的贷款，但是对其运营一无所知。随后，这些设备被Poulson卖给别的公司。1978年9月8日，银行起诉Poulson和Poulson Dozer公司，诉其转让这些设备。地区法院判决，Poulson没有转让这些设备，因为银行对这些抵押物没有担保物权。法庭还做出，银行不得主张对这些设备的优先权。

在上诉中，银行主张：1. 其对设备有完整的担保物权，而法院错误的认定Poulson不是转让者；2. 银行对于其声称的担保物权，没有被禁止翻供。

【判决意见概述】

关于担保协议成立的条件，法官们的一致意见是以《俄克拉荷马州商法》第九章第9-203条为依据，该条规定一个有效的担保权益的设立必须同时符合三项条件：（1）有一个担保协议；（2）担保协议由债务人签名；（3）包含了对抵押物的描述。本案的争议不在于如何确定适用于本案的法律依据，而在于如何理解该法律渊源。案中主要法官的意见是：担保权未成立，银行不能主张对抵押财产的担保利益。《俄克拉荷马州商法》第九章还规定了设定可执行担保物权的要求。第9-203条规定：（1）担保利益不得强制实施于债务人或与担保物相关的第三人或附加其上，除非：a. 债务人签署了包含有担保物描述的担保协议；并且b. 确定了价值；并且c. 债务人就担保物享有权利。

银行主张，本票和 Sonberg 于 1976 年发出的信是成立担保物权的证据。法院并不同意这一说法。法院认为，不管这些文件是单独来看，还是结合来看，都不能满足第九章对于担保的要求。

根据第 9-105 条，担保协议是指“创造或设定担保利益的协议”。传统上来说，担保协议包含在一个单独的担保文件中。然而，近来一些法院承认了其他文件，如本票或融资声明。如果这些文件满足第九章的要求，并有创造或设定担保利益的语句，也可以认定为担保协议。本案涉及的本票提到，“……它由保证和背面记载的有价证券或财产的交付作担保”。但是，这张本票没有明确地对银行设定担保利益。所以，根据巡回法院对《俄克拉荷马州商法》的解释，上诉法院认为这个本票并不满足成立担保协议的要求。

即使认为其语句构成了担保协议，该本票仍不能强制执行，因为它不满足第 9-203 节的其他规定。第 9-203 节要求担保协议包含对抵押物的描述。第 9-110 节规定，任何对财产的描述，不管描述是否详细，“如果能合理的确定所描述之物”，那么该描述就是充分的。通常而言，如果可以通过合理的努力或检查而确定描述之物，那么这个关于财产的一般描述就是充分的。

本案中的本票是这样描述担保物的，“位于俄克拉荷马州 Haskel 县的总值 15.86 万美元的多件设备。”银行提出，Siegel 在谈判过程中给了银行一个清单，清单上列明了 Johnston 的价值 15.86 万美元的担保物。因此，根据银行的证词，清单上设备的价格总数，能与设备的序列号对应，所以描述是充分的。

为了支持自己的主张，银行还引用了一些案例，然而在这些判例中，描述担保物所用的语言是“所有设备”或“所有货物”。这个一般描述之所以有效，是因为债权人知道担保物包括债务人所有的设备和货物，因此债权人随时会知道哪些物品受到了妨碍。本案中，尽管 15.86 万美元涉及一些设备，但却没有线索确定具体涉及哪些设备。不止如此，尽管有些法院曾主张担保协议可以通过援引包含其他文件，并由此满足第九章的规定。但该理论不适用于本案，因为本案中的本票对设备清单只字未提。

银行同时主张，债务人律师 Sonberg 于 1976 年 3 月 2 日发出的信函构成担保协议。信上表明 D&D 公司赋予银行“由融资声明描述和确定的某些营业设备或机械的担保利益。”

根据合并的原则，这封信通过充分地描述担保物，确实为银行设定了担保物权，但是它并未满足第 9-203 节第三项的要求：即担保协议必须有债务人的签名。这封信尽管是按照 Dale Johnston 的要求写的，但是只有 Sonberg 的签字，而 Sonberg 只是 D&D 公司的律师，不是代理人，这不符合第 9-203 节的要求。由 D&D 的出纳 Siegel 签署的信函和融资声明，作用仅仅是认定那些抵押物，而不能作为担保协议。第 9-203 节要求抵押协议应由债务人签字。银行所提供的文件均没能证明存在可执行的担保协议。即使把这些文件结合起来看，也没能满足 9-203 条的要求。而别的案例，能够把各种文件结合起来当作一个整体，来证明有担保协议的存在，是因为这些证据满足了第 9-203 节的要求。

这个本票没有设立担保利益的语句，也没有充分的描述抵押物，因此不能理解为担保协议。而且，3 月 2 日的信函由于缺少债务人的签字也不能构成担保协议。

最后，根据第 9-203 节的规定，如要设立担保利益，债务人必须对抵押物享有所有权。毫无争议地，在纠纷发生的时候，这些被当作向银行贷款的抵押物的设备，由建筑公司所有。然而，银行主张，D&D 公司有充分的权利就这些设备设定担保。作为建筑公司和 D&D 公司的董事长，Johnston 声明建筑公司曾把设备出借给 D&D，并赋予 D&D 购买权。

通常而言，仅仅是占有货物或是享有尚未实现的购买权不足以获得就该货物设定担保利益的权利。然而，如果公司的真正所有人通过行动或因为疏忽，没有告知债权人担保物的真正所有者的身份，那么该公司债务人不得否认担保物的财产权。

然而，本案不必判断 D&D 公司是否有充分的财产权去设定担保利益，因为其他关于有效的担保利益的要求没有被满足。只有在涉及 Poulson 公司是否注意到这些设备上是设定有负担时，D&D 公司是否有权利对这些设备设定担保利益的问题才具有重要意义。如果 D&D 公司对这些抵押物有权利，那么 D&D 签署的融资声明又经签字了，这才能算是对 Poulson 公司的充分告知。根据第 9-302 节，融资声明仅只是用于完善本已生效的担保协议。由于担保协议的其他要求未被满足，所以 D&D 公司签署了融资声明这一事实并不重要。根据以上分析，银行的主张不能成立。维持原判。

【案例评析】

本案涉及的争议主要有：担保协议在何种条件下成立？如何认定担保协议？什么是对担保物的充分描述？谁有权订立担保协议？

根据本案法官的论述可以看出，在美国法律实践中，存在两种担保协议的认定理论：一是单独认定，即对单独的法律文件进行审查确认；二是合并认定，即承认由多个文件共同构成担保协议。

与单独认定相比，合并认定更具优势。首先，放宽对担保协议的要求，有利于促进担保权的设立，这符合实践的要求。在实践中，交易双方不一定会起草正规的担保协议，但是通过谈判、融资说明书等，双方都认可担保权的设立。假如仅仅因为没有担保协议，就否定双方的合意，不利于交易的发展，也不符合私法自治的原则。每一个担保的设立都起草担保协议，也是不符合交易成本的理论的。

目前，合并理论得到了更多的认可。因此，在本案判决发布的同时，有法官发表了不同意见，认为 D&D 的律师在 3 月 2 日发出的信函加上融资声明，可以看成一个担保协议。同时，美国各法院在审理担保案件时就是否设立担保利益持两种不同态度：一种认为担保协议中必须有“授予”或“赋予”相应权利的语句明确授权；另一种则认为不必如此，只要存在类似“由……担保”的意思就可以设立担保利益。

本案多数法官集中关注的是，涉案本票是否包含了对抵押物的描述，如何理解该项条件。多数法官认为，对抵押物的描述必须明确到通过合理的努力足以确定具体的担保物品的程度。例如，可以列出财产清单。在本案中，本票记载该本票的担保形式有两种，一是保证，二是由背面记载的已交付的财产作担保。法官们因此关心的是本票背面是否明确了财产清单或者援引了财产清单。他们的结论是否定的。其中一个理由是，D&D 公司的律师 Sonberg 发出的信函不能视为由债务人签署的文件。这涉及到了另一个问题，即，谁有权签订担保协议。

毫无疑问，Dale E. Johnston 作为 D&D 公司的法定代表人，他有权自己签署或通过一定授权委托他人签署担保协议。本案的争议是，D&D 公司的律师 Sonberg 是否获得了充分授权。本案中，Dale E. Johnston 和 Sonberg 都承认，后者是在得到前者的授权后才向银行发信的。在这一事实的认定上，主审法官之间也发生了分歧，多数法官不承认此项授权，个别则予以认可。这一分歧的出现缘自法官们在认定授权行为时依据了不同标准，一种坚持严格的形式主义，要求有明确的授权并告知银行；另一种则认为没有必要。

对比我国的规定和美国的规定，两者相差不大。这说明在设立担保之类的基础问题上，两国法律保持了较高程度的一致性。另外，在以一些特殊的财产作为抵押物时，应该办理登记。这是从国情出发，保护双方当事人的一个有效措施。综上所述，中美在担保设立这一法律制度上，可以相互借鉴，促进交易的有序进行。

案例 6 Amvest 融资公司诉 Rex 公司案

【案例来源】

Amvest Funding Company v. Rex Group Inc. , 80 B. R. 774; 1987.

【案情简介】

被告 Rex 集团公司是一家成立于 1983 年 1 月 19 日，位于特拉华州的公司，其原始董事有 Hugh Wiley（“Wiley”），Clyde B. Pitchford, Jr.（“Pitchford”），Joseph A. J. Canada, Jr.（“Canada”），George Morris（“Morris”），and Bertelan DeNemethy（“DeNemethy”）。Rex 公司在 Pitchford 位于弗吉尼亚州 Richmond 的住宅、在位于佛罗里达州 Ocala 的 Ocala 赛马总会以及佐治亚州 Atlanta 设有办公室。当事人对于 Rex 公司是否在 Wiley 位于弗吉尼亚州 Fluvanna 县橡树大农场的农场拥有第二营业地存在争议。原告 Amvest 融资公司认为 Wiley 的农场是 Rex 公司在弗吉尼亚的第二营业地。

1983 年 1 月 26 日，债务人 Rex 公司与 Amvest 融资公司建立了关系，Rex 公司以 10 万美元的价格将一匹赢过国际大奖的名叫 Hastings 的障碍赛马转让给 Amvest 租赁公司。此次转让可由一张销售单证明。同一天，Wiley 和 Pitchford 签订了一份租赁协议，据此 Rex 公司将从 Amvest 租赁公司租用 Hastings。依据该协议的条款，租约规定 Hastings 仍然是 Amvest 租赁公司的财产。1983 年 3 月 25 日，Amvest 租赁公司将该租约转让给了本案的原告，Amvest 融资公司。

根据一份日期为 1984 年 6 月 4 日的附加文件记载，由 Pitchford 和 Wiley 用 Amvest 的贷款购买的名叫 Subtle Smile 和 Winsage 的两匹马替换了前约的 Hastings。1985 年 2 月，名为 Millstreet 的马替换了 Subtle Smile；1985 年 4 月，名为 Devonsher 的马替换了 Winsage。Amvest 融资公司在解除中止申请书中称这些马是 Winsage 和 Subtle Smile 的孳息，并据此主张对这些马的权益。

1984 年 6 月，为了资助 Rex 公司购买大奖赛障碍赛马，Amvest 融资公司借给 Rex 公司 825 000 美元。该笔贷款由 Canada 和他的妻子 Sandy，Wiley 和他的妻子 Serena，以及 Pitchford 提供担保。部分贷款用于清偿 Rex 公司以前的贷款。1984 年 6 月 7 日，Rex 公司出具了一张本金为 825 000 美元的本票并交付给 Amvest 融资公司。Rex 公司还起草了一份担保协议，授予 Amvest 融资公司就 Rio，Brussels，A L'Honneur，Hastings，German Stallion，Rexsum，Millstreet 和 Devonsher 等马匹享有担保利益，这些马匹是本次解除中止申请的对象。担保协议规定，未经 Amvest 融资公司事先的书面许可，Rex 公司不能出售、买卖或是转让其中任何一匹马。Rex 公司也保证对担保协议下的所有马匹拥有完全的所有权。

后来 Rex 公司违反了租赁协议和贷款协议的约定，销售了马匹。1985 年 2 月 27 日，Amvest 融资公司要求 Rex 公司支付租赁协议项下的余款大约是 33 000 美元，以及贷款协议下本息共计 915 000 美元。

【判决意见概述】

关于租赁协议的性质问题，法庭首先要查明的是在 Amvest 融资公司和 Rex 公司之间的租赁协议是“真正的”租赁，还是伪装成租赁的附条件的销售，即，Amvest 融资公司在该租约中保留所有权并不是期望返还货物，而是以此作为支付货物对价的保障。

本案中 Rex 公司和 Amvest 融资公司所签订的租赁协议看起来就像是伪装成租赁协议的担保协议的范本，它涉及法庭认为具有决定作用的一系列判定标准。

依据该租约的条款，作为出租人的 Amvest 融资公司，没有就所有权、适销性或是适用于特定目的进行明示或暗示的担保，作为承租人的 Rex 公司也放弃了这样的担保。此外，Rex 公司被要求保养并爱护马匹，自费购买并持续对马匹的保险，承担马匹损失或损毁的全部风险，缴纳全部税费、许可费和管理费，以及填写个人财产税申报单并支付马匹可能产生的所有税款、评估款、费用、罚金。

该租约还包含了违约条款，它允许 Amvest 融资公司寻求协议所列九项中的一项或更多项的救济。救济的范围从重新占有马匹以及因出租人产生可由承租人支付的所有花费，到在违约时立即加速清偿所有未付的租金。租约的另一条款规定租赁马匹所生的幼崽是承租人的单独财产，与出租人的利益无关，出租人不得主张。这一条款似乎为承租人创造了源自租赁财产的衡平。为承租人创造的任一衡平都被视为“意在担保的租约的典型特征之一”。

交易、租赁或担保协议的本质是由审判者处理的事实问题。依据 Coates 和 Wiley 的证词以及双方当事人在租赁文件中所表明的意图，本法庭作为事实问题的审判者认为该租赁协议实际上是一份担保协议。

【案例评析】

本案的核心争议是当事人之间是否存在担保协议？美国法，尤其是弗吉尼亚法侧重于从当事人的真实意图来判定协议的性质。本案着重分析的是一份表面上的租赁协议在何种情形下会被判定为担保协议。

《弗吉尼亚法典注释》第 8.9 - 102 (1)(a) 条认可了“租赁还是担保利益”的问题，它规定美国《统一商法典》的第九篇适用于“任何意图就个人财产创设担保利益的交易，不论其形式如何……”。第 8.9 - 102 (1)(a) 条的正式解释进一步规定：“判断某个交易是否适用本条的主要标准是，该交易是否有意产生担保的效果？……如果发现（某交易）意在创造第 1 - 201 (37) 条界定的担保利益，那么不论交易的形式为何，不论当事人拟定的名称为何，本章都将适用。”第 8.1 - 201 (37) 条确立了判断一个所谓的租赁是否是美国《统一商法典》第九篇规定的担保交易的标准，“租赁是否意在担保取决于每个案件的事实；然而，(a) 包含购买选择权本身不能表明租赁意在担保；(b) 如果存在这样的协议，约定承租人在遵守租赁协议条款的情形下，无特殊条件或仅有象征性的条件就可以成为或可以选择成为财产的所有人，那么这就表明租约意在担保。”

在美国《统一商法典》制定之初，判断某个涉及“租赁还是担保利益”问题的法律文件的意图的标准似乎是，该文件是否包含承租人在象征性的条件下拥有购买选择权的协议。然而，随着诉讼实践的发展，越来越明显的是，象征条件下的购买选择权的缺失并不必然使租赁协议免除是伪装的担保协议的可能。不断发展的判例法确定了一系列参考因素，法官用此来判断涉争的法律文件是真的租赁协议还是意在设立担保利益的协议。

法院通常会综合以下因素来判定租赁协议是否规定了潜在的担保利益：(1) 承租人是否必须支付租赁物产生的费用、税收等开支；(2) 租约是否包含有关租金支付的“加速条款”；(3) 争议的货物是否为涉争的承租人专门购买；(4) 承租人是否有义务为租赁财产购买保险；(5) 承租人是否被要求自费支付设备运行所需要的所有许可费，并维护设备；(6) 协议是否规定承租人承担所有的损失风险；(7) 租约中是否有条款赋予承租人就租赁财产享有衡平权或财产利益；(9) 租约中是否存在不同寻常地偏向出租人的违约条款；(9) 就出租人而言，是否存在否认适应性或可售性的条款。

在本案的审理中，法官正是对应前述判定标准认定本案涉争的租约实为担保协议。

在本案中，双方当事人所签订的租赁合同的性质问题是争议点之一。这个问题在我国的司法实践中也常常出现，其关键问题是双方当事人的意思表示。意思表示一致是指双方当事人对未来合同的必要条款形成合意。保证合同的关键问题就是判断保证人是否存在保证的意思表示。关于判断保证人具有保证意思的标准，理论上主要有三个学说，即：客观标准说、主观标准说、主客观标准结合说。

客观标准说认为：只要保证人在客观上有承担保证责任的意思表示，则不论其主观上是否有承担保证责任的意思表示，保证合同都应成立。这个学说的观点也得到我国相关立法的肯认。根据我国《担保法》司法解释的规定：“第三人单方以书面形式向债权人出具担保书，债权人接受且未提出异议的，保证合同成立。主合同中虽然没有保证条款，但是，保证人在主合同上以保证人的身份签字或者盖章的，保证合同成立。”

主观标准说认为：保证人是否具有保证意思属于广义上的保证合同解释问题。而我国《担保法》对保证合同的解释并没有特别的规定，所以保证合同的解释应适用《合同法》的规定。根据我国《合同法》第 125 条规定，“当事人对合同条款的理解有争议的，应当按照合同所使用的词句、合同的有关条款、合同的目的、交易习惯以及诚实信用原则，确定该条款的真实意思。”因此，保证合同的解释仍应以探究双方当事人的真实意图为目的，以主观标准作为解释保证意思表示的判断标准。

主客观标准结合说认为：判断保证人是否有承保的意思须从主观客观两方面判断，在客观方面主要依签字或盖章确定，在主观方面，则考虑当事人的真实意图。

如上文所示，“任何交易，不论什么形式，只要是为了在私人财产间创造担保利益……”，“一个交易是否受本章规制的主要判断是：这个交易是否是为了追求作为担保的效果？……当一项交易符合第 1－201（37）条定义的担保利益时，无论交易的形式或是双方当事人所施加的名字是什么，本章都适用。”可见，在这里采用了主观标准。

我们认为，虽然我国相关法律在判断债权人与保证人成立保证的意思表示是否一致的问题上采纳的客观标准有利于保护善意相对人，也维护了交易的稳定性，但完全依客观标准判断保证意思的做法并不合理，因为采用客观标准而不顾及保证人内心真实意思，并不利于保护交易的另一方当事人。况且大陆法系国家通常有“保证不得推定，应当明示之”的规定。综合起来，以主客观结合标准判断债权人与保证人在成立保证上的意思表示是否一致比较合理。

案例 7　Notker 诉 Rück 银行案

【案例来源】

Christopher Becker, Fälle zum Zivilrecht für Fortgeschrittene, Verlag C. H. Beck, München, 2008, S. 309－317.

【案情简介】

神经生理学家 Notker 为了扩大诊所经营，向 Bereit 银行申请了 40 万欧元的贷款，并在其土地上设立了合法的抵押证书作为该贷款的担保，其亦将该证书交付 Bereit 银行。临近偿还贷款日时，Notker 暂时陷入支付困难，Bereit 银行和 Notker 约定延期半年偿还贷款并将抵押顺延半年。然而，这一约定并未在土地登记簿上进行登记也未在抵押证书上进行说明。

在银行间的再融资交易中，Bereit 银行书面将其对 Notker 享有的债权让与 Rück 银行，同时将抵押证书交付给该银行。在让与债权时，Rück 银行对延期支付的约定并不知情，且 Bereit 银行亦未告知。

现在，Rück 银行要求 Notker 支付 40 万欧元。Notker 拒绝支付，并指出：其与 Bereit 银行约定的延期支付期限还有三个月，Notker 的这一说明完全符合事实。Rück 银行回复：这个延期支付的约定对其并不起作用，并威胁要对 Notker 的土地采取措施。

【问题】

1. Rück 银行针对 Notker 享有哪些请求权？

2. 假设：Rück 银行不准备对 Notker 采取措施。Rück 银行对 Bereit 银行可以实现其请求权，在实现请求权后，Rück 银行将该贷款返还支付请求权和抵押证书返还 Bereit 银行。在此期间，Notker 的贷款账户上又产生了一些贷款利息。Bereit 银行非常担心 Notker 的支付能力，因而咨询：该抵押权是否也可用于担保这些贷款利息？

【解析】

本案涉及的两个问题主要考察如何以担保协议为依据进行判断，在担保债权转让之后，受让人的权利及其实现的问题。实质是考察协议生效的条件及协议的效力。第 1 问题仅仅涉及偿还贷款和土地担保责任，并未涉及利息。第 2 个问题是关于利息。在问题 1 中，我们可假定 Notker 按时、依约支付了利息，因而暂不讨论利息请求权。如果按照通常的处理顺序解决问题 1，则首先审查合同中的个人责任，其次是抵押权中的物上责任。很显然，这样的顺序会因担保债权和抵押权的结合而造成处理转让问题的困难。鉴于此，首先处理物上责任可能是更好的选择。当然并非一定如此，也可以在习惯的顺序中作出相应的保留以防止以后可能产生的矛盾结果。

首先分析第一个问题。总体而言，Rück 银行对 Notker 享有两项权利，一是偿还贷款的请求权，二是强制执行（土地担保）以取得清偿的权利。

就一项权利而言，根据《德国民法典》第 488 条第 1 款第 2 项的规定，Rück 银行对 Notker 享有的偿还贷款请求权需满足两个条件：（1） Notker 和 Bereit 银行之间的贷款合同规定的偿还义务有效成立；（2） Bereit 银行已将该合同债权依法转让给 Rück 银行。

考察第（1）项条件时，需要分析两个问题：首先是有无合同基础；其次是，如果有合同，该贷款是否已经实际发放，从而产生了借款人的还款义务。根据《德国民法典》第 488 条的规定，Bereit 银行和 Notker 之间存在一个有效的贷款合同。首先，Bereit 银行方面不存在代理问题。因为，即使不知道银行的法律及其代理人，也可以得出银行在该贷款法律行为中通过其某个机关或者某个受托人全权代理。其次，与消费者信贷相关的法律规定不会阻碍该借贷的生效。因为在本案中，Notker 是以《德国民法典》第 14 条第 1 款规定的经营者的身份签订的贷款合同。因而，偿还请求权成立的基础已经存在。确认了合同有效成立之后，案情陈述中已经明确表示 Notker 获得了贷款金额，因而，《德国民法典》第 488 条第 1 款第 2 项意义上的供贷款人处分的条件得到满足。Notker 因此负有偿还贷款的义务。

考察第（2）项条件时，主要是分析两家银行之间的转让是否符合法律规定。一方面，要考察两家银行之间的转让是否符合法律规定的积极条件；另一方面，要考察两家银行之间的转让是否存在影响其有效性的消极因素。依据《德国民法典》第 398 条的规定，“债权人可以通过与第三人订立合同，将债权转让给第三人。合同一经订立，新债权人即取代原债权人的地位。”本案中，两家银行的转让以书面形式进行，符合该条要求。值得注意的是，由于本案的债权附有担保权，因此，不只要考察债权是否有效转让，还要考察本案中的抵押权是否符合已经依法转让。根据《德国民法典》第 1154 条第 1 款第 1 项的规定，“让与债权需以书面形式给予让与的意思表示，并交付抵押权证书。”本案中，两家银行不止签订了书面合同，而且已完成了抵押权证书的有效交付。至此，担保债权转让应当符合的法律要件已全部满足。接下来需要考虑，本案是否存在影响转让合同生效的因素。本案的一个关键情节时，“在让与债权时，Rück 银行对延期支付的约定并不知情，且 Bereit 银行亦未告知。”该事实是否构成了对诚实信用义务的违反？依据《德国民法典》第 242 条的规定，“债务人有义务依据诚实信用，以及交易习惯，履行给付。”由于本案的担保债权转让是基于合法目的，未完整告知信息并不必然导致合同归于无效。

由上，Bereit 银行与 Rück 银行之间的债权转让已经生效。但是，Nokter 仍可以根据《德国民法典》第 404 条规定的广义上的“抗辩”对抗 Rück 银行。从法理上说，一个债权不能因为所有者变更而变得更加容易获得实现。所有的债权实现的障碍也都不因债权转移而消灭。依据第 404 条的规定，“债务人在债权让与的当时所能对抗原债权人的抗辩，均可以之对抗新债权人。”在本案中，Notker 在债权转让之前已与 Bereit 银行达成了延期协议，因此，Notker 享有 Bereit 银行允诺的延期支付的抗辩，即因推迟借款合同中原先规定的到期日而产生的抗辩。在债权转让后，尽管受让人并不知情，其仍需遵守延期后的债权到期日。

总之，Rück 银行虽然对 Notker 享有偿还贷款请求权，但该请求权的行使须依照延期后到期日。

就第二项权利而言，Rück 银行针对 Notker 是否享有就 Notker 的土地实施强制执行的权利需要依据《德国民法典》第 1147 条的规定来判断。该条规定，“债权人就土地和抵押权所及的其他标的物取得的清偿，以强制执行方式来完成。”适用该条款存在三个前提：（1）Bereit 银行已依据《德国民法典》第 1113 条第 1 款的规定享有抵押权；（2）该抵押权已转移到 Rück 银行；（3）该抵押权已经可以变价。

考察第（1）项条件时，主要是分析土地上能否设立抵押权益。依据《德国民法典》第 1113 条第 1 款的规定，“土地得以此种方式设定负担，使因设定负担而享受利益的人享有由该土地支付特定金额以清偿其债权（抵押权）的权利。”据此，土地抵押权是德国法所承认的担保权益。如前所述，Notker 和 Bereit 银行就设定该土地抵押达成了合意，并且在土地登记簿上进行了登记。根据《德国民法典》第1117条的规定，Bereit银行因证书的交付而获得该抵押权。因此，根据《德国民法典》第1147条的规定，Bereit银行对Notker享有其对强制执行容忍的请求权。

考察第（2）项条件时，主要是分析两家银行间的债权与抵押权转让是否有效。根据《德国民法典》第401条第1款第1种情形和第1153条第1款的规定，因贷款债权的让与，该抵押权必然同时也转移到Rück银行。因此，Rück银行对Notker享有就土地实施强制执行的请求权。

考察第（3）项条件时，土地抵押权在法律上能否变价无需讨论，需要关注的是时间问题。针对Rück银行的强制执行请求权，作为土地所有权人的Notker可以根据《德国民法典》第1137条第1款的规定提出针对被担保的债权的抗辩。即，前文已经指出的贷款已经延期的抗辩。在本案中，该抗辩意味着本案中的抵押权还不能变价。

然而，根据《德国民法典》第892条第1款第1项和第1138条的规定，因Rück银行的善意，Notker不能依从债务关系产生的抗辩对抗抵押权。该抗辩仅仅局限于从该合同中产生的个人责任。问题是，Notker能否因延期支付抗辩而直接获得一个对抗Rück银行的强制执行请求权的抗辩。根据本案事实可以得出，本案中的延期不仅仅只涉及被担保的债权，也适用于抵押权。从《德国民法典》第1137条规定的从属性也可以得出，该抗辩不仅仅直接适用于本案中的约定，而且也适用于容忍请求权。根据《德国民法典》第1157条的规定，该法律效果原则上也适用于新的债权人。

即使如此，根据《德国民法典》第892条第1款第1项的规定，Rück银行亦因其善意而受到保护。因此，只要Notker未按照《德国民法典》第1142条第1款的规定通过支付而消灭该物上责任，他就必须容忍由Rück银行提起的强制执行。

在澄清第一个问题之后，我们可以继续分析第二个问题。按照第二个问题中的假设，依据《德国民法典》第398条和第1154条第1款的规定，Bereit银行因贷款债权的返还让与和抵押权证书的返还而重新成为该贷款债权和抵押权的权利人。只要利息债权曾让与 Rück 银行，则 Bereit 银行如同 Rück 银行一样享有利息债权。

首先，根据《德国民法典》第 488 条第 1 款第 2 项第 1 种情形的规定，Notker 承担利息责任。该利息可以通过抵押被担保。

其次，一个抵押权可以同时担保数个债权，即，其可以同时涵盖担保贷款和贷款利息的清偿。理所当然，为贷款而设的抵押权，并非担保债权人和债务人之间渐次产生所有债权，特别是应计利息。担保目的的作用范围更多地属于合同事务。双方当事人可以决定该抵押权是否仅适用于主债权，是否对从债权设立单独的抵押权或者是否对所有债权设立一个抵押权。从本案的案件事实中无法得出存在另外一个抵押权，因此，Bereit 银行只享有一个抵押权。

再次，设立担保利息的抵押权不只需要担保合同中的设立合意。根据《德国民法典》第 873 条第 1 款的规定，该合意必须纳入该从债权。因而，按照《德国民法典》第 1115 条第 1 款第 1 项的规定，利息应在土地登记簿中单独登记。

又次，根据《德国民法典》第 1118 条第 1 种情形的规定，如不存在相关约定，用来担保的土地仅对金钱债务的法定利息、特别是《德国民法典》第 288 条第 1 款第 2 项规定的迟延利息和商法典第 353 条规定的到期利息承担责任。同样地，按照《德国民法典》第 1146 条的规定，如无特别约定，用来担保的土地也担保因对所有权人实施强制执行请求权而产生的迟延利息。在《德国民法典》第 1146 条中，土地所有权人的容忍义务被视为金钱债务，否则不会产生任何迟延利息。然而，该条规定并未导致所有权人迟延利息和可能存在的贷款迟延利息的叠加。

最后，担保人和担保权人均明确，最初并未约定的对利息的责任可以在事后通过合同变更（《德国民法典》第 873 条第 1 款和 877 条）而被设定。在不考虑后位权利人的情形下，根据《德国民法典》第 1119 条的规定，其仅在有限的情形中可能。如果该有限的扩大适用都无法满足，则必须在后位权利人之后为该利息设定一个新的不动产担保物权。由此，只要 Bereit 银行曾将利息债权让与给 Rück 银行，则 Bereit 银行如同 Rück 银行一样享有利息债权。

第三节 担保权利

案例8 Hill夫妇等诉Colorado银行案

【案例来源】

Jerry David Hill, Lois Mary Hill; F. Stannard Lentz v. Bank of Colorado, United States Court of Appeals, Tenth Circuit. No. 79 - 1838.

【案情简介】

Jerry Hill签署并交付了多种文件（本票、担保协议和融资声明），在两张写明收款人为Hill的本票（以下简称“LDS票据”）上为银行设立了有效的可执行的担保利益。LDS票据担保了Hill用来向科罗拉多银行借钱的特定本票。

1976年5月，科罗拉多银行票据被违约，银行对此提起诉讼。在该诉讼中，银行既没有提及在LDS票据上的担保利益，请求法院允许其取消担保物的赎回权，也没有请求法院保全其担保利益。1976年8月13日，法院作出不利于Hill的判决。之前这一切都发生在科罗拉多州，当时双方都是科罗拉多州的居民。但在1976年11月4日，Hill作为堪萨斯州的居民申请破产。

破产法院认为应适用科罗拉多州法律，但可适用的堪萨斯州以及科罗拉多州的《统一商法典》条文不一致。并且，科罗拉多法院没有处理过这类问题，而堪萨斯州的案例Wilson案则是直接针对该问题的。Wilson案认为《统一商法典》不允许选择救济，但可以适用“一事不再理”原则来解释“累积救济”。实际上，该案要求人们在提起对人之诉时寻求所有的救济方式，否则就视为放弃了那些救济方式。破产法院判决银行在取得对Hill不利的判决时失去了有效的担保物权，因为根据Wilson一案的理论，银行应该在之前诉讼中起诉取消担保物的赎回权。鉴于银行已经寻求过法律上的救济，因此不能转过来再寻求使用取消赎回权的救济。由此判定，科罗拉多银行已经处于一般债权人的位置。

科罗拉多银行针对破产法院的判决向地区法院提起上诉，声称堪萨斯州的先例并不反映科罗拉多州的法律。Hill 的破产管理人则请求法院宣布银行只是一般债权人而不是担保债权人。

地区法院法官认为银行的救济是累积的并可强制执行的，因此银行并不因“一事不再理”原则而被禁止根据《统一商法典》获得针对破产管理人的救济。破产管理人以堪萨斯州 Wilson 案为依据主张，“一事不再理”原则不支持银行作为一个担保债权人的诉求。上诉人认为 Wilson 案件与本案的事实相同。

奥康纳法官审理了该上诉案件，其拒绝遵循 Wilson 案的判决，因为双方在合同中约定适用科罗拉多州的法律。科罗拉多州上诉法院在 Bilar，Inc. v. Sherman 案的判决表明科罗拉多州法院的裁决与堪萨斯地区法院在 Wilson 案的观点不一样。在 Bilar 案中，科罗拉多上诉法院认为：债权人不需要在救济中选择，根据《科罗拉多法典修正案》，所有的救济应该是累积的。奥康纳法官认为既然选择适用科罗拉多州的法律，那么适用的先例应该是科罗拉多的 Bilar 案而不是堪萨斯的 Wilson 案。

值得注意的是，地区法院发现了这样的事实：银行之前获得的针对 Hill 的金钱判决在得到部分履行后就停止执行了。没有证据表明银行因错过了支付而应被限制执行其判决。法院由此认为，阻止银行主张其担保债权人地位是很苛刻的，因为银行并没有取消担保物的赎回权也没有执行该判决。

因此，地区法院拒绝了破产管理人的请求，推翻了破产法官的判决。于是，破产管理人向第十巡回法院提起上诉。

作为上诉人的破产管理人试图让法院判定，科罗拉多银行只是一个一般债权人而不是担保债权人。其理由是：银行在 Hill 破产之前已经获得了一个对 Hill 不利的判决，但却未行使取消赎回权或者执行判决，这就使得银行针对破产管理人的担保协议被排除适用。

作为上诉人的破产管理人认为法院对于《科罗拉多法典修正案》第 4 - 9 - 501 条所定义的“累积”的解释是不正确的。该条款规定一个债权人可以减少诉求或者取消赎回权或者通过任何可适用的法律程序强制执行担保利益。该条款继续规定道：本节中提及的权利和救济是累积的。上诉人声称如果地区法院的奥康纳法官解释“累积的”是指担保债权人可以首先基于票据起诉然后可以基于担保物权起诉是正确的，那么第5小节的追溯力条款就是多余的，因为不论执行与否，担保利益都会存在。上诉人认为累积的用词只是为了支持“一事不再理”原则，因为第5小节只有在债权人选择判决路线或者扣押拍卖财产后才允许担保物权溯及既往。因此，上诉人主张，法律的起草者加上累积的用词仅仅是为了避免将“或者”理解成一方必须选择其救济，立法者取消的不是“一事不再理”原则，而是选择救济原则。

被上诉人认为：根据遵循先例原则，如果两州的法律规定一致，那么其中一州就此做出的判决与另一州的判例具有同等效力。遵循先例原则并不要求任何法院遵循一个错误的司法裁定。被上诉人坚持认为救济选择原则只是禁止一个拥有多种救济选择的人逐步寻求互不相容的救济，但不要求在一致的救济中进行选择，本案的情况正是如此。被上诉人继续指出：“一事不再理”原则仅仅规定一方当事人不能就同样的争议提起两次诉讼，但并不排除一方主张不同但相容的救济方式。只要救济方式是相容的，债权人可以累积寻求救济，直至所有的权益得到全部实现。

【判决意见概述】

上诉法院首先仔细研究了本案审判过程中引出的两个相反的案例，即堪萨斯的 Wilson 案和科罗拉多的 Bilar 案。在 Wilson 一案中，破产法官驳回了上诉人就私人财产享有担保权益的主张，认定上诉人为无担保债权人。于是上诉人向堪萨斯州法院提起上诉。作为被上诉人的破产管理人申请法院驳回上诉，理由是上诉人未能按照破产规则第806条在上诉中指明记录和争议。上诉法院驳回了破产管理人的上诉，并继续审理了实质性争议，得出了自由公债应被视为一般无担保债权的结论。破产法官裁决了两个独立但不相关的问题：第一，根据一事不再理原则，一旦自由公债取得了一个对于债务的判决而没有提出返还财产之诉或者取消担保物的赎回权，自由公债就丧失了主张担保利益的权利。第二，自由公债的判决并不使自由公债拥有任何优先权或者给予自由公债除一般无担保债权以外的其他地位。

Wilson 案的法官还考量了 Kearny v. Nunn 一案的判决。该案是基于有不动产抵押的票据的对人诉讼。被告在答辩状中声称，在之前的诉讼中，票据的所有者已经赢得了对物诉讼，在没有就票据寻求对人诉讼的情况下取消了抵押品的赎回权。审理该案的堪萨斯州最高法院认为，出票人是之前的对物诉讼的当事人而且在当时可以提起对人诉讼。被告的答辩是根据“一事不再理”原则的有效抗辩，该原则也禁止反言。堪萨斯州最高法院对其依据的“一事不再理”原则进行了如下阐述，“当各方均到庭且法院对裁判事项和各方当事人拥有完全管辖权并可以适当地裁决所有争议时，那么所有这些争议都应被裁决。那些明确裁决的事项，以及当时本可以、本应该裁断的事项都将归入一事不再理的范围，任何一方都不得再就此提起诉讼。”

由此可见，堪萨斯州的规则采用了放弃救济理论，目的是要求诉讼当事人将其所有诉求放在一个诉讼中。如果诉讼当事人未能这样做则适用一事不再理原则，从而阻止之后强制执行担保权益的诉讼。

在 Bilar 案中，Bilar 公司向 G. J. S 企业出售了一笔业务，后者签出了一个有个人保证的本票以担保一个金额为 40 000 美元的票据。Bilar 提起诉讼，法院判决 G. J. S 违约。Bilar 执行该判决，最终获得对方一些动产，售后所得大约 5 000 美元。G. J. S 声称这次偿还已经履行了判决并且阻止之后的诉讼。答辩状坚持主张 Bilar 被推定已经通过就动产进行的取消赎回权的出售履行了判决。而 Bilar 则认为该推定仅仅是表面证据且在事实上可以推翻。上诉法院判决称，不能假定判决已被充分履行，因为取得的动产价值不足以清偿债务。只有进一步证明财产因不法行为或者原告的过失而被浪费，假定才是决定性的。科罗拉多州上诉法院讨论了救济选择问题，认为债权人可以寻求法典或可适用的司法程序所提供的救济。采用后一种方法并不意味着债权人放弃担保利益。法院详细引用了商法典第 1 节中对 4 – 9 – 501 条的评论：“受担保方有权在此条款之外通过可适用的法律程序来提出诉讼或者取消赎回权。”第 5 节第一句话更清楚地指出受担保方可能取得的任何留置权是其初始权利的延续，并且并不是获得新的利益或转移财产以清偿先前的债务。因此，法院认为不能排除债权人寻求其他救济的权利。

在上述两个案件中，担保债权人均通过诉讼的方式对担保物采取过取消赎回权的救济，且担保利益均未完全实现。在堪萨斯州，债权人因为没有一次列明所有拟寻求的救济方式而丧失了再次起诉寻求其他救济的权利；但在科罗拉多州，债权人的诉讼并不会影响他之后寻求其他方式的救济。本案虽然由堪萨斯州法院审理，但是双方均同意适用科罗拉多州法，因此，法院依据科罗拉多的法律进行裁判并无不当。

上诉法院最终认定，地区法院关于 Bilar 案与 Wilson 案不一致的判决是正确的，本案应适用科罗拉多法律，因此维持原判。

【案例评析】

本案的核心争议是"一事不再理"原则与累积救济原则（cumulative-remedies doctrine）的关系问题，它所反映的普遍性问题是如何确定担保权利的存续与否。换言之，担保权利是否因有利判决的终止执行而永久丧失。累计救济原则是指：根据美国《统一商法典》第九篇的规定，担保权人对获得的救济方式——不论是法典中规定的救济方式，担保协议中规定的救济方式还是州立法规定的救济方式，都可以进行"累积（cumulative）"适用，即担保权人可以同时适用各种救济方式而无需进行选择。美国《统一商法典》规定救济的目的是将受损害方置于另一方完全履行义务后所处的地位。如果担保合同的债务人违约，担保权人可求助于一系列可以累积的救济方式。他可以：（1）依据美国《统一商法典》第九篇第五部分的规定起诉；（2）依据担保协议中的适当条款起诉；（3）作为判决确定的债权人起诉。尽管法典规定的救济方式是可以累积的，但是司法机关都认为选定的救济方式只是用来追求担保权益的实现。换言之，担保权人可先用一种方法寻求救济，如果该救济不成功，可再寻求另一种救济。但不允许同时寻求两个以上的救济方式来骚扰债权人。①

值得思考的问题是，担保债权人在提起担保权益相关的诉讼并获得有利的判决后，是否自此丧失了担保债权人的地位，而变为一般的无担保债权人？显然，本案出现的两个参考案例给出了相反的答案。这缘自各法院对于司法判决的性质、担保权益的本质等有着不同看法。鉴于各州倾向不一，从债权人的角度考虑，最周全的做法是在诉状中声明保留寻求其他救济方式的权利，直至债务人的债务全部清偿完毕。在最典型的适用累积救济原则的案例中，担保权人获得了作

---

① 董学立．美国动产担保制度研究．山东大学博士学位论文，2006：122 ~ 124.

为担保物的存款证明，但担保权人并没有兑现该存单，而是对债务人提起了诉讼并随后着手征收债务人所拥有的不动产。面对这已相当不正常的清偿程序，法院认为，基于累积救济原则，担保权人有此自由。但这并非是说对“累计救济原则”没有限制。① 美国许多州关于消费者特殊保护的立法要求担保权人在实现其担保债权时需做出选择：要么强制执行担保物，要么对债务人提起诉讼。一些法院还认为，担保权人不可以同时适用两种救济方式，以防形成对债务人的无意折磨。

在有些情况下，法院可能会要求担保权人在穷尽某一特殊担保物的价值之前，不许其动用其它财产，这样做的目的在于保护其他债权人。这一做法被称之为“公平照顾”原则。“公平照顾”原则不可以被保证人用来对抗担保权人，即保证人不可以要求担保权人在强制执行保证之前须首先对担保物实施处分。因为，按照累积救济原则，担保权人可以在处分担保物前请求保证人支付欠款。可见，美国法对于担保权人的保护力度要大于我国法律对担保权人的保护力度。另外，如果担保权人推迟对保证人实施求偿，其应当告知保证人推迟求偿并不意味着对权利的放弃。②

案例 9 Land 诉 Cessna 飞机公司与 Cessna 融资公司案

【案例来源】

Jack Land v. Cessna Aircraft Co. , and Cessna Finance Corp. , Court of Appeal of Florida, First District, 466 So. 2d 1265.

【案情简介】

1979 年 3 月 30 日 Jack Land（以下简称“Land”）和两个案外人向 Gil Air, Inc.（以下简称“Gil Air”）签发了一张本票，作为从 Gil Air 购买飞机的部分付

---

① 董学立．美国动产担保制度研究．山东大学博士学位论文，2006：122～124.

② William H. Lawrence, William H. Henning, R. Wilson Freyermuth. Understanding Secured Transactions, 5th ed. LexisNexis, 2012：399.

款。同一天，Gil Air 将该本票和附条件买卖合同一起转让给了被上诉人 Cessna Finance Corporation（以下简称“Cessna”）。

1980 年 4 月 2 日，Land 起诉 Cessna 违反担保条款。1980 年 7 月 31 日，Cessna 提交了答辩并提出反诉：第一，Land 没有按时支付 1980 年 5 月 30 日到期的应付款项，因此 Cessna 要求 Land 提前偿付剩余款项；第二，Land 违反附条件买卖合同；第三，Land 违反了“在确保获得担保债权人卖方书面同意之前，不得将飞机从原来的地方转移”的约定（有记录显示飞机在租出去之后消失了，因此被推定为盗窃）。第一、二项主张以损害赔偿的形式请求救济，第三项主张请求衡平法上的救济——将该飞机转移到佛罗里达州内指定的地方由 Cessna 占有，和其他美国《统一商法典》或附条件买卖合同支持的救济，以及律师费。

1981 年 4 月 24 日，法院作出简易判决：该飞机的权利、所有权和占有权都由 Cessna 享有；Cessna 获得 70 852.79 美元的赔偿，以及 1 500 美元的律师费赔偿。

1981 年 5 月 1 日，Land 声称因为没有通知，请求复审 Cessna 进行简易审判的动议。Land 提出的搁置 4 月 24 日简易判决的动议得到批准，法庭重新安排审议申请简易审判的动议。1981 年 7 月 9 日，法院做出有利于 Cessna 的最终的简易判决：该飞机的权利、所有权和占有权都由 Cessna 享有，Cessna 获得包括律师费在内的共计 1 500 美元的赔偿；或者，Cessna 获得 72 584.07 美元的赔偿，以及 1 500 美元的律师费赔偿。就此，Cessna 可以自主选择飞机的占有令或前述赔偿金。

1981 年 8 月 17 日，该飞机被找到并转移给 Cessna 的代理人。1981 年 9 月 30 日，在给予 Land 适当的通知之后，该飞机以 43 751 美元的价格卖出。

1982 年 3 月 2 日，Cessna 依据佛罗里达州法提出诉讼，要求 Land 就出售飞机价款与所欠价款之间的差额进行赔偿。该请求得到了支持。由此引发了一系列留待 Land 的律师处理的申请、延期请求和命令。1984 年 1 月 12 日，Land 提出了两项动议：一是请求澄清 1981 年 7 月 9 日做出的判决，因为该判决称 Cessna 有权获得占有令或赔偿金，但没有明确 Cessna 最后的选择；二是要求 Cessna 出具一个判决部分执行书，因为 Cessna 在 1981 年 8 月 17 日重新占有飞机之时选择了权利、所有权和占有权的救济方式。于是在第二天，Land 提出了宣告 7 月 9 日判决无效的动议，因为他认为法院无权指令“归还占有的同时返还价款”。他也承认法院就该事项具有管辖权，但认为二选一的救济方式是美国《统一商法典》所不允许的。Land 的这一动议遭到了否决。

1984 年 2 月 15 日，法院作出简易判决支持 Cessna 要求的 29 865.91 美元的差额赔偿。Land 就此提出上诉，认为差额赔偿的主张已经融入了 1981 年 7 月 9 日做出的最终简易判决，并且 Cessna 通过选择返还占有的救济方式放弃了累积救济的权利。

【判决意见概述】

本案中，尽管最终的简易判决在支持 Cessna 的差额救济时使用了“二选一”的措辞，但 Cessna 没有同时寻求两种救济方式。首先，Cessna 通过占有令获得了对飞机的占有。然后 Cessna 就占有飞机并将出售一事通知了 Land。在之后的信中，Cessna 告知 Land 该飞机已经出售并将卖给出价最高者。由于出售的价款低于 Land 欠缴的分期付款金额，Cessna 于是起诉请求差额赔偿判决。

Land 曾试图将 Cessna 实现担保权益的努力描述为返还财产之诉，而非美国《统一商法典》规定的诉讼。法院拒绝了这一主张，认为案卷材料毫无争议地说明了 Cessna 是在努力按照美国《统一商法典》的要求通过诉讼实现担保权益。美国《统一商法典》规定的救济方式已经融入了转让给 Cessna 的附条件买卖合同，也融入了 Cessna 的第一项反诉请求。美国《统一商法典》考虑到了 Cessna 力求实现的救济方式，即，重新占有、合理的商业出售和差额赔偿。

因此，上诉法院认为，初审法院支持 Cessna 在美国《统一商法典》下担保债权人享有的累积救济是适当的。

【案例评析】

本案的关键是确认担保债权人在追回担保物并出售后，是否还有权请求就出售价款与欠款的差额获得赔偿的权利。根据以往的判例，一个重新占有担保物的担保权人可以以合理商业方式出售担保物，来获得分期付款合同中到期的价款。如果出售导致出售价款不能弥补欠款，该担保权人有权起诉请求对不能弥补部分进行救济。由于差额赔偿判决是对普通法的减损，只有在严格依照法律规定的情况下，差额赔偿判决才能产生。只有当可供选择的救济方式相互矛盾、抵触时，才能适用救济方式选择理论。

本案中就涉及上述救济途径之间的选择。初审法院在作出有利于担保债权人的判决中写到，担保债权人可选择要求债务人赔偿总价款与清偿额之间的差额（deficiency），也可以重新取得标的物的占有并将之出售。从判决中可看出，这两个救济之间是累积的（cumulative）关系，而不是同时的（simultaneously）关系，即在同一时刻担保债权人只能选择一种救济方式，否则可能出现赔偿额大于债务额的情况，损害债务人的利益。但是当一项救济措施未能完全弥补担保债权人的损害时，担保债权人可继续提起诉讼，请求另一项救济措施，且债务人不得以担保债权人已放弃该项救济为抗辩理由。另外，多数情况下，债务人并不情愿配合担保权人的要求且担保物仍被控制在债务人的手里。在这种情况下，担保权人只可以选择适用公力救济的司法程序或者私力救济的自助程序实现对担保物的占有。《统一商法典》第九篇允许担保权人以自助程序实现对担保物的占有，但前提是不得“违反和平（breach of the peace）”。如果担保权人的自力救济方式“违反和平”，则第九篇要求其必须放弃自力救济方式并转而实施公力救济的司法方式实现对担保物的占有。[①]

由上，担保制度的目的在于使担保权人在债务人违约时能够获得充分救济，恢复到债务人充分履行担保义务的状态。概言之，以担保权益的充分实现为目的。在这一过程中，除非约定或判定的救济方式相互矛盾、抵触，债权人可以顺次、逐个使用约定或判定的救济方式，直至担保权益充分实现。

---

① 董学立．美国动产担保制度研究．山东大学博士学位论文，2006：122～124．

第二章

保　　证

保证通常是指债务人以外的第三人以其信用担保债务人履行债务的担保方式。依我国法律规定，保证是指保证人和债权人约定，当债务人不履行债务时，保证人按照约定履行债务或者承担责任的行为。其本质是以合同形式实现的人的担保，其标的通常是金钱的支付，但并不限于金钱给付，可以包括其他类型的义务的履行。

第一节　保证合同的订立

保证合同是指保证人与债权人签订的约定在主债务人不履行其债务时由保证人承担保证债务的协议。保证合同是主合同的从合同，保证债务是主债务的从债务；但又独立于主合同关系而存在。由于保证的本质是合同，所以保证的设立必须符合合同成立并生效的要求，此外，根据我国《担保法》第 13 条规定："保证人与债权人应当以书面形式订立保证合同"。同时，作为合同一方的保证人，其主体资格受到严格的限制。我国《担保法》第 7 条规定："具有代为清偿债务能力的法人、其他组织或者公民，可以作保证人。"保证合同可以通过以下方式成立：保证人与债权人就保证合同的主要条款依法达成书面协议；保证人单方出具保证承诺书，并为债权人接受；保证人以保证人的身份在有保证条款的主合同上签字、盖章；保证人以保证人身份在没有保证条款的主合同上签字盖章的，如此等等。

案例10　某某银行（香港）有限公司诉中国某某集团公司案

【案例来源】

某某银行（香港）有限公司诉中国某某集团公司，北京市第一中级人民法院。

【案情简介】

2001年8月8日，中国某某集团公司（以下简称“某某集团”）致原某某银行香港分行（以下简称“香港分行”）《承诺函》称：宏港企业有限公司（以下简称“宏港公司”）系我公司驻港机构，为进一步发展该公司对外贸易业务，该公司特向贵行申请以下授信额度：（1）透支额度港币780万元；（2）开证额度美元2千万元整，其中包括信托提货（90天）额度美元2千万元整；（3）凭保议付额度美元3千万元整；（4）开证（附证）额度美元2千万元整。上述申请授信额度经我司研究批准同意，请贵行根据该驻港公司的业务发展实际需要，给予支持。本司愿意督促该驻港公司切实履行还款责任，按时归还贵行贷款本息。如该公司出现逾期或拖欠贵行的贷款本息情况，本司将承担最终还款责任，不让贵行在经济上蒙受损失。在此《承诺函》之前，某某集团多次向香港分行出具《担保书》、《不可撤销担保书》，均表示如宏港公司出现逾期或拖欠香港分行贷款本息情况，在担保承诺数额范围内承担最终还款责任，包括利息、手续费等贷款人向借款人收取的各项到期未付费用。但是，某某集团在1999年12月17日曾发函给香港分行，表示担保无法得到国家外汇管理局的批准。

香港分行根据某某集团出具的上述担保函件，分别向宏港公司出具了《授信函》。1995年8月15日的《授信函》约定由香港分行向宏港公司提供三种方式的综合授信业务：（1）透支贷款上限港元780万元；（2）信用证签发和进口汇票授信上限美元2 900万；（3）如果未使用或未完全使用信托收据授信和（或）货运担保签发授信，可在90天内将余额用于出口押汇授信。香港分行分别为宏港公司开立信用证。香港分行代宏港公司支付信用证项下款项共计美元

21 900 528. 19 元；除已偿还的外，截至 2005 年 12 月 31 日，宏港公司尚欠本金美元 17 752 007. 76 元，利息美元 5 927 198. 15 元；本金港元 3 556 629. 24 元，利息港元 630 265. 07 元。

2001 年 10 月 1 日，香港分行和宝生银行有限公司并入某某银行（香港）有限公司（以下简称“某银香港”），其权利义务由某银香港承继。2003 年 3 月 12 日，宏港公司被香港高等法院宣告清盘，清算人已登记某银香港为债权人，申报的债权为本金美元 17 752 007. 76 元、港元 3 556 629. 24 元及截至 2003 年 3 月 11 日的相应利息。2007 年 7 月 30 日，某银香港向香港高等法院提交关于宏港公司终止的命令，清盘已经终结。根据清盘人出具的《清盘终结函》可见，某银香港对宏港公司的债权金额为港元 10 075 171. 42 元、美元 26 166 127. 91 元，宏港公司清盘资金不足，无法对各类债权人进行分配，某银香港未获得任何分配。为此，某银香港以某某集团为被告向北京市第一中级人民法院提起诉讼，要求其偿还宏港公司所欠债务。

某银香港诉称：宏港公司系某某集团在香港设立的驻港公司，其与香港分行有长期信贷关系。1995 年 5 月 8 日，某某集团经香港分行同意为宏港公司提供资金融通担保。基于该担保，香港分行向宏港公司出具《授信函》。自 1995 年至 2001 年，宏港公司多次向香港分行申请授信额度，某某集团均向香港分行提供相应的连续性的、独立的附加担保，且明确表示如该公司出现逾期或拖欠贵行的贷款本息的情况，将承担最终还款责任，不让香港分行在经济上蒙受损失。因此，某某集团与某银香港之间的保证合同成立，但因该对外担保未办理审批、登记手续，故本担保合同为无效合同。根据《担保法》等法律的规定，某某集团应承担相应的赔偿责任。故向法院提起诉讼并请求：（1）确认本案担保合同（即《承诺函》）无效；（2）判令某某集团对于宏港公司欠某银香港的贷款本金美元 17 752 007. 76 元、港元 3 556 629. 24 元，利息美元 5 927 198. 15 元、港元 630 265. 07 元，及至全部欠款实际清偿之日的利息，承担二分之一的赔偿责任；（3）判令某某集团承担某银香港为实现本案债权而发生的律师费等共计港元 23 040 元。

某某集团辩称：（1）某银香港未证明其及原香港分行履行了通知宏港公司

的义务，某银香港所称的转让不发生法律效力。（2）《担保书》是指对原香港分行这一特定的债权人承担保证责任的特别约定。因此，某银香港所称“转让”只能导致保证人不再承担保证责任。（3）合同无效是自始无效，合同无效所产生的是责任人对合同无效后果的缔约过失责任之债，法律并未规定缔约过失责任之债也可以转让，因此这种转让没有法律依据。某银香港并未证明原香港分行就转让缔约过失责任之债已履行了通知担保人的义务，故某银香港无权主张担保无效的索赔。（4）某银香港并未证明其所谓向宏港公司的透支、开立信用证与其所称某某集团的《承诺函》有关。故请求法院驳回其诉讼请求。

【判决意见概述】

法院审理后认为，原告某银香港是根据中国人民银行的批复，将在港注册的宝生银行有限公司更名为某银香港并包括原香港分行在内的十家银行的全部资产负债，在港注册的上市公司。根据《公司法》第 175 条规定的“公司合并时，合并各方的债权、债务，应当由合并后存续的公司或者新设的公司承继”，以及《某某银行（香港）有限公司（合并）条例》的内容，原香港分行的权利义务由某银香港承担。2001 年 9 月 21 日，《香港特别行政区政府宪报》第六号副刊《公共启事》刊登了某银香港的《某某银行（香港）有限公司（合并）条例》，应当认定与原香港分行有关的债务人已经知道或者应当知道其合并的事宜。据此，法院认为原告某银香港有权作为债权人对债务人或相关人员提起诉讼。

根据最高人民法院《担保法解释》及《外汇管理条例》的规定，对外担保合同应当履行审批手续，否则无效。某某集团向原香港分行在 2001 年 8 月 8 日出具的《承诺函》未经外管局批准，亦未到外管局办理担保登记手续，其行为违反了国家有关法律法规，故原告请求确认某某集团出具的 2001 年 8 月 8 日《承诺函》无效的主张于法有据，法院予以采纳。

对担保合同无效，原、被告双方均予认可，只是某某集团认为其已发函不应承担担保无效责任。法院认为，尽管某某集团在 1999 年 12 月 17 日发函给原香港分行，表示担保无法得到国家外管局的批准，但是某某集团在明知自己不能出具担保函的情况下，又于 2001 年 8 月 8 日出具了《承诺函》，对此，某某集团依法应承担相应的民事责任；原香港分行对某某集团不能提供有效担保的情况知悉，而接受某某集团未经批准的担保函，对此，原香港分行亦有过错，因原香港分行已并入某银香港，故原告某银香港应对原香港分行的过错承担相应的民事责任。

基于上述分析与认定，依照最高人民法院《担保法解释》的规定，主合同有效而担保合同无效，债权人、担保人有过错的，担保人承担民事责任的部分，不应超过债务人不能清偿部分的二分之一。由于宏港公司已被香港高等法院清盘终止，且香港高等法院证明原告并未得到任何清偿。截至 2005 年 12 月 31 日，借款人宏港公司欠款本金美元 17 752 007. 76 元，利息美元 5 927 198. 15 元；欠款本金港元 3 556 629. 24 元，利息港元 630 265. 07 元。上述两项合计，宏港公司未清偿债务美元为 23 679 205. 91 元，港元为 4 186 894. 31 元。法院由此判定，保证人某某集团依法应承担的二分之一赔偿责任为：美元 11 839 602. 96 元，港元 2 093 447. 16 元。

【案例评析】

本案是一起涉港的担保合同纠纷案件。其涉及的是担保合同的效力认定及责任承担问题。具体而言，它涉及内地企业对外（包括香港）担保未依法履行法定的审批手续，其担保合同的效力应如何认定，如果由此导致担保合同无效的，应当如何承担责任的问题。

在本案当中，某某集团是中国内地的公司，而原香港分行是中国香港的银行，根据《民法通则》的有关规定，涉港的担保合同比照涉外担保合同处理，也就是说，本案当中的保证合同属于对外担保合同。那么，其应当履行相关的手续才能生效，但是某某集团的担保却无法得到国家外管局的批准，也就是说，某某集团的行为属于未经国家有关主管部门批准而对外担保的，该保证合同应当无效。本案法院对这一问题的认定是正确的。

本案原告、被告也对该保证合同的无效予以认可，那么面临的问题就是在保证合同无效的情况下，应当如何分担责任。进一步而言，在本案当中，尽管某某集团与原香港分行之间的保证合同由于违反法律的强制性规定而无效，但是，宏港公司与原香港分行之间的借款关系却是有效存在的，也就是说主合同是有效的，因此，本案主要是解决在主合同有效而担保合同无效情形下的责任承担问题。对此，上述中国《担保法解释》第7条规定："主合同有效而担保合同无效，债权人无过错的，担保人与债务人对主合同债权人的经济损失，承担连带赔偿责任；债权人、担保人有过错的，担保人承担民事责任的部分，不应超过债务人不能清偿部分的二分之一。"第9条又规定："担保人因无效担保合同向债权人承担赔偿责任后，可以向债务人追偿，或者在承担赔偿责任的范围内，要求有过错的反担保人承担赔偿责任。"也就是说，在主合同有效而担保合同无效的情况下，区分债权人有无过错而采取不同的责任承担方式：若债权人无过错，则担保人与债务人共同对债权人的损失承担全部赔偿责任；若债权人有过错，依据公平的法理，债权人不能要求担保人与债务人承担全部的赔偿责任，而应当适当减少他们承担赔偿责任的份额，即担保人承担民事责任的部分不应超过债务人不能清偿部分的二分之一。在本案当中，某某集团在明知自己不能出具担保函的情况下，于2001年8月8日出具了《承诺函》，对此，某某集团依法应承担相应的民事责任；原香港分行对某某集团不能提供有效担保的情况知悉，而接受某某集团未经批准的担保函，对此，原香港分行亦有过错，故也应承担一定的民事责任，即承担所有欠款额度的二分之一。据此，法院仅仅要求某某集团承担美元11 839 602.96元、港元2 093 447.16元的赔偿责任，法院的认定是适当的。

案例11　Tolra公司诉Sodler公司案

【案例来源】

Soc. Vluda de José Tolra c. Sodler, D. 1989. 112, note Brill, JCP 1988. Ⅱ. 21113, concl. Montanier, Rev. société 1988. 398, note Synvet, Rev crit. DIP 1989. 344, note M. – N. Jobard-Bachellier, Banque 1988. 361, obs. Rives-Lange, RD bancaire et bourse n 7, p. 101, obs. M. Contamine-Raynaud.

【案情简介】

来自西班牙的Tolra有限公司希望能在东比利牛斯地区设立一座工厂，为此在法国建立了两个公司：一个是取得了某省的住宅用地的房产公司，另一个是Vallespir纺织品公司（以下简称TV公司），而前者将其用地为后者进行担保。

Sodler 地区发展公司是一家为改善那些对于地区经济发展有贡献的企业的财政状况而设立的公司。根据已公证的合同的内容，为了修建工厂，TV 公司分别在 1973 年 11 月、1974 年 6 月和 12 月向 Sodler 公司借了三笔贷款，还款期为 14 年，利率为 13%。三笔贷款分别为 1973 年 11 月 20 日、21 日的 500 万法郎、1974 年 6 月 7 日的 250 万法郎和 1974 年 12 月 12 日、17 日的 420 万法郎。

Tolra 公司已对于第一笔贷款设定了担保并对于第二笔贷款承诺设定担保。而至于第三笔担保，Tolra 公司出具了安慰函，标注日期为 1974 年 5 月 27 日，内容如下，“Sodler 公司同意向 TV 公司就其经营范围提供长期贷款。作为 TV 公司的大股东，我们特向您表达我们愿意为我们的子公司的资金需求提供支持的意愿，并在必要时代替我们的子公司履行它为自身设定的抵押债务，我们会关注它的清偿能力。我们确认我们的意愿，当确有必要获取进行资金转账的许可时，我们会按照程序进行。”在这款安慰函中，Tolra 公司确认了会通过“持续关注子公司的清偿能力，并在确有必要获取进行资金转账的许可时，按照程序进行”的方式“为其分支机构提供财政支持并在必要情况下代替其分支机构履行对 Sodler 公司所负的债务”的意愿。这封信函与第二、三笔贷款有关，在标注日期为 12 月 12 日、17 日的公证文书中有提及。

1978 年 7 月 11 日，TV 公司进入了破产清偿程序，并于 1981 年 12 月 21 日将其资产进行破产结算。由于后两笔贷款尚未得到清偿，于是 Sodler 公司根据 Tolra 公司的安慰函提起诉讼，要求 Tolra 公司连本带利偿还第二和第三笔债务。1985 年 1 月 10 日，蒙彼利埃上诉法院（以下简称上诉法院）判决裁定 Tolra 公司向 Sodler 履行包括本金和利息在内的债务。Tolra 公司因此向法国最高法院提起上诉。

【判决意见概述】

Tolra 公司在上诉意见中说曾考虑过安慰函具有合同上的担保效力，但不能据此要求其承担担保义务。因为除了特殊情况之外，单方面的意愿表示不能构成任何的民事义务。Tolra 公司认为其出具的安慰函只是单方面的表示其意愿，并不会达成任何的协议，因为不存在各方的合意；而上诉法院认为安慰函会产生民事义务。最高法院认为，上诉法院的这一判断违背了《法国民法典》第 1101 条的规定。此外，在约定期限届满的情况下，代替某一债务人向债权人履行债务是保证人的义务，而这种义务只能由保证合同的方式来设立，且该合同必须为明示合同且其合同必须已确定或可确定。上诉法庭认为安慰函包含来源于保证之外的义务，这违反了《法国民法典》第2011条的规定。最高法院还认为，撇开安慰函的单方性的特点不谈，只要意向书已被对方接受且其是为了双方的利益而创立的，那么其就具备了在保证设定的事项完成之前，让以合同形式设立担保的一方为或不为某事的效力（只要其不构成一项保证）。在保留之前赋予各方的资格的前提下，应由法官就类似的文书做出授予或恢复资格的决定。同时，如果是书面保证，且该保证中没有明确表明其在债务人不履行债务的情况下承担该债务的意愿，则不应要求其承担该项债务。上诉法院判定Tolra公司在1974年5月29日的《安慰函》当中已经意图在约定期限届满的情况下直接向Sodler公司履行债务，并明确这个安慰函的对象同时确定包含第二和第三笔借款。基于此，最高法院认为应对上诉法院颇受批评的判决进行改正。最终判决修改为：在TV公司不具有清偿能力的情况下，Tolra公司应向Sodler公司支付TV公司和Sodler公司约定的贷款造成的债务。

【案例评析】

本案主要涉及安慰函的法律性质问题。安慰函（信）（lettre de confort）亦称为“意图信”（lettre d'intention），来源于英美法，20世纪60年代起，随实务进入法国本土，逐渐成为实务领域中的一个重要课题，并最终成为《法国民法典》中的有名担保。安慰函是指由母公司为其分支机构向分支机构的银行债权人发出的，其中“可以任意约定，向目标债权人保证会履行其分支机构欠该目标债权人的债务”的信函。2006年5月3日修订的《法国民法典》第2322条规定首次引进了该定义，“意图信是一种为某种行为或不为某种行为的保证，其目的在于为债务人在向其债权人履行债务的过程中提供支持”。[①]

在实践中，安慰函的类型多种多样。法国最高法院认为，安慰函的性质应结合其中可以明确识别的内容来确定。根据《法国民法典》第2015条（即修订后

---

① 李世刚．关于法国担保制度的改革．政治与法律，2007（3）：168～174．

的第2232条）的规定，保证不得预设且必须是以书面形式出现。因此，本案的初审法院——蒙彼利埃法院认为作为保证实际承担债务方的西班牙公司不应该承受该保证责任。而该判决因为无法区分代替一个履行不能的分支机构履行债务和履行保证之债而遭到质疑，引致上诉。与初审法院不同，上诉法院认为在这种情况下保证关系是存在的。最高法院认为，安慰函并不必然意味着承担为其分支机构代位清偿的责任，而只是单纯表示其意愿。本案中的信函表达了签署方代履行不能的债务人向债权人履行债务的意愿，即使并未在文书中表明其保证的性质。据此，应认定其为一种保证。一个明确表示其意愿且由信函的发出人签署的文书足够满足保证的书面要式条件。

在法国的实践中，最为常见的安慰函是由希望给予其子公司支持的母公司，在该子公司设立阶段出具的，目的是使后者较为容易地获得融资。最初阶段出现的冠以安慰函名称的文书，大多数措辞笼统，没有规定具体的事项或者结果，其表述给予债务人的只是一种精神上的支持，表征一种道义上的支持，没有任何债法上的义务。2006年3月担保法改革《法令》明确指出，安慰函是一种区别于"保证"的自成体系的"人的担保"，安慰函中表明的义务不具有保证义务的特质，他们不能被认为是"保证"的替代，但可以被看作"保证"的补充——完成"保证"并不涉猎的领域，于是有了《法国民法典》的第2322条，安慰函即"以向债权人给予履行义务时的债务人支持为目的，承担作为或者不作为的担保义务"。这里涉及的债权人、债务人和担保人（也被称为"写信人"或"签发人"）。该定义表明，安慰函的目的在于，"签发人"给债务人某种支持，使得后者能够顺利完成其债务。它之所以能成为担保，显然必须具有"担保"他人债务履行的目的。

第二节 保证责任的类型

保证责任是指保证人按照保证合同对债权人应当承担的法律责任。保证责任的范围包括主债权及利息、违约金、损害赔偿金及实现债权的费用。保证合同有约定的按照约定；保证人对保证担保的范围没有约定或者约定不明的，保证人应当对全部债务承担保证责任。

按照保证方式的不同，保证可分为一般保证和连带保证。所谓一般保证，是指当事人在保证合同中约定当债务人不能履行债务时，由保证人承担保证责任的保证；所谓连带保证，是指当事人在保证合同中约定保证人与债务人对债务承担连带责任的保证。一般保证与连带责任保证是各国立法中常见的保证类型，二者的核心区别在于保证人是否享有先诉抗辩权。一般保证的保证人仅对债务人没有履行的债务负补充责任。只有在主债权纠纷经过审判或仲裁，并在强制执行主债务人的财产而仍不足以受偿时，债权人才可以要求一般保证的保证人承担保证责任。连带责任保证的保证人则不享有先诉抗辩权。只要债务人到期没有履行债务，债权人即可要求连带责任的保证人承担保证责任。在我国，法律推定的保证形式是连带责任保证。《担保法》第19条规定，“当事人对保证方式没有约定或者约定不明确的，按照连带责任保证承担保证责任。”

按照保证人的人数不同，保证可分为单独保证和共同保证。单独保证是指只有一个保证人担保同一债权的保证，我们通常所说的保证即单独保证；共同保证是指数个保证人一起为同一债权提供保证，同一债务有两个以上保证人的，保证人应当按照保证合同约定的保证份额，承担担保责任，没有约定保证份额的，保证人承担连带责任，债权人可以要求任何一个保证人承担全部保证责任，保证人都负有担保全部债权实现的义务。

在保证合同中，保证人会与债权人约定保证期间、保证范围等具体内容。根据保证合同的不同，保证人承担不同的责任，享有不同的权利。保证期间是保证责任的存续期间，在保证合同中应明确确定。依照我国法律规定，如果当事人没有约定或约定不明确的，无论是一般保证还是连带保证，保证期间均为自主债务履行期届满之日起六个月。保证期间不因任何事由发生中断、中止、延长的法律效果。保证期间一旦经过，保证人的保证责任就会消灭。债权人在保证期间内向债务的保证人主张权利，会引起保证诉讼时效的起算，但是因一般保证和连带保证的不同，诉讼时效的起算是有区别的。

案例12　饶某某诉广东某药业有限公司案

【案例来源】

饶某某与广东某药业有限公司保证合同纠纷上诉案，新疆维吾尔自治区乌鲁木齐市中级人民法院，(2013) 乌中民二终字第146号。

【案情简介】

2006年3月23日，饶某某与广东某药业有限公司（以下简称某公司）签订了《经销商财产担保书》，约定由饶某某为乌鲁木齐力乐多食品有限公司（以下简称力乐多公司）提供经济担保。担保书中约定，"当被担保人在与佛山市顺德某保健品有限公司合作期间产生货款不能偿还时，我们愿意用我们所有的财产偿还被担保人所欠佛山市顺德某保健品有限公司货款。"佛山市顺德某保健品有限公司于2010年9月30日更名为某公司。饶某某系力乐多公司法定代表人，力乐多公司与某公司之间长期存在业务关系。

2011年4月30日，力乐多公司经与某公司对账出具一份《经销商对账单》载明，截止到2011年4月30日，力乐多公司累欠某公司货款485 598.75元。2011年7月25日，因力乐多公司未偿还上述欠款，某公司诉至乌鲁木齐市沙依巴克区人民法院，经2011沙民二初字第611号《民事调解书》确认，力乐多公司同意于2011年12月10日前偿付某公司货款281 655.37元。该民事调解书经强制执行未能得到完全履行。

于是，某公司向乌鲁木齐市沙依巴克区人民法院提起诉讼。一审法院认为，本案属于一般保证合同纠纷。某公司与饶某某之间签订的保证合同系当事人真实意思表示，内容符合我国法律法规规定，合法有效，合同双方应按照合同约定享有权利及履行义务。本案主合同债务已经审判要求给付，但经强制执行仍不能履行债务，故某公司另行提起保证合同之诉，要求饶某某承担保证责任的诉讼请求合理合法且未超过法定诉讼时效，应予以支持。本案担保合同中对保证期间的约定不明，而主债务人承担责任的期限为欠款到期后二年，本案中保证期间应认定为二年。一审法院据此判决：饶某某对（2011）沙民二初字第611号《民事调解书》确认的被担保人乌鲁木齐力乐多食品有限公司应给付广东某药业有限公司的281 655.37元债务承担共同保证还款责任。

原审判决宣判后，上诉人饶某某不服，向乌鲁木齐市中级人民法院提出上诉。饶某某称，双方于2006年3月23日签订的《经销商财产担保书》中，对保证责任未明确约定，按照担保法的规定，应视为连带责任保证。某公司在对力乐多公司提起诉讼时，没有一并起诉其承担保证责任。因此，饶某某的保证期间应为自债权人要求债务人履行义务的宽限期届满之日起6个月，且连带责任保证期间不存在诉讼时效中断。故某公司现要求我方承担保证责任的诉讼时效已过。原审判决错误，请求二审法院撤销原判并依法改判。被上诉人某公司答辩称：饶某某是在双方合作之初出具的担保书，是一般保证。该担保书在双方合作期间一直有效，并没有超过诉讼时效。饶某某的上诉理由不能成立。

【判决意见概述】

二审法院查明的事实与一审法院查明的事实一致。二审法院认为，某公司与饶某某之间签订的保证合同合法有效。该担保书写明："当被担保人在与佛山市顺德某保健品有限公司合作期间产生货款不能偿还时，我们愿意用我们所有的财产偿还被担保人所欠佛山市顺德某保健品有限公司货款。"根据我国《担保法》的规定，当事人在保证合同中约定，债务人不能履行债务时，由保证人承担保证责任的，为一般保证。故饶某某所提供的保证属于一般保证。当一般保证合同的主债务履行期限届满时，债权人应首先向债务人主张履行债务或赔偿损失的请求。只有在债务人履行不能时，债权人才能向保证人主张。本案主合同债务经强制执行仍不能履行债务，故某公司另行提起保证合同之诉，要求饶某某承担保证责任符合法律规定，根据《担保法》第25条第2款、以及最高人民法院《担保法解释》第34条第1款的规定，本案符合诉讼时效中断的法定情形。并未超过法定诉讼时效。饶某某的上诉理由不能成立，对其上诉请求，本院不予支持。原审法院认定事实清楚，适用法律正确，应予维持。判决驳回上诉，维持原判。

【案例评析】

本案的焦点问题是一般保证的确认。一般保证与连带责任保证是各国立法中常见的保证类型，二者的核心区别在于保证人是否享有先诉抗辩权。一般保证的保证人仅对债务人没有履行的债务负补充责任。只有在主债权纠纷经过审判或仲裁，并就主债务人的财产强制执行而仍不足以受偿时，债权人才可以要求一般保证的保证人承担保证责任。连带责任保证的保证人则不享有先诉抗辩权。只要债务人到期没有履行债务，债权人即可要求连带责任的保证人承担保证责任。

本案中的担保书虽然没有明文写出担保形式为一般保证，但担保书的措词——“当被担保人在与佛山市顺德某保健品有限公司合作期间产生货款不能偿还时”——强调了保证责任的承担是以被担保人不能偿还债务为条件，这清楚地表达了担保人承担一般保证责任的意图。因此，应当认定为一般保证。

值得注意的是，本案中的担保人主动提出将保证形式认定为连带责任保证，并不是因为其愿意承担更严格的保证责任，而只是为了利用两种保证制度在诉讼时效方面的差异。依照我国法律规定，如果当事人没有约定或约定不明确的，无论是一般保证还是连带保证，保证期间均为自主债务履行期届满之日起六个月。此外，若保证合同约定的保证期间早于或者等于主债务履行期间的视为没有约定，保证期间为主债务履行期满之日起六个月；保证合同约定保证人承担保证责任直至主债务本息还清时为止等类似内容的，视为约定不明，保证期间为自主债务履行期满之日起两年；主合同对主债务履行期限没有约定或约定不明的，保证期间自债权人要求债务人履行义务的宽限期满之日起计算。

债权人在保证期间内向债务的保证人主张权利，会引起保证诉讼时效的起算，但是因一般保证和连带保证的不同，诉讼时效的起算是有区别的。在一般保证的情形下，当主债务履行期限届满时，债权人应首先向债务人主张履行债务或赔偿损失的请求，只有在债务人履行不能时，债权人才能向保证人为请求。我国《担保法》第25条第2款规定，“在合同约定的保证期间和前款规定的保证期间，债权人未对债务人提起诉讼或者申请仲裁的，保证人免除保证责任；债权人已提起诉讼或者申请仲裁的，保证期间适用诉讼时效中断的规定。”最高人民法院《担保法解释》第34条第1款规定：“一般保证的债权人在保证期间届满前对债务人提起诉讼或者申请仲裁的，从判决或者仲裁裁决生效之日起，开始计算保证合同的诉讼时效。”但在连带保证情况下，债权人向保证人在保证期间内主张权利才启动保证债务的诉讼时效。相形之下，连带责任保证的诉讼时效与主债务相同，明显短于一般保证的时效期间。这正是本案中的保证人试图将保证责任确定为连带责任保证的原因。

案例 13 季某某诉常州市某纺织有限公司案

【案例来源】

季某某诉常州市某纺织有限公司等保证合同纠纷案，江苏省常州市武进区人民法院，(2013) 武前民初字第 10 号。

【案情简介】

原告季某某与王某某是朋友关系，王某某系常州市某建筑工程有限公司法人代表。2011 年 10 月 19 日，王某某因常州市某建筑工程有限公司资金需要，向原告提出借款请求，并出具借条一份，借条载明“今借到季某某现金陆拾万元 (600 000 元) 人民币，于 2012 年 6 月 30 日前归还清，特立此据。”该借条由王某某签字并加盖了常州市某建筑工程有限公司的公章，被告黎某某在该借条上担保人处签字并加盖了被告常州市某纺织有限公司的公章，黎某某系常州市某纺织有限公司的法定代表人。2012 年 6 月 30 日，原告通过其朋友徐晓锋向王某某的账号汇入款项 551 000 元，余款则以现金支付。借款到期后，王某某和常州市某建筑工程有限公司未能还款，两被告也未承担相应的担保责任。为此，原告起诉至法院。

原告主张，原告与王某某、常州市某建筑工程有限公司间的借贷关系合法有效，而王某某、常州市某建筑工程有限公司迟迟不予偿还到期借款，已严重侵害原告合法权益。两被告作为担保人应承担连带保证责任。原告为维护自身合法权益，特诉至法院，请求判令两被告承担连带保证责任，偿还借款人民币 600 000 元，并从 2012 年 7 月 1 日起至还清之日止按银行同类贷款利率 (5.85%) 支付利息 (暂计至 2012 年 11 月 30 日为 14 616 元)。

被告常州市某纺织有限公司、黎某某辩称：1. 被告常州市某纺织有限公司从未从原告处借到过任何款项，也不认识原告，双方间不存在借贷关系。2. 根据原告提供的证据看，借款人另有其人，请求法院依法追加该借款人作为本案的适格被告。3. 被告常州市某纺织有限公司认为原告主张的600 000元借款是虚假的，事实上不存在，所谓的借款是原告与常州市某建筑工程有限公司的法定代表人王某某串通，损害被告方利益的手段。4. 即便常州市某建筑工程有限公司真的向原告借过款，那也应当由常州市某建筑工程有限公司还款，与被告常州市某纺织有限公司无关。事实上，常州市某建筑工程有限公司有无还款，被告常州市某纺织有限公司也无法掌控，也不得而知。5. 借款利息未作约定，应当视为无息借款。6. 被告常州市某纺织有限公司同样深受常州市某建筑工程有限公司及其法定代表人王某某不法侵害，损失巨大，让被告常州市某纺织有限公司承担全额责任于法无据。因此请求法院驳回原告的全部诉讼请求。此外，被告黎某某是被告常州市某纺织有限公司的法定代表人，被告黎某某的签字行为是职务行为，与个人无关，其后果应该由被告常州市某纺织有限公司承担。

【判决意见概述】

法院在查实了原告所述事实之后认为，本案中，王某某、常州市某建筑工程有限公司向原告借款600 000元，两被告则提供了担保（未注明保证方式，也未对保证范围进行约定）；后，原告通过徐晓锋向王某某汇款及通过现金支付的方式履行了出借义务。借款到期后，王某某、常州市某建筑工程有限公司未能归还，两被告也未能承担相应的担保责任。由于两被告在提供担保时未对保证方式作出约定，依照法律规定，应按连带责任保证承担保证责任，而原告作为债权人，在连带责任保证的债务人不履行债务时，依法可以要求债务人履行债务，也可以要求保证人在其保证范围内承担保证责任，现原告选择要求两被告在保证范围内承担保证责任，偿付借款600 000元，符合法律规定，本院予以支持。2011年10月19日的借条上，约定了借款的归还日期，即2012年6月30日前，到期后，借款人未能归还，现原告主张逾期偿付的利息，于法有据，本院予以支持，利息按银行同期贷款利率计算；由于两被告在提供担保时没有明确约定保证的范围，保证人依法应当对全部债务承担责任，故两被告对上述逾期偿付的利息也应承担偿付义务。被告黎某某辩称其系被告常州市某纺织有限公司的法定代表人，其行为是职务行为，对此，本院认为，被告黎某某除了是被告常州市某纺织有限公司的法定代表人外，同时也是一个自然人，原告依据其在借条担保人处的签字行为要求其作为担保人承担担保责任，符合法律规定，故其辩称意见，本院不予采纳。两被告的其他辩称意见均与法律规定不符，也无相应的证据，故本院均不予采纳。

综上，法院依照《担保法》第 18、19、21 条之规定，判决由被告常州市某纺织有限公司、黎某某偿付原告季某某借款 600 000 元，并承担该款从 2012 年 7 月 1 日起至判决确定支付之日止按银行同期贷款利率计算的利息，款于本判决生效之日起三十日内给付完毕。如果未按本判决指定的期间履行金钱给付义务，应当依照《民事诉讼法》第 253 条之规定，加倍支付迟延履行期间的债务利息。

【案例评析】

如前所述，保证人承担保证责任的方式通常可以分为一般保证和连带责任保证两种。一般保证是指保证人仅对债务人不履行债务负补充责任的保证。一般保证人享有先诉抗辩权，即只有在主债权纠纷经过审判或者仲裁，并就主债务人的财产实施强制执行后仍不能获得清偿时，债权人才可请求一般保证人承担保证责任。连带责任保证则是指保证人在债务人不履行债务时与债务人负连带责任的保证。连带责任保证的债务人在主合同规定的债务履行期届满没有履行债务的，债权人可以要求债务人履行债务，也可以要求保证人在其保证范围内承担保证责任。连带责任保证人没有先诉抗辩权。可见，连带责任保证是一种比一般保证更为严苛的保证责任。一般保证人享有的先诉抗辩权不利于债权人尽快实现权益。在德国、法国等大陆法系国家，为了加强对债权人的保护，通常倾向于将法定的具有强制性的保证形式定为连带责任保证。我国《担保法》第 19 条也规定，“当事人对保证方式没有约定或者约定不明确的，按照连带责任保证承担保证责任。”在本案中，保证人在借条上没有明确约定保证方式，因此由法院依法判定为连带责任保证，不得行使先诉抗辩权。

案例 14　郑某某、陈某某诉高雄市果菜批发市场管理委员会案

【案例来源】

郑某某、陈某某诉高雄市果菜批发市场管理委员会上诉案，我国台湾地区

“终审机构”，1962 年，台上字第 1854 号。

【案情简介】

诉外人郭住在于被上诉人高雄市果菜批发市场管理委员会辖下的果菜批发市场经营果菜承销业务。上诉人郑某某、陈某某为郭住在的保证人，在其与郭签订的保证合同中约定：“如郭住在有亏欠货款情事，保证人愿负法律上一切责任”。直至 1960 年 2 月，郭住在累计亏欠被上诉人货款七万五千元。在上诉人同意该事实的情况下，被上诉人主张执行郭住在的财产。经强制执行结果，仅受偿二万零一百元，尚欠五万四千九百元，应由上诉人连带代负履行责任。郭住在于欠款后，签发支票，经由孙三有于支票背书保证后交付高雄果菜批发市场管理委员会，但未获兑现。

1960 年 5 月 1 日，由孙三有、黄梅出具保证书，保证郭住在分期缴纳欠款，即 1960 年 5 月底缴三万五千元，6 月底缴四万元，并抛弃先诉抗辩权。

上诉人拒绝付款，高雄果菜批发市场管理委员会向“法院”提起诉讼，请求执行上诉人财产。上诉人则主张以下抗辩：本案中的保证为定期保证，高雄果菜批发市场管理委员会于停止郭住在经营承销业务以后，准郭住在将所欠货款延期至 1960 年 5 月底付三万五千元，6 月底付四万元，未经上诉人同意，依台湾地区“民法”第七百五十五条之规定，上诉人不负保证责任。另外，高雄果菜批发市场管理委员会于郭住在欠款七万五千元后，同意郭住在另觅孙三有、黄梅为新保证人，从而免除了上诉人的保证责任。

“原审法院”认为，按本件承销保证契约记载：“兹担保郭住在在台湾省高雄市果菜批发市场经营果菜承销业务……如有亏欠货款……等情事，保证人愿负法律上一切责任”等，其性质并非一般的债务保证，而是人事保证（亦称职务保证或身元保证），与“民法”第七百五十五条所说的就定有期限之债务为保证的情形，并不相符。因此该法条无法使用，并不会因此产生允许主债务人延期清偿，保证人可得免责的问题。

至于高雄果菜批发市场管理委员会于郭住在欠款七万五千元后，同意郭住在另觅孙三有、黄梅为新保证人，原审法院认为这是在旧保证之外，增加了新保证人，上诉人的保证责任，并不因此而免除。虽然上诉人提出了郭住在的证明书，载明本件承销保证，为定有期限之保证，暨被上诉人同意免除上诉人的保证责任，另有郭住在另找孙三有、黄梅为保证人的证据，但与上诉人的主张如出一辙，并不能采用。

因此判决上诉人应承担保证责任，支付郭住在未能偿还被上诉人的欠款。上诉人不服，提起上诉。

【判决意见概述】

“二审法院”查明的事实与“一审法院”查明的事实一致。“上诉法院”认为，按各承销人保证须知第四、五两项，保证人退保或变更保证人，由被保证人另觅新保时，原保证书退还原保证人，始解除其保证责任的记载，及保证书未退还上诉人（见第一审判决事实栏）的情形，也没有不符合规定的适用。因此“原审法院”将上诉人的上诉予以驳回，并未违反法律规定。“上诉法院”认为，就上诉人采集证据方面任意指摘原判决违法，不予采纳。上诉人主张“原审法院”未传讯孙三有、黄梅程序违法，经查上诉人在原审并未依法声明该二人为人证，原审不予传唤，并未违反法律规定，上诉理由不予采纳。判决驳回上诉，维持原判。第三审诉讼费用，由上诉人负担。

【案例评析】

本案涉及的保证类型是人事保证，在我国台湾地区又称为职务保证或身元保证，是指“就雇佣或职务关系、就可归责于被用人之事由，致生损害于用主时，保证人应负损害赔偿责任之保证”。不同于一般的保证类型，人事保证在保证人的权利义务、具体规范的适用等诸多方面都存在特殊之处。人事保证仅适用于主合同是雇佣合同的情形，且具有一定保证期间，各国具体规定不同。我国《担保法》规定的保证制度并不包括人事保证。而日本对该制度的规定则比较详细，早在 1933 年就颁布了《身元保证法》。

我国台湾地区修订“债编”，增订人事保证的相关规定后，将人事保证人承担责任的条件规定为“雇佣人不能依他项方法受赔偿者为限”，将人事保证人的责任定性为一种补充责任。而日本的《身元保证法》第 5 条规定：“裁判所在确定身元保证人之损害赔偿责任及金额时，须斟酌使用者于对被用者的监督中有无过失，身元保证人对为身元保证所应履行义务之注意程度，被用者工作任务或者其身份上等一切变化确定之。”本条是对身元保证责任的限制。限制保证责任的理由在于，身元保证本身具有担保未来债务、数额不确定、风险大、通常具有情谊性的特点，若施加给身元保证人过重的法律责任则有违法律追求公平正义的宗旨。

本案中认定保证类型是判定被上诉人是否应继续承担保证责任的关键。“上诉法院”首先从郭住在与高雄果菜批发市场管理委员会之间的合同内容中断定系争保证为人事保证，然后自然排除了一般保证的法律适用，确定了被上诉人的保证责任。

第三节　保证责任的消灭

保证责任消灭是指由于一定的原因，保证人的保证责任不再存在。以下情况的出现可导致保证责任消灭：被保证债务的消灭；未经保证人同意转让主债务的；债权人与债务人协议变更主合同未经保证人同意的；债权人与保证人协议解除保证合同的。关于保证责任的免除，依据美国联邦最高法院的判例，只要被保证人在未经保证人同意的情形下修改了保证合同项下的主要义务，就会导致保证人责任的免除。这与我国担保法的规定不同。

案例 15　American Surety 公司诉 Greek Catholic 联合会案

【案例来源】

American Surety Co. of New York v. Greek Catholic Union, Supreme Court of the United States No. 401.

【案情简介】

上诉人 American Surety Company of New York and another（以下简称 Surety 公司）开出了一张以被上诉人 Greek Catholic Union（以下简称 Union）为受益人的金额为 10 万美元的保证书，为公司的财务主管 Kondor 能够按照公司章程和细则恪尽职守保全公司的所有资金提供 10 万美元的保证，以弥补 Kondor 可能造成的资金损失。Kondor 违反了他的义务，将一笔远远超出公司细则许可的钱款存入了 People's State Bank of Johnstown, Pa.（以下简称 People's Bank），而他自己正是这家银行的总裁。

People's Bank 出现财务危机，州银行业部门对其事务发起调查。经调查发现，被上诉人在银行的存款超过 241 000 美元；而且还有一张准备发出的有 Kondor 签字的 89 000 美元的支票。州银行业部门代表判断，如果这张支票被发出待付，那么 People's Bank 的可用资源可能都不足以支付，这家银行就只能关闭并交给官方清算人了。

住在 Pittsburgh 的被上诉人的执行官得知消息后，带着律师赶到了 Johnstown。他们被上诉人告知，除非向银行再存入 100 000 美元，否则州权力机关不会允许银行兑现那张 89 000 美元的支票。在这种紧急情况下，被上诉人的法律顾问给上诉人的一位管理人打电话，后者声称他没有权力这么做。他建议被上诉人法律顾问联系的惟一一个人是上诉人的理赔总代理，但此人住在纽约。在电话联系上了之后，该理赔总代理声称他无权支付或存入 100 000 美元，这个问题需要提交执行委员会讨论。该理赔总代理亦被告知，被上诉人正在 Johnstown 寻找一家银行或者信托公司来收购 People's Bank 的资产并承担其债务，谈判正在进行，一个确定的安排必须在 24 小时内达成，上诉人需要派员参加会议。看起来上诉人没有承诺及时派人参加。

会谈在周日上午举行。当晚，People's Bank 和美国 Johnstown 信托公司达成协议，由后者承担银行的债务（股本除外），对价是银行的全部资产。除非被上诉人将现有存款中的 200 000 美元留存 4 年且不要利息，否则信托公司不愿签署该协议。为了确保转让成功，被上诉人同意了信托公司的要求。信托公司对银行进行了清算，并兑付了被上诉人 41 000 美元支票。在 4 年期限届满时，信托公司支付给被上诉人剩余的 200 000 美元。

被上诉人作为初审的原告首先提起诉讼，指控 Kondor 违反公司细则规定，没有履行其义务，要求上诉人承担保证责任。被上诉人请求 41 000 美元的利息损失，这一损失的计算是根据 4 年中被上诉人的 200 000 美元应产生的利息计算出来。被上诉人因 Kondor 的违约行为，致使这部分资金 4 年来毫无收益。

初审时，法院支持了被上诉人提出的主张，由陪审团决定被上诉人同美国信托公司之间签署的协议是否使得保证的风险发生重大改变。上诉人主张，该合同使得其保证人责任发生重大改变，剥夺了上诉人向 People's Bank 求偿的权利，并且免除了申请人就该有偏向的改变进行举证的义务。上诉人的这一主张未被初审法院接受。

双方当事人都认同：（1）Kondor 将存款存入 People's Bank 的行为违反了其作为财务主管的义务，并引起了保证书保证责任的发生；（2）Kondor 违反义务的事实以及相关通知产生了保证人赔偿最高额 100 000 美元的损失的责任；(3) 如果上诉人支付了这笔款项，那么上诉人将获得对 People's Bank 和 Kondor 的代位求偿权；（4）被上诉人所采取的措施剥夺了上诉人向 People's Bank 进行追索的权利。被上诉人也承认，在与美国信托公司订约当晚与上诉人员工的通话，并不影响因为 Kondor 的过错引致的相互的权利义务。

于是，本案的争议集中在保证权利人所做的安排是否使得保证人的风险发生了重大变化，以至于免除了保证人就保证书承担的保证责任。初审和二审法院都认为，被上诉人面临的紧急情形类似于保险购买者面对火灾发生时的情形，被保险人实施救火行为不应认定为使得保险人的合同风险发生了偏向性的改变；上诉人应就风险增加承担证明责任；并把这些问题作为事实问题交由陪审团裁决。

最后，初审法院判决被上诉人胜诉，并获得所请求的金额。上诉巡回法院维持原判。最后该案由上诉人上诉到美国联邦最高法院，最高法院的大法官推翻了原判决。

【判决意见概述】

最高法院不同意初审、二审法院的意见。他们认为，假设被上诉人的观点是正确的，本案合同项下的义务实质上是保险合同义务而非严格的保证责任，而风险的变化本身并不会导致承保人免责（承保人想要逃脱责任，必须证明改变是重大而且可能致损的），那仍存在一个实践问题，保险人做了哪些使得实际的损害是不可能的事。

如果银行倒闭，保证人仍将以保证书的形式承担违约责任，并据此获得取代被上诉人向银行和违约的财务管理人请求赔偿的权利。人们无从判断损失是否会超出41 000美元。州权力机关根据他们的检查认为，存款机构可能会承担总责任的20% ~40% 。但是，通过美国信托公司对债务的接管，所有债务几乎得到全部支付，一些问题资产也将被转化。被上诉人将可能致损的问题归为采用了完全基于猜测的两个选项中的一个，并要求上诉人就从未发生的事情的后果承担举证责任。

被上诉人引用的判例主要涉及未经保证人同意，在违约前变更主要义务条款的情形。这些判例关注的问题是，前述变更是否免除了保证人的违约赔偿责任。本案情况完全不同，违约行为已经发生并引发了保证责任；保证权人在未与保证人协商的情形下，签署了一项关于补偿损失的新协议。被上诉人的主张实际是，其行为是为了保证人的利益，为其减少了损失；如果不是这样的话，保证人必须承担举证责任，证明如果没有努力止损后果会是什么。最高法院大法官并没有发现支持该论点的相关先例，而且法官认为即便是通常仅被作为保险人对待的担保公司，也不应该适用该规则。

从另外一个角度来看，本案的事实妨碍了恢复之诉。本案中损失发生的原因并不属于保证书支付条件列明的事项。上诉人同意承担责任的违约行为已经明确规定。本案中保证书保证针对的情形主要包括：（1）财务主管的欺诈、不忠、伪造、盗窃等；（2）财务主管因疏忽未能按照公司章程、细则的规定忠实履行职责；（3）财务主管在保全公司各项资金方面不作为；（4）财务主管存入上述款项的银行或信托公司倒闭。没有证据表明，本案中的损失是由Kondor的欺诈、不忠、伪造、盗窃等引起，也不是源自银行倒闭。导致赔偿责任的违约行为是Kondor没有恪尽职守，没有保全公司资金。

无论怎么解释保证合同，都不能说保证人同意承担因公司协议用其他银行替代People’s Bank而产生的损失。被上诉人自愿达成一项全新的协议，为美国信托公司提供了200 000美元的4年无息贷款。实际上是这份协议导致了损失的发生并引发诉讼。在当时的情形下，被上诉人已经充分考虑了利息损失问题。被上诉人不能现在再来要求修改保证书，将原来没写明或考虑的情形加进去。如果被保险人未经承保人同意，用与第三方签订的新协议项下的义务取代原来担保的管理人忠实义务，是用一个新的不同的义务取代了原来的保证义务，剥夺了承保人的代位求偿权。因此，这样的行为免除了理赔合同项下的义务。

【案例评析】

本案说明了在美国保证责任的实现是有着严格的要求的。本案中的被上诉人，也就是原告，同被告签订了保证合同，本案的被告是美国纽约担保公司，是一家专业的担保公司，与保险公司类似，本案的担保对象是原告财务管理人对公司的忠诚义务。在本案中，原告的财务管理人因违反公司细则导致公司的存款陷入危机，在此时，保证责任出现。

保证责任的出现和实现并不是必然等同的。本案的原告并没有采取通过保证责任获取赔偿的方式来减少损失，可能是因为保证规定的赔偿金额太少，只有100 000美元，而原告在银行的存款大于这一数字，原告采取了其他方式解决这一危急情况，通过对存款行的托管使损失最小化。但原告仍产生了一些损失，因此就有了本次的诉讼。

初审法院和上诉法院采取的规则是，被担保人采取的措施是否使担保合同的风险发生重大变化或者形成一种偏向，最高院则认为下级法院在适用规则是发生了错误，以上的规则只是在适用保证责任发生前，未经保证人而发生影响可能发生保证责任的问题，而本案中保证责任已经发生，所以适用这一规则已无意义。

法官接着从两方面来论述这一个问题。首先，法官认为，原告的诉讼请求其实是因原告采取了紧急措施，使得被告免于承担保证责任，因而要求保证人赔偿损失。其实，这一主张已经类似于大陆法系的不当得利请求权，如果真如原告所述，担保人其实因为原告的紧急措施而产生了“不当得利”，那么证明责任由谁承担呢？原告进一步主张，因由被告负证明责任，而证明一件根本没有发生的事情，即假如银行破产，被担保人能拿回多少钱？这是几乎不可能被证明的。因此，这一主张是极其不公平的，原告企图扩大适用担保责任，将举证责任也纳入进去，法官否决了这一点，担保责任不应扩大适用以至于，被担保人损失了多少钱也需要担保人进行计算、举证。若被担保人无法证明若不采取紧急行为，仍存在损失以及损失的大小，担保责任可以免责。

其二，法官论述了担保责任的严格性，及担保责任应当严格的遵循担保合同的规定，不能因为保证责任已经发生就可以违反保证合同的规定，在保证责任下面做文章，保证责任依然是依据合同的规定，严格实现的。因此，在本案中，在保证责任已经发生的情况下，原告并没有主张因财务管理人的行为直接导致的损失，而是因原告自己签署协议而自愿放弃的存款的利息利益。其实，通过本案，法官说明这样的一个规则，不仅仅是保证责任的产生是要严格依据双方合同的约定，即便是担保责任依据依约定而产生，也不意味着被担保人可以为所欲为，担保责任的实现具有严格性。

法官在意见背后的公共政策考虑也是显而易见的，担保在经济活动中起着非常重要的作用，担保可以保证各种经济要素更加顺畅地流动，有助于经济的发展。而且，担保也变得越来越商业化，如果对担保责任做更为扩大的解释，或者非常容易的就适用担保责任，对经济的发展是非常不利的。如果担保责任甚至包括损害赔偿的计算和举证，或者是说只要产生了担保责任，担保权人就可以为所欲为，这会使担保人处于一个非常弱势的地位，并不利于经济的发展。

本案涉及的是保证责任免除的问题。依据美国联邦最高法院的这一判例，只要被保证人在未经保证人同意的情形下修改了保证合同项下的主要义务，就会导致保证人责任的免除。最高法院没有讨论新协议的缔结究竟是增加了风险还是减少了损失，而是强调此次协议修改没有获得保证人的同意，并且是新的协议导致了损失的发生，因而免除了保证人的责任。

这与我国担保法的规定有所不同。依据我国现行法律规定，保证责任免除的情形主要有以下五种：（1）主合同当事人双方恶意串通，骗取保证人提供保证的。（2）主合同债权人采取欺诈、胁迫等手段，使保证人在违背真实意思的情况下提供保证的。（3）债权人许可债务人转让债务而未经保证人书面同意的。（4）债权人与债务人协议变更主债务而未经保证人同意的。（5）同一债权既有保证又有物的担保的情况下，债权人放弃物的担保时，保证人在债权人放弃权利的范围内免除保证责任。就未经保证人同意变更保证合同这一情形而言，我国的司法解释给出了两种解决方案：如果是减轻债务人的债务的，保证人仍应当对变更后的合同承担保证责任；如果是加重债务人的债务的，保证人对加重的部分不承担保证责任。另外，债权人明知或应知债务人破产而疏于申报和通知也会导致保证责任的免除。我国《担保法》第 32 条规定："法院受理债务人的破产案件后，债权人没有申报债权的，保证人可以参加破产财产的分配，预先行使追偿权。"通常情况下，如果债务人破产了，债权人是应当知道的。如果债权人知道债务人破产了以后不申报债权，也不通知保证人，从而导致保证不能参加破产还债程序，行使不了预先追偿权，由于在这种情况下债权人有过错，按照民法的规定，一方当事人有过错的，应承担过错责任。因此，在这种情况下，保证人应相应地免除保证责任。

案例 16　Populaire 银行诉 Ernault 案

【案例来源】

Banque populaire de la région ouest de Paris c. Consorts Ernault.

【案情简介】

1964 年，SECOR 公司的董事长 Ernault 先生与巴黎西域人民银行就"该公司已欠或将来可能欠银行的款项，无论该款项产生的原因如何"约定了连带保证责任。Ernault 先生本人于 1966 年去世，此时，SECOR 公司没有承担任何债务。Ernault 先生将公司交由其幼子以及孀妻继承，并让他们在 1972 年 12 月为上述担保开了一个活期账户。SECOR 公司于 1973 年进行了破产清算。1977 年，掌握着担保凭证的银行方面（公司方面的担保凭证已遗失）告知公司的继承人，要求他们以活期账户的资金支付担保的价金。银行于是向法院起诉，要求保证人 Ernault 先生的继承人以其存款清偿 Ernault 先生去世之后的款项。事实法官驳回了上述请求。于是银行提出了上诉。

银行在上诉中称，SECOR 公司在 1966 年以前就在这家银行有一个活期账户，该账户可以视为担保账户。因为，SECOR 公司在 1965 年 6 月 4 日的一封信中提到作为"价金"的 1 500 法郎用该活期账户中的款项预先支付。

被上诉人则指出，银行长期保持沉默（未及时告知担保存在的情况）的行为已使继承人免于承担担保义务。因为继承人的担保并不是强制性的担保，而银行负有向继承人通知存在可能使资金减损的债权因素以及担保义务已先转移给继承人承受的义务。据此，继承人一方提起反诉，要求一笔与银行主张金额一样的损害赔偿金。

上诉法院认为，依据《法国民法典》第1134条的规定，如果SECOR公司在1966年以前就在银行开立了活期账户，那么没有任何的理由可以认为这个账户与担保有关，即，“在法理上无法表明该活期账户与担保有关联”。因此该账户不能视为担保账户。同时，上诉法院注意到，在保证金灭失之前并不存在需要主债务人SECOR公司承担的债务，故根据《法国民法典》第2017条裁定，在保证产生日期之前的债务不应转而由债务人的继承人承担。

【判决意见概述】

本案最终由巴黎高等法院审理。终审法院认为，上诉法院做出的“在法理上无法表明该活期账户与担保有关联”的判断忽略了重要的事实，因而是错误的。同时，终审法院认为，尽管根据《法国民法典》第2017条（“在保证成立时约定保证效力及于继承人的，保证责任由继承人承担”），继承人只承担被继承人死亡时已产生的保证责任，在被继承人死亡后产生的保证责任不能被视作由继承人当然承担。但在担保所涉及的文书条文十分笼统的情况下，即使债务是由担保人死后才存在的账户产生的，债务也应由继承人承担。因此，上诉法院关于这一点的判断也是错误的。

此外，银行在申诉结论中指出，Ernault夫人对于他丈夫的担保不应该一无所知。Ernault夫人于1971年2月3日起承担连带担保责任，并于1972年12月14日起承担抵押担保责任。很难想象，在事先没有约定担保且账户经常欠债的情况下，银行会继续向SECOR公司提供贷款。在Ernault先生去世的1966年直到Ernault夫人成为担保人的1971年之间，很明显Ernault夫人或其子修改了Ernault先生的担保，而银行并没有继续同意他们的要求。

巴黎高等法院认为，鉴于Ernault先生去世时，主债务人并不承担任何债务，因此，在Ernault先生过世之后的债务所产生的担保债务不得转由其继承人承受。

【案例评析】

本案主要涉及保证责任的产生与消灭，核心问题是保证人的继承人在何种情形下继承保证责任。这个问题只有当保证在持续进行的情况下才可以加以讨论，也就是说，只有在确定立遗嘱人承担对主债务人可能欠银行所有的款项（尤其是因此设立的某一账户中的款项）的担保责任时，才能讨论继承人的问题。遗嘱继承人将因此可能不仅要承担立遗嘱人生前与此账户款项相关的法律行为的后果，还要承担所有在立遗嘱人死后对于债权人或债务人发生法律效力的行为的后果。

《法国民法典》第2017条内容的规定（在2006年5月23日的法令生效之后成为了新民法典的第2294条）看起来非常明确：继承人只承担被继承人死亡时已产生的保证责任；在继承人死亡之后产生的保证责任不能被视作当然由继承人继承。债务的移转应当严格的以被继承人的死亡作为时间界限，继承人对于账户在被继承人死亡之后发生的任何法律行为不应承担责任。以往的判例认为，“在可能会发生债务的情形下，即使保证人（被继承人）死亡时债务尚未产生的”，继承人也应承担清偿义务。

但这一判决实践遭到了学术界的大加挞伐，特别是遭到了继承人一方的严厉批评。有人认为，在债权人单方面持有保证凭证时，想要在知情的情况下终止或放弃有风险的继承几乎不可能。因此，在这一情形下，如果相关人员不能在有效的时间内通知债务人的话，保证将会归于消灭。只要能够满足在保证人死亡前的债务与其死后产生的债务都属于担保债务即可。对于保证人死后产生的债务，事实上，债权人总是享有将代理关系的追索权附属于一个取代已消灭的保证的新担保的处分权。然而，有关担保义务的最新的研究为该决定提供了坚实的法律基础。根据法国学者Mouly的观点，当担保针对的是一个未确定的数个将来实现的债权的集合或一个银行账户时，该担保应具有以下两项义务：其一是清偿将要产生的债务以及确定担保实现的顺序；其二是清偿担保实现的债务。在他看来，后者应当由继承人承担，而前者因合同的属人性，应在被继承人死亡时消灭。

然而，在实务中，上述解决方案却并不能严格执行。法官通常会因“作为债权方的银行等金融机构未履行告知继承人存在担保的义务而构成损害性的过错，故继承债务人可在被继承人死后由此不履行保证义务。”不过，并非所有的情况都是如此。

也许是出于公平原则的考量，本案中的巴黎高院基于该活期账户是在被继承人死后开通，且银行未履行告知义务，驳回了银行的请求。而上诉法院则以一个相对简洁的理由驳回了银行的上诉请求："不存在任何在保证人死后仍由主债务人承担的债务"，故任何在保证人死亡之前设定的担保均不应转由其继承人承受。总之，保证人的死亡并不必然导致保证责任的消灭。如果保证责任产生于保证人死亡之前，或者订立保证合同时已明确囊括未来可能产生的责任，那么保证人的继承人可能将继续承担保证责任。

第三章

抵　押　权

抵押权是最为重要的一种担保方式，被称为担保之王。抵押权主要是基于当事人之间的抵押合同而成立，但需要依法办理抵押登记的，应当办理抵押登记。抵押权成立后，对抵押担保的债权范围、抵押权标的物的范围、抵押权人和抵押人的权利等方面均发生相应的效力。抵押权只有在符合法定条件的情形下才能实现；同时，也只有在符合法定条件的情形下，抵押权才归于消灭。抵押权除一般抵押权外，还包括共同抵押权、所有人抵押权、最高额抵押权、浮动抵押权等特别抵押权。

在罗马法之前，最初出现的担保债权的方式是以人身为客体：即债务人用自己的人身做担保，于其破产时，成为债权人的奴隶。随着社会进步，这种担保方式逐渐被取消。同时社会出现了两种新的担保方式，并延续到罗马法时代。其一是由债务人的亲朋给予的保证，其二是信托让与。但由于其自身的种种缺点，罗马法的让与担保逐渐地被其他的、能给予债权人一个简单优先受偿权的担保物权所取代。在公元前 2 世纪，转移动产占有的“质押”出现；公元 1 世纪，源于希腊的两种不动产担保也出现在了罗马法上：不转移不动产占有的“抵押”和转移不动产占有的“典”。它们逐渐都成为让与担保的替代品。

在早期的法国，“抵押”并没有在旧法时代成为常用的担保类型。原因就在于，当时法国没有登记制度，人们无法让债权人的抵押权真实地获得对第三人的对抗性。不动产转让的秘密性和抵押的不公开性是法国旧法时代的基本制度。因此直到法国大革命之前，抵押都不是主流的担保方式。在 1804 年的《法国民法典》中，对转移占有的物的担保，起草者使用了一个专有名词“挪”，并分别针对动产和不动产的不同情况，使用了另外两个专有名词“质”和“典”。不转移占有的担保，起草者选择了“先取特权”和“抵押”。抵押对抗第三人效力的取得依赖在登记簿上登记公示。抵押因此成为一种纯粹的不动产担保，因为不动产是有限的和“不动”的，而动产的登记公示一直以来都被认为是极其困难的。①

第一节　抵押权的设立

设立抵押权是一种双方的法律行为。我国《物权法》第 172 条规定：“设立担保物权，应当依照本法和其他法律的规定订立担保合同。”我国《担保法》第 38 条规定：“抵押人和抵押权人应当以书面形式订立抵押合同。”可见，抵押合同也就是当事人设立抵押权的合意。抵押合同的当事人也就是抵押关系的当事人，包括抵押人和抵押权人。抵押人是提供财产作为债权担保的人，即在自己的财产上设立抵押权的人，又称为设抵人。抵押人可以是债务人本人，也可以是第三人。第三人为抵押人的，又被称为物上保证人。由于设立抵押权是一种法律行为，并且该行为是为了为债权人设定权益，为债务人提供担保，而非为抵押人自己的利益，因此要求抵押人应具备完全的民事行为能力。无民事行为能力人或限制民事行为能力人都不得为抵押合同的抵押人，其法定代理人也不得代其订立抵押合同。此外，如果抵押人是在自己的财产上设立抵押权，则其设立抵押权的行为为处分行为，这要求抵押人对抵押财产有处分权，否则该设立行为无效。

抵押权人为抵押权所担保的债权的债权人。因此，抵押权人须为有效债权的债权人。因当事人可为未来债权设立抵押，所以未来债权的债权人可为抵押权人。诉讼时效期间届满后的债权人，也可以设立抵押合同而为抵押权人。由于抵押权人为纯受利益之人，因而，只要是合法有效债权的债权人，不论其是否具有完全民事行为能力，其订立的抵押合同均为有效。

抵押合同也有特殊的形式方面的要求。依据我国《担保法》第 38 条和我国

---

① 李世刚．典型担保种类在法国法上的演进．河北法学，2001 (1)：161～163.

《物权法》第185条第1款规定，抵押合同应采用书面形式。依我国《合同法》第36条规定，“法律、行政法规规定或者当事人约定采用书面形式订立合同的，当事人未采用书面形式但一方已经履行主要义务，对方接受的，该合同成立。”因此，若当事人虽未采用书面形式订立但已经履行了合同的，如办理了抵押登记，抵押合同仍然成立。

案例17 张某某诉杨某某、偃师市某出租汽车有限公司案

【案例来源】

张某某诉杨某某、偃师市某出租汽车有限公司抵押权纠纷案，河南省偃师市人民法院，(2011) 偃镇民初字第81号。

【案情简介】

2009年10月24日，被告杨某某与原告张某某签订卖车协议，将其实际所有的挂靠在被告偃师市某出租汽车有限公司（以下简称租车公司）名下的豫CAB629号东风雪铁龙出租车以155 000元的价格卖于原告。该协议约定：从转让之日起，以前与车有关的事由由被告杨某某负责，以后车上的事由由原告负责。当日，原告又与被告租车公司签订客运出租汽车挂靠经营合同书。该合同为制式合同，合同第13条约定实际车主挂靠期间将车辆转卖或转租，应经租车公司同意，买方如要挂靠在租车公司名下经营需与租车公司重新签订挂靠合同。后原告即在被告租车公司名下经营出租车，并向被告租车公司交纳管理费。2010年元月，被告租车公司告知原告，豫CAB629号出租车上设定有抵押权，要求原告承担相应责任，否则原告转让车辆租车公司将不给其办理相关手续，原告遂诉至法院。

法院经审理查明，被告杨某某在转让车辆之前，于2009年3月14日向被告租车公司借款，并打有借条：“今借超凡现金14.4万元壹拾肆万肆仟圆整，以偃师神龙出租车豫CAB629做抵押，还款日期及方式：已付柒万圆整，其中叁万圆于2009年叁月30日付清，余款肆万肆仟圆整于一年内付清”。“超凡”系被告租

车公司会计王超凡。

【判决意见概述】

法院认为，被告杨某某作为车辆的实际所有人，与原告签订卖车协议，系双方真实意思表示，合法有效。原告在车辆转让后又与被告租车公司签订了挂靠经营合同，该合同自双方签名盖章之日起即产生法律效力。自合同签订之日起，被告租车公司也一直收取原告所交纳的管理费，现被告租车公司以该合同没有法人代表的签名及挂靠时间为由，对该合同不予认可，其理由不能成立，不能影响该合同的法律效力。从被告租车公司所制作的挂靠经营合同书可以看出，在被告租车公司名下挂靠的车辆如需转让，需经被告租车公司同意。原告与被告杨某某签订卖车协议后当天即与被告租车公司签订了挂靠经营合同，而被告租车公司当时未告知原告车辆上设定有抵押权，也未在与原告所签订的挂靠经营合同上对车辆上是否设定抵押权或原车主即被告杨某某所欠债务是否由原告承担作出约定，故被告杨某某与被告租车公司之间的借款纠纷及车辆抵押权纠纷与原告没有法律关系。综上，原告起诉，于法有据，法院予以支持。

【案例评析】

抵押人是提供财产作为债权担保的人，即在自己的财产上设立抵押权的人，本案主要涉及车辆抵押设立的问题。设立抵押权是一种双方的法律行为。抵押合同也就是当事人设立抵押权的合意。抵押合同的当事人也就是抵押关系的当事人，包括抵押人和抵押权人。抵押人是提供财产作为债权担保的人，即在自己的财产上设立抵押权的人。抵押权人为抵押权所担保的债权的债权人。依照我国《物权法》第180、188条的规定，以车辆作为抵押的，抵押权自抵押合同生效时设立。本案中的借条明确约定“以偃师神龙出租车豫CAB629做抵押”，该条款构成了对抵押的约定，可视为抵押条款。合同签订于2009年3月14日，借款人杨某某当时是车辆豫CAB629的所有权人，具备处分车辆的能力。因此，从形式上看，该抵押合同合法有效。但从判决书介绍的案情来看，该抵押权虽已设立，但却没有进行登记。值得注意的是，仅就借条上载明的信息来看，尚不足以认定神龙租车公司为贷款人和抵押权人。根据《物权法》第188条的规定，未经登记不得对抗善意第三人。在本案中，原告张某某作为车辆的受让人，按照相关规定办理了车辆转让手续并与被告神龙租车公司签订了挂靠协议。但在这一过程中，两被告均没有告知抵押权存在的情况，可见，原告是善意受让人，两被告之间即使存在抵押法律关系，也不能对善意受让人的权利产生影响。

案例 18　Bereit 银行诉 Notker 案

【案例来源】

Christopher Becker, Fälle zum Zivilrecht für Fortgeschrittene, Verlag C. H. Beck, München, 2008, S. 309 - 317.

【案情简介】

神经生理学家 Notker 为了扩大诊所经营，向 Bereit 银行申请了 40 万欧元的贷款，并在其土地上设立了合法的抵押作为该贷款的担保，且将该抵押证书交付 Bereit 银行。Notker 在 Bereit 银行进行贷款咨询时，银行的工作人员询问了其家庭情况。Notker 告诉银行其已经离婚的事实。临近偿还贷款日时，Notker 暂时陷入支付困难，Bereit 银行和 Notker 约定延期半年偿还贷款并将抵押顺延半年。然而，这一约定并未在土地登记簿上进行登记也未在抵押证书上进行说明。

【问题】

Notker 在 Bereit 银行进行贷款咨询时，银行的工作人员为什么要询问其家庭情况？Notker 告诉银行其已经离婚的事实，这一事实有何意义？

【解析】

本题旨在考察抵押人的家庭状况，特别是是否存在婚姻关系，对于抵押权益实现可能产生的影响。

银行之所以询问 Notker 的家庭情况，是想确定两个问题：一是 Notker 就其土地设定的担保是否有效？二是谁可能以保证人或者相类似的方式承担共同义务？

德国婚姻法将婚姻财产制分为法定婚姻财产制与合同婚姻财产制两种，如无协议，即适用法定婚姻财产制。本案中没有提及 Notker 家适用合同婚姻财产制，因此可以着重考察法定婚姻财产制对 Notker 的影响。依据《德国民法典》第 1363 条的规定，夫妻双方在婚姻前后各自取得的财产不是夫妻共同财产，但是夫妻双方共有这些财产的增值部分，在婚姻财产增值共有制结束之时相互补偿。本案中，银行职员需要确定的是，抵押土地是否是夫妻共有财产。依照德国法的规定，夫妻独自管理各自的财产，但在处分各自的全部财产时受到法律限制。银行职员需要确定，如果该土地的处分存在限制，那么该土地抵押是否满足了法律规定的条件。

《德国民法典》第 1365 条以下规定了一些义务，在字面上，这些义务涉及全部财产。该规定的意义在于确保婚姻的物质基础以及防止将来财产增加额均衡落空，因而这一规定被扩大适用于实质上构成婚姻财产的单个客体。因此，只要被设定负担的土地实质上构成了 Notker 的财产并且该抵押充分利用了该土地的全部价值，则 Notker 和银行之间关于抵押担保的约定需要其配偶的同意。然而，对《德国民法典》第 1365 条以下的扩大化适用有可能产生一个该条规定字面上并未包括的主体性特征，因为对于交易另一方而言自然会认为，一项字面上涉及全部财产的交易涵盖所有的财产：在一项涉及单个客体的交易中，必须让另一方知道，该客体在实质上构成了可处分的财产。银行通过事先进行的谈话对 Notker 的财产关系进行了了解。如果银行特别注重其请求权的实现，谨慎起见，银行会额外考量客户是否有权处理该全部财产，特别是当该土地实质上构成了 Notker 的财产但设定的负担并未达到该土地的全部价值时。按照德国法的规定，夫妻一方在处理全部财产时需征得另一方同意，如无同意，则该处分行为不能生效。在本案中，如果存在 Notker 妻子的权益且未获得同意，就会导致该抵押不能有效设立，进而无法强制执行。

除了土地抵押的有效性之外，银行可能还想知道，谁有可能以保证人或者相类似的方式承担共同义务。

在设立人的担保时，银行可能为了避免违反诚实信用或者善良风俗而考虑 Notker 妻子的给付能力。此时，合适的做法是根据时间和数额界定共同义务。同样，仅仅在财力发生特定改变时或者因为 Notker 将财产转移给其妻子时才可以适用这一共同义务的允诺以防止善良风俗的违反。

Notker 已经离婚的事实确定了银行工作人员无需考虑该抵押土地是否需要征得 Notker 妻子同意的问题。然而，Notker 的离异状态却会引致新的考虑因素。根据《德国民法典》第400条以下、《德国民事诉讼法》第850c条和第850i条的规定，Notker的离异可能产生其对原配偶及子女的扶养或抚养义务。《德国民法典》第1360条以下及第1596条以下会在担保转让或扣押中限制对Notker的独立或者非独立获得的收入采取措施。这些权利的存在都会影响银行的担保权益的实现，因此需要仔细调查。

另外，需要注意的是，依据我国《担保法》第92条规定，不动产是指土地以及房屋、林木等地上定着物，动产是指不动产以外的物。在学理上，动产是指能够移动并且该移动不会损害其价值的物；不动产是指性质上不能移动或虽然可移动但移动就会损害价值的物。由于我国土地实行的是国有化制度，所以土地所有权不能转让，土地所有权不能作为抵押权的客体。但在当今各银行努力提高信贷资产质量、严控不良信贷资产的形势下，土地使用权担保已成为一种十分有效的担保而被广泛地采用。

我国担保法对夫妻共有财产的抵押并无具体规定，但在最高人民法院《担保法解释》第54条中规定，按份共有人以其共有财产中享有的份额设定抵押的，抵押有效。共同共有人以其共有财产设定抵押，未经其他共有人的同意，抵押无效。但是，其他共有人知道或者应当知道而未提出异议的视为同意，抵押有效。根据《最高人民法院关于贯彻执行〈中华人民共和国民法通则〉若干问题的意见》第89条的规定，在共同共有关系存续期间，部分共有人擅自处分共有财产的，一般认定无效。但第三人是善意、有偿取得该财产的，应当维护第三人的合法权益，对其他共有人的损失由擅自处分共有财产的人赔偿。因此，如果抵押权人善意取得产权，那么该抵押应当有效。

案例19 Vaassen公司诉Romalpa公司案

【案例来源】

Aluminum Industrie Vaassen B. V. v Romalpa Aluminum Ltd.,［1976］1 W. L. R. 676, Court of Appeal (Civil Division).

【案情简介】

原告Aluminum Industrie Vaassen B. V.（以下简称Vaassen）是一家生产铝箔

的荷兰公司，被告 Romalpa Aluminum Ltd.（以下简称 Romalpa）是一家在英格兰经营的英国公司。原告与一家名为 Romalpa 的合伙企业签订了供货合同。1973 年 9 月 1 日，Romalpa 合伙企业改组为 Romalpa 公司，即现在的被告。1973 年 9 月至 1974 年 10 月，原告将铝箔销售给被告 Romalpa，其中一些由 Romalpa 转售给第三方。合同给予被告 70 天的赊货期。

原告 Vaassen 提供的合同中关于一般销售条件的第 13 条规定，“只有当购买人已履行完所有义务时，货物的所有权才会转移。”合同还规定，在付款完成之前，如卖方有要求，买方应以清楚表明卖方所有权的方式来存放货物。倘若买方用货物制成新产品，把这些货物与其他物品混合，或者以任何方式使货物成为另一件物品的成分，卖方会得到这些新物品的所有权，以保证买方欠卖方的债务全部清偿，为此双方现在同意有关物品（无论完成与否）的所有权转移于卖方，而此所有权转移被视为与在把货物转变成新物品（不论是用货物来制造新产品、把货物与其他物品混合、使货物成为另一物品的成分）的程序发生的同一时间发生。直至买方全部清偿其欠卖方的债务为止，买方会以受托人的身份为卖方保存物品，如卖方要求，应以表明卖方所有权的方式存放。但是，买方在通常营业过程中有权将这些物品出售并交付给第三者，条件是，如果卖方有要求，只要买方未完全清偿欠卖方债务，买方便会把他从这项交易中得到的对其买方的权利交给卖方。

后来被告陷入财务困境，于 1974 年 10 月 30 日被债权人任命的接管人接管。当日原告取得了就其销售给被告、且仍为被告所占有的货物的中间禁令。1974 年 10 月 31 日，原告向法院提起本诉。

接管人被任命之日，被告尚欠原告 122 000 英镑。任命之后，接管人证实，他所持有的 35 152 英镑系原告提供给被告、又由被告销售给第三人的未混合铝箔的销售收益，接管人将这笔钱以他的名义存入了被告在银行的独立账户。此外，接管人还证实在接管时被告持有价值 50 235 英镑的原装铝箔。

原告 Vaassen 主张，其有权主张 Romalpa 账户里的资金，并追索该账户中由其财产的再售带来的收益。被告承认，合同第 13 条使其成为由原告提供的原材料的受托人，直至所有债务被清偿。但被告主张，一旦他们将原材料转售给善意购买人，原被告之间的关系就只是债权人和债务人的关系，在没有明确的或法定的信托的情况下，原告无权运用衡平救济追索这些钱款。

在本诉中，原告首先主张基于 Hallett's Estate（1880）案中确立的“追及（trace）”原则，以及合同第 13 条之规定，其有权就 35 152 英镑的款项优先受偿；其次，原告要求法院认定其享有仍为被告占有的价值 50 235 英镑的铝箔的所有权，并要求被告返还这些货物。

初审法院就这两项主张进行了审理。

首先，合同的第 13 条是否适用于本次交易？原告认为该条明示或默示地适用于本次交易；被告则认为该条的确适用于原告与一家名为 Romalpa 的合伙企业之间的交易，这些交易发生于本次原被告开始交易——即 1973 年 9 月 1 日之前，被告否认该条款适用于这一日期之后原被告之间的交易。初审法院认为这些文本中包括第 13 条在内的所有条款，已为本次交易的双方当事人默示同意，因此第 13 条适用于本次交易。

其次，原告是否有权追索已转售的铝箔的货款 35 152 英镑？初审法官认为双方就第 13 条的效果达成了一个共识，即在被告尚欠原告货款时，被告应以受托人的身份保存原告供应的、并由其占有的货物。进一步的共识是，对该条款的解读应符合其必要的默示内容——被告享有出售铝箔给下手买家的权利。有意思的是，该条款仅对混合后的铝箔做出了规定，而并未对未混合的原装铝箔做出相应规定。合同规定，只要被告未完全清偿欠原告的债务，如果原告要求，被告便会把他从这项交易中得到的对其买方的权利转给原告。初审法院还认为，行使衡平法上的追索救济必须存在信义关系。只要双方之间存在信义关系，受托人处分委托人财产后，后者有权依衡平法追及财产价款。在本案中，被告的转售并非非法，善意的下手买家可依据《1893 货物买卖法》第 25 条取得货物完好的所有权，但是在原被告之间，所有权从未转移给被告。在本案中，被告主张在适用衡平法追及规则之前，应先认定原被告间存在明示或默示的信托关系，而这种信托关系不存在。初审法官认为本案就是一个单纯的受托人的案子。合同第 13 条表明了双方创建信义关系的意图，因此，原先有权要求转售收益。

在以上两个问题之外，被告的律师还主张，根据英国《1948 年公司法》第

95（1）（2）（e）条规定，设定担保权益须登记。如果法院支持原告追索转售货款的权利，将会成为债权人规避上述条款向清算人主张债权的有效途径，因此第13条的规定对于转售货物的价款是无效的。

Mocatta法官支持了原告律师对此种观点的反驳：如果铝箔的所有权从未转移给买方，就不能适用关于担保权益的法律，因为买方并没有可以设定担保权益的财产，因而也无需按照相应规定对担保权益进行登记。

综上所述，初审法院做出了有利于原告的判决，判定原告有权就35 152英镑的转售货款优先受偿。

此后被告上诉，主张原审法院在认定第13条适用于双方本次交易以及认定原告享有追索转售货款权利方面存在错误。

【判决意见概述】

上诉法院就被告提出的异议进行了更为深入的分析。

首先，合同的第13条是否适用于本次交易的问题。

上诉法院认为，在本案中，很容易认定双方交易所依据的合同条款，与之前原告与合伙企业交易所依据的条款完全相同，包括争议的第13条。上诉法院完全同意初审法官的意见，认为被告的两名董事曾是合伙企业的合伙人，他们显然十分清楚其在与原告进行交易的情况下要用到这些合同条款，以及这些条款在交易中的实际意义。这两名董事对这些条款的了解，实际上就是被告对这些条款的理解。此外，双方在交易实践中也运用着之前的合同条款。因此第13条适用于本次交易。

其次，原告是否有权追及已转售铝箔的货款35 152英镑。至关重要的问题是：原被告之间是否存在信义关系，使得原告有权追索转售价款。

上诉法院对第13条进行了划分：前两句话，即“卖方只有在买方已经履行了所有对卖方的债务的情况下，才会将原材料的所有权转移给买方。在付款完成之前，如卖方有要求，买方应以清楚表明卖方的所有权的方式来存放货物”作为第一部分，这是有关未经加工或混合的原装铝箔所有权保留的规定；该条剩余部分为第二部分，是有关经过加工或混合的铝箔产品的规定。

对此，原告律师的意见是，在所有欠款清偿之前，第13条所涉及的所有货物——包括原装与加工混合后的铝箔，都归原告所有。被告有权代表原告并为原告的利益进行出售，但只能在第13条的框架行使该项权利。由于货物所有权归原告所有，因此在完全清偿前被告应就其持有的货物与转售所得价款向原告负责，双方之间存在信义义务；被告律师则认为，第13条第一部分说明，就原装铝箔而言双方仅存在普通债权债务关系或买卖关系，第二部分加之于被告的信义义务不得引申适用于第一部分所述货物。

上诉法院不同意被告的观点。其一，第13条的商业目的就是在原告丧失对供应给被告的货物的占有后，尽可能地为被告不能完全清偿的风险提供保障。为了实现这一目的，应对该条款的默示含义进行解读：即授予被告一个销售未加工或混合铝箔的权利，同时又课以被告一个将销售收益返还原告的义务，直至被告清偿全部债务。尽管就下手买家而言，被告是作为当事人销售的未混合铝箔，但是就原告而言，铝箔就是原告的财产，被告作为原告的受托人向第三方销售，因此销售收益应当向原告支付。

其二，被告律师指出，从商业效益角度出发，如果原告主张成立，将意味着被告在赊货期间收到的所有款项——包括利润部分除了偿还原告均不得用于其他用途，这将引起被告剧烈的现金流问题并使其业务无法运转，从而导致商业效益的减损。这种观点从被告角度来看确实很可怕，但就商业效益问题而言，应从双方一致同意并默示同意须采取行动的事项予以解答，不能仅从一方角度出发。就第13条而言，第二部分实际上就加工混合货物及其收益为原告设定了担保，为使该条有其商业效益，没有理由认为第一部分没有设定类似的担保。因此应认定被告有转售原装铝箔的默示权利，双方就所有货物存在信义关系。

综上所述，上诉法院认定原被告就未经加工或混合的货物存在信义关系，原告有权追及货物转售价款。因此，支持原告请求，驳回被告的主张。

【案例评析】

本案的两审法官都围绕原始合同条款是否适用，原告是否就转售收益享有追索权等两个问题进行论述。结合本案案情，其核心在于如何理解合同的约束力，如何解释合同条款。

在认定合同当事人的问题上，两审法官均采取实质主义态度，即不拘泥于合同的约定，而是从双方的交易历史、现实交易状态等情况酌情判定原始合同的第13条应予适用。法院发现，从1971年起原告便与名为Romalpa的合伙企业从事交易。被告于1973年9月收购了这一合伙企业，原合伙企业的两名合伙人成为了被告的董事。此后原被告之间交易仍然使用与之前相同的文本，如订单、确认函等，其中包含了第13条。这一条款明确地规定于双方的各种合同之中。基于这些事实，初审法院认为这些文本中包括第13条在内的所有条款，已为本次交易的双方当事人默示同意，因此第13条适用于本次交易。

其次，原告是否有权追索已转售铝箔的货款35 152英镑？关于第13条项下的信义义务，被告并没有太多异议。被告的主张只是以合同文字为依据，由于合同里没有讨论未加工、混合的铝箔原材料，故而想借此逃避相关信义义务。法官在解释第13条时，采取了融贯性、体系性的标准，即强调从合同整体和真实意图确定合同条款的意思。简言之，对于被告是否有转售原装铝箔的默示权利的解释，不能与作为一个整体的第13条所清晰表达的意图相违背，第13条第二部分明确规定被告有转售权，且在双方之间创立的足够的信义关系，那么对一部分的解释应与此保持一致。因此正如两审法官所言，相同双方之间存在信义关系，在所有欠款清偿之前，被告有权转售原装铝箔，但仅能为原告的利益而非自己的利益。

Romalpa公司案的判决一经做出便在英国法律和金融领域引起了震动的效应，这一案件反映的核心法律问题即为所有权保留制度。所有权保留是指在移转财产所有权的商品交易中，根据法律规定或当事人的约定，财产所有人转移财产的占有于对方当事人，而仍保留其对该财产的所有权，待对方当事人交付价金或完成特定条件时，该财产所有权才发生转移的一种制度。该制度适用于买卖、互易、赠与等领域，是一种非典型的债的担保形式。现实中供应商往往会在合同中加入所谓的所有权保留条款，其目的在于就买方不能清偿债务的风险为自己提供一定程度的担保，一旦发生纠纷，供应商可以以所有权人的身份要求公司返还货物减少损失。

所有权保留条款最重要的效力之一就是赋予了供应商取回权。所谓取回权是指出卖人享有的在买受人未完成约定条件或出现了法定情形时，从买受人处取回出卖物的权利。取回权的行使须具备一定的条件，通常是买受人未完成合同所附的条件，如届期未偿付价款，未按约定履行特定行为等。除此之外，法律为保护出卖人的利益，往往规定在出卖人利益可能遭到损害的特定条件下出卖人可行使取回权。在现实商业活动中，货物在买受人处常常发生变动，如被转售，发生添附等。关于此时出卖人应如何行使取回权，不同国家或地区有不同的立法实践。在英国，上述 Romalpa 公司案就这一问题进行了解答，并产生了深远的影响。

根据该案判决意见我们可以得出下列结论：直至价款全部清偿之日，卖方保留货物普通法上的所有权和衡平法上的所有权的条款，只要适当的列入买卖合同中，就能在买方不能清偿债务之时取回尚由其占有的货物，并追回买方转售货物所得价款。供应商们很快意识到这一判决的重要意义，纷纷在起草合同中加入“Romalpa”条款，希望通过这些条款索取下列四类财产：（1）原货物；（2）原货物的收益；（3）用原货物制成的新产品；（4）新产品的收益，以保障他们尚未获得的价款。

将浮动抵押制度用于弥补所有权保留条款的不足，并与后者相互协调为卖方提供最有效的保障，同时为买方提供最大便利，这种思路是十分可取的。其突出优点就是有效平衡了包括买卖双方、善意下手买家、买方其他供应商以及买方财产抵押人在内的多方当事人的利益，有助于最大程度地实现商业公平。

另外，值得注意的是，由于“抵押人在抵押期间可以处置抵押财产，包括公司为正常经营而出售抵押范围内的财产”是浮动抵押制度的一项重要特征，也就意味着在该制度下，买受人无需卖方的授权即可包括原产品收益、新产品及收益在内的财产，使得这些财产的经济价值得到最大程度的发挥，促进买方的经营效益，同时省去了法院在合同规定不清晰时对默示条件进行推定的不便。

综上所述，可对所有权保留与浮动抵押制度的适用做以下概括：

一方面，保留了所有权的供应商较之其他担保债权人，在债务人无力偿还而被接管时权利得到优先保护；所有权保留仅需要双方在合同中约定即可，无须登记公示，比较简单易行。这种制度的局限在于，由此产生的取回权效力范围十分有限，仅适用于尚未出售且未加工的货物。

另一方面，浮动抵押制度为债权人提供的担保权利等级在受清偿时低于所有权保留制度，且适用条件比较严格，须根据法律相关规定登记公示。但此种制度的优点在于其效力范围十分广泛且具有灵活性，涵盖了买方现在或将来获得的全部或部分财产，包括原货物转售收益、由原货物加工制成的新产品及其转售收益。

英国法院凭借其智慧，协调适用两种债权担保方式的过程，实际上也是调和各方当事人利害关系，达到商业公平的过程。对此，我国应充分借鉴并不断完善我国各项担保制度，促进它们之间的协调适用，为各方当事人提供最充分保障的同时促进商业社会的不断进步。

案例 20　厦门某造漆工业公司诉某典当公司案

【案例来源】

厦门某造漆工业有限公司诉厦门某典当有限责任公司抵押权案，福建省厦门市中级人民法院，(2009) 厦民终字第 3164 号。

【案情简介】

厦门市湖里区和悦里 91 号 6D 及 93 号 2A 房屋（即涉案房产）由厦门金威爱新型水性漆有限公司（以下简称金威爱公司）向开发商厦门源益房地产发展有限公司购买取得。金威爱公司在 2002 年清算时将上述两套房屋及债权、债务一并转让给原告（原名厦门鑫威爱新型墙漆技术有限公司）。2003 年 7 月，金威爱公司依法注销。2005 年，原告委托开发商厦门源益房地产发展有限公司办理上述两套房产的产权登记手续。2008 年 1 月，原告接到厦门市湖里区公安分局刑侦大队一中队的通知，才得知开发商厦门源益房地产发展有限公司的工作人员陈培森伪造文书，与被告厦门某典当有限责任公司签订编号分别为（2007）FB0216、（2007）FB12211 号的两份“厦门市房地产典当合同”（以下简称讼争典当合同），将涉案房产抵押给被告。陈培森因犯合同诈骗罪已被判刑，并被厦门市中级人民法院判处退赔被告 110 万元。

原告于是向厦门市湖里区人民法院提起诉讼。原告认为：第一，金威爱公司已于 2003 年 7 月依法注销，故虽然涉案房产仍然登记在金威爱公司名下，但实际权利人为原告。陈培森伪造金威爱公司材料，将两套涉案房产抵押给被告，侵害了原告的权利，因此，原告与本案有直接利害关系，其起诉符合民事诉讼法规定的条件，依法享有诉权。第二，讼争典当合同是陈培森假借金威爱公司的名义与被告签订的，金威爱公司注销后丧失民事权利能力和民事行为能力，故讼争典当合同违反了《合同法》中有关当事人签订合同必须具备民事权利能力和民事行为能力的强制性规定，金威爱公司不具备签约主体资格，讼争典当合同无效。第三，本案不适用善意取得。适用善意取得的前提条件是金威爱公司有权以其公司名义处分涉案房产，基于被偷、被抢或者其他非法原因而获得的物则不适用善意取得。第四，被告存在严重过失是导致本案发生的重要原因，被告应当立即申请撤销抵押登记，停止对原告权利的侵害。原告基于上述事实和理由，请求法院判令：(1) 编号为 (2007) FB0216、(2007) PB12211 的两份“厦门市房地产典当合同”无效及相应的抵押登记无效；(2) 被告立即向厦门市国土资源与房产管理局申请撤销厦门市湖里区和悦里 91 号 6D 及 93 号 2A 房产的抵押登记。

被告则认为，(1) 原告并非涉案房产的所有权人，涉案房产的所有权人为金威爱公司，因此，在原告未取得物权归属原告的证据之前，原告无权请求物权保护。(2) 原告与金威爱公司签订的“协议书”明显违反《物权法》的规定，未就属于“涉外产”的涉案房产的转让行为依法办理公证证明和转让登记，依法无权对抗善意第三人，原告依据无法对抗善意第三人的债权文书主张涉案房产的物权权利，没有依据。(3) 被告对涉案房产具有抵押权，应受法律保护。本案中，案外人陈培森的欺诈行为在民法意义上属于无权处分，但由于涉案房产已办理抵押登记手续，被告已取得涉案房产的他项权证，从善意取得的角度，涉案房产的抵押行为应认定为有效。(4) 涉案房产的所有权归属及抵押权成立等方面，应当优先以国家机关依职权颁布的“土地房屋权证”、“土地房屋他项权证”为准，即使原告认为抵押登记无效，也应先行向有关职能部门提起撤销该具体行政行为的行政诉讼或行政复议。原告无权要求被告申请撤销抵押登记。

一审法院认为，(1) 金威爱公司在注销前，已将其名下的涉案房产转由原告继承，金威爱公司终止经营后的所有债权、债务亦由原告承担。金威爱公司已于 2003 年 7 月依法注销。虽然，涉案房产仍然登记在金威爱公司名下，但实际权利人为原告。因此，原告是适格主体，享有诉权。（2）讼争典当合同是陈培森假借金威爱公司的名义于2006年12月及2007年3月与被告签订的，而金威爱公司于2003年7月即依法注销，金威爱公司注销后丧失民事权利能力和民事行为能力，故讼争典当合同违反了《合同法》中有关当事人签订合同必须具备民事权利能力和民事行为能力的强制性规定，故讼争典当合同无效。（3）本案不具备善意取得制度的适用条件，理由为：金威爱公司早已于2003年7月丧失主体资格，其后任何以其名义进行的行为均不属于民事法律行为；而且，陈培森乃是基于非法占有他人财物的诈骗故意，以金威爱公司的名义与被告签订合同，对涉案房产的处分系违反刑法的强制性规定，而不仅仅是无权处分行为，并且（2008）厦刑初字第100号刑事判决书已判决陈培森将骗取的110万元归还给被告。

被告不服，提起上诉。上诉人认为，陈培森以金威爱公司的名义与上诉人签订的讼争典当合同是基于房管部门确认的抵押登记而签订的，讼争典当合同对金威爱公司有效。无权处分并不必然导致合同无效，并且上诉人在给付合理的对价后，善意取得了涉案房产的抵押权，其合法权益应受保护。对于（2008）厦刑初字第100号刑事判决书，法院没有履行告知上诉人的法定义务，该判决书的裁判有违民法有关无权处分及善意取得的规定。

【判决意见概述】

福建省厦门市中级人民法院经审理认为：金威爱公司在注销前已经将有关债权、债务转让给了被上诉人，并刊登了清算公告，被上诉人依约取得了涉案房屋的有关权益。被上诉人后向开发商补足了差价，并约定由开发商代办产权手续，被上诉人与涉案房屋存在利害关系，其作为原审原告的主体适格。陈培森伪造有关文件，将涉案房屋抵押给上诉人并骗取110万元，属于无权处分，其以金威爱公司名义签订的讼争典当合同无效。至于上诉人是否属于善意第三人的问题，讼争典当合同系陈培森以金威爱公司的名义与上诉人签订的，缔约时金威爱公司早已注销，民事主体资格已经丧失。被上诉人作为金威爱公司权利、义务的承继者，对陈培森的犯罪行为并不知情，也未实施让上诉人有理由相信陈培森有代理权的任何民事行为，况且陈培森的代理权系基于其伪造委托书、公证书等文件取得的，属于非法取得，不能适用善意取得制度。即使上诉人有理由相信陈培森有代理权，但讼争典当合同缔约一方当事人为金威爱公司，上诉人却将款项交给陈培森个人，被上诉人未尽到合理、必要的注意义务。已生效的（2008）厦刑初字第100号刑事判决书已经判决陈培森退还上诉人110万元，因此上诉人主张被上诉人主体不适格、上诉人确系善意取得涉案房屋抵押权等上诉理由缺乏事实和法律依据，二审法院不予采纳。

【案例评析】

本案涉及了抵押权的善意取得问题。抵押权善意取得指为担保债务的履行，无处分权人以他人的财产设立抵押权，如抵押权人受让该抵押权时出于善意，不动产抵押权人自办理登记之日起取得抵押权；动产抵押权人自抵押合同生效之日起取得抵押权。原所有权人不得对抵押权人行使抗辩权。例如，甲公司为担保债务的履行，将乙公司交由自己保管的货物作为抵押物抵押给了某丙，并办理了抵押登记。债务到期后，甲公司没有履行清偿债务的义务，某丙可就该抵押物行使抵押权，原所有权人不得对乙公司行使抗辩权。某丙取得的抵押权即属于善意取得。

依据我国《物权法》第106条规定："无处分权人将不动产或者动产转让给受让人的，所有权人有权追回；除法律另有规定外，符合下列情形的，受让人取得该不动产或者动产的所有权：（一）受让人受让该不动产或者动产时是善意的；（二）以合理的价格转让；（三）转让的不动产或者动产依照法律规定应当登记的已经登记，不需要登记的已经交付给受让人。受让人依照前款规定取得不动产或者动产的所有权的，原所有权人有权向无处分权人请求赔偿损失。当事人善意取得其他物权的，参照前两款规定。"抵押权是一种担保物权，在符合条件的情况下可以参照《物权法》第106条的规定适用善意取得。本案中厦门某典当有限责任公司支付了110万元作为取得抵押权的对价，并办理了抵押权登记、备案手续，故本案的关键是判断厦门某典当有限责任公司在订立抵押合同时是否是善意的。

"善意"是民法学上的重要概念。一般认为，如不知即善意。但不论是善意还是恶意都是对个人主观心理状态的描述，外人无法得知。因此，学界通常将善意解释为不知情，即，从一个合理人的角度，无法得知足以影响法律行为效力的事实。可见，善意不止是不知情，而且是尽到合理注意义务之后的不知情。本案中，作为受害人的厦门某典当有限责任公司确有可能处于不知道涉案房屋实属原告所有的状态，但这一不知情本身并不能构成善意。在日常的经营活动中，审查合作者的经营资质等是必要的注意义务。作为一家专业从事典当业务的企业，受害人更应审慎行事，对房屋权属，尤其是“厦门金威爱新型水性漆有限公司”的真实性进行审查。遗憾的是，典当公司非但没有对金威爱公司展开调查，而且将110万元直接支付给陈培森，而不是支付至金威爱公司的账户，更没有核实公证文件的真实性。由此可见，典当公司在与陈培森的交易过程中出现了严重过失，没有尽到合理的注意义务。因而，典当公司不能适用善意取得制度获得涉案房屋的抵押权。

比较法上，国外立法例大都承认不动产抵押权的善意取得。如《瑞士民法典》第973条第1款规定：“出于善意而信赖不动产登记簿的登记，因而取得所有权或者其他权利的人，均受保护”。《德国民法典》第891条第1款规定：“在不动产登记簿中为某人登记一项权利时，应该推定此人享有此项权利”。而我国《物权法》第106条已经明确规定不动产抵押权适用善意取得制度，无论是基于无权处分还是因为登记记载错误，善意第三人对于已转让并变更登记后享有不动产抵押权，原物所有权人只能向无权处分人主张损害赔偿请求权。

第二节 抵押权的变更

抵押权的变更主要体现为：抵押权转让（抵押权人的变更）和抵押权顺位的变更。本书所指的主要是抵押权的转让。抵押权转让是指，存在抵押权利义务关系的相对人之间，享有抵押权的抵押权人，将权利的一部分或全部转让给抵押权利义务关系之外的第三人，第三人接受抵押权，从而抵押人向接受权利的新抵押权人履行抵押义务的行为总称。

案例21 某乙诉冈欣汽车货运公司案

【案例来源】

我国台湾地区“高等法院花莲分院”民事判决，2002年度上字第一六号。

【案情简介】

案外人罗玉香将自有房地产（以下简称系争房地）借给凤联液化气分装有限公司（以下简称凤联公司）作为瓦斯分装厂。1988年4月26日，为担保凤联公司对被上诉人冈欣汽车货运有限公司（以下简称冈欣公司）的300万元债务，罗玉香又以系争房地为冈欣公司设定了第一顺位抵押权，权利存续期间自1988年4月23日起至1993年4月23止。1999年11月22日，罗玉香以系争房地及花莲县凤林镇○○段第22、23号建号（重测前为凤林镇○○段第475－6、475－7号建号），为被上诉人设定最高限额2 000万元之第四顺位抵押权。迄至2001年4月为止，凤联公司尚积欠8 845 800元。

2000年5月间，上诉人某乙与凤联公司订立承租经管营运契约书（下称系争契约）而使用系争房地，承租经管期间自2000年6月1日起至2010年5月31日止，租金为每月25万元。只因凤联公司未能按期偿还对于被上诉人的债务，上诉人担心被上诉人行使抵押权而损及承租的权利，是基于利害关系人的地位，于2000年5月22日、25日、29日及2000年6月20日，分别汇予被上诉人100万元、100万元、1 023 258元、100万元，合计4 023 258元，以清偿凤联公司之债务。

上诉人认为，上诉人对于上述凤联公司债务之履行存在利害关系，且已代为清偿，故应依我国台湾地区“民法”第312条之规定，承受被上诉人对于凤联公司之债权，而系争抵押权为从属之权利，亦应随同债权一并移转由上诉人取得，于是请求被上诉人将系争抵押权移转登记予上诉人。即使“法院”认为上诉人某乙对于上述债务的履行不具有利害关系人的地位，被上诉人之债权也已因上诉人的清偿而消灭，系争抵押权亦并同消灭，因凤联公司怠于诉请被上诉人涂销，上诉人也需依据我国台湾地区“民法”第242条规定，代位请求被上诉人将系争抵押权涂销。

被上诉人则认为，上诉人所持有之借款凭证，乃凤联公司基于前揭第四顺位抵押权而向被上诉人调借款项之证明，与系争抵押权无关。是以，系争抵押权所担保之债务尚未清偿，自无从涂销。即使认定上诉人确有给付4 023 258元，亦为上诉人将其本应付予凤联公司的租金，依据凤联公司的指示汇予被上诉人等，并非代替凤联公司清偿债务，上诉人显非我国台湾地区“民法”第312条所指就债之履行有利害关系之第三人，殊无代位权可言，即不得以利害关系人之身份提起本件诉讼等语，置为抗辩。

我国台湾地区“高等法院花莲分院”在审理中进一步查明：（1）上诉人汇款的事实有土地及建物登记誊本、承租经管营运契约书、收据、本票、支票、汇款单、信函等件为证，被上诉人对于此部分亦无争执，可以相信上诉人的主张为真实。（2）查系争契约之租赁期限自2000年6月1日起至2010年5月31日为止，为期十年，且未经公证，依据我国台湾地区“民法”第425条第2项之规定，该租赁契约对于受让系争房地所有权之第三人，不得继续存在。如果被上诉人行使系争抵押权，申请拍卖系争房地而由第三人拍得，上诉人即不得主张承租权，以致无法使用系争房地，只是上诉人代偿凤联公司以系争抵押权为被上诉人供担保之债务，该抵押权即因债权受偿消灭而无从实施，上诉人即得免于上述无法使用系争房地之情形。是以，上诉人主张其对于凤联公司与被上诉人间债之清偿，属于有法律上利害关系之第三人，可以被采信。（3）上诉人在支付了前述4 023 258元后，从被上诉人处取回了凤联公司出具的借款凭证。经核查，作为借款凭证之一的借款收据上载明凤联公司借款日期为1998年5月19日；另一纸票号546951号之本票，则记载发票日为2000年4月23日；而票号TFD0000000号之支票，其到期日则载为2000年5月31日，此有各该收据及本票、支票影本在卷可证。又查，系争第一顺位抵押权所担保之债权，以1988年4月23日起至1993年4月23日止所发生者为限；而系争房地上由被上诉人所享有之第四顺位抵押权所担保之债权，则以1999年11月3日起至2009年11月2日所生者为限，亦有土地及建筑改良物抵押权设定契约书影本二纸附卷可考。由上可知，该三纸借款凭证所载金额固与上诉人主张清偿之金额相符，只是该借款凭证所载债权发生的日期，均在系争第一顺位抵押权担保期间之后，其中除收据所载日期非在第四顺位抵押权所定权利存续期间内之外，支票与本票之日期则均在该期间之内，足证该借款凭证均与系争抵押权所担保之债权无涉。

综上，上诉人作为利害关系人的地位可予肯定，其代凤联公司偿还借款的事实也可认定。但是，从上诉人所持有的从被上诉人处取回的借款凭证来看，上诉人支付的款项是为了偿还由被上诉人所享有之第四顺位抵押权所担保之债权，而非系争抵押权所担保的债权。因此，上诉人的代偿行为不能导致系争抵押权的转移。同样，由于没有证据证明系争抵押权所担保的债权已获清偿，该抵押权登记不得涂销。

【案例评析】

本案主要涉及法定的抵押权转移的情形。根据我国台湾地区的“民法”第312条的规定，“就债之履行有利害关系之第三人为清偿者，于其清偿之限度内承受债权人之权利，但不得有害于债权人之利益。”该条规定与德国民法的规定基本一致。代位清偿权，即“第三人或共同债务人之一人，因为清偿，其获得了在债权人范围内的债权。”正因为如此，第三人为债务人清偿债务或是为债务人提供取得债权人同意的担保，而取得物的所有权，而且是没有抵押负担的所有权，同时，原债权人的债权就自然转移到第三取得人的身上，该第三取得人就代原债权人之位行使债权，成为新的债权人。受让人行使代位清偿权可以保证受让人的交易安全，使其所得到的交易物享有完全的所有权。代位清偿的利害关系第三人可以在清偿的范围内获得债权人的权利。这些权利不仅限于债权，还包括抵押权等从属权利。我国台湾地区的“民法”第295条第1款明确规定，“让与债权时，该债权之担保及其它从属之权利，随同移转于受让人。”对于抵押权人而言，他的抵押债权得到了提前实现。对于抵押权人和受让人而言，这种制度似乎是非常合理的。但是从另一个角度来说，对于抵押人而言，他丧失了其本应从抵押权转让中所获得的利益。代价偿还制度也突破了传统的代位物的概念，增加了转让价金。这种立法模式的主要代表是日本。其规定，对债务人因其标的物变卖、租赁、灭失、或毁损而获取的代位物或是赔偿物，也同样可以行使。

由此确立了，代位清偿债权是导致债权附随的抵押权转移的法定情形。如果确认本案的上诉人确已代位清偿系争抵押权所担保的债权，那么依据我国台湾地区“民法”的规定，上诉人的确可以主张系争抵押权的转移。然而，“本案法院”经审查确认，上诉人代位清偿的债权并非系争抵押权所担保的债权，因而无权获得系争抵押权。这个案例进一步明确了抵押权转移的法定条件，即，不仅是代为清偿债务，且需明确所清偿债务与所主张的抵押权之间的相关性。

案例 22 Bryant 诉 HSBC 担保公司案

【案例来源】

Frances G. Bryant v. HSBC Mortgage Services, Inc., 452 B. R. 876; 2011 Bankr.

【案情简介】

债务人 Frances G. Bryant 的破产财产清单上列明了与 HSBC 发生争议的价值 98 341 美元的按揭贷款。债务人向法院提交的诉状提出了以下质疑：（1）债务金额；（2）HSBC 是否有资格索赔；（3）HSBC 是否就债务人的破产财产，即位于 Carriage 胡同第 368 号的一处不动产，享有有效的并且有强制力的担保债权。毫无疑问的是，债务人不住在此处。

相反，HSBC 申请解除自动中止。HSBC 主张其拥有有效的担保债权，并且担保财产也不是债务人进行破产重组所必需的。HSBC 进一步主张，担保财产上没有衡平权益，债务人在破产申请前后都严重怠于向 HSBC 偿还贷款。债务人也承认担保财产上没有衡平权益。

本案的基础债务已由本票和按揭协议证明。初始贷款人是 Choice 资本基金公司，债务人认为这是担保财产上登记的惟一的抵押权。HSBC 的律师提交了一份索赔证明，主张 108 292.32 美元的担保请求权。债务人认为，HSBC 的证据中没有能够支持 17 027.77 美元的破产前滞付款、评估费用及损失的文件。而且，提供的证据不能证明 Choice 公司把票据和抵押权转给了 HSBC。附在索赔证明后的有一张本票，该票据的空白处有一个据称是 Choice 主席的背书，但该背书没有日期。HSBC 在庭审时提交了票据和按揭协议作为证据。

HSBC 的冲突解决分析师 Dana St. Claire-Hougham 作证，该背书是根据

Household 财务公司和 Choice 公司在 2000 年 3 月签订的《2005 大量持续贷款收购和流动贷款收购协议》的条款签署的。2003 年，Household 财务公司获准进行了公司名称变更登记，更名为 HSBC。

St. Claire-Hougham 进一步作证，HSBC 是在 2005 年 1 月从 Choice 公司处购买了这笔贷款，并提供了两份反映这次转让的内部报告。St. Claire-Hougham 证明背书的本票原件和按揭协议原件是在 2005 年的交易中同时收到的。

2007 年 7 月，Choice 依据第七章的规定在乔治亚北区登记了破产申请。2010 年 4 月，债务人依据第 13 章的规定登记了破产保护。因此，在 2010 年 5 月，Choice 的代管人抵押电子登记系统（MERS）在南卡罗来纳州 Aiken 县的不动产登记簿上登记了两笔按揭和票据的转让，将 MERS 对此按揭和票据的受益权转让给了 HSBC。

St. Claire-Hougham 也就贷款的偿付历史做了证明。HSBC 提交了一份金额为 108 292.32 美元的索赔证明。其中有 17 027.77 美元的滞付款，因为到庭审当天，债务人只支付了一笔破产后还款，其至少有 7 笔破产后怠于付款的记录。此外，由于债务人不能及时支付上述款项，HSBC 提高了税费和保险费的基金。St. Claire-Hougham 还认为，HSBC 的索赔证明事实上遗漏了一笔 5 965 美元的迟延利息的请求。在她看来，截至庭审当日，应付资金已超过 120 000 美元。

【判决意见概述】

在庭审结束后，债务人两次提出动议，要求参考马萨诸塞州和纽约州的两个判例。债务人认为这两个案例否定了“抵押随同票据”的观点。在充分考虑了这两个州的判例以及债务人的要求之后，法官拒绝了债务人的动议。

首先，债务人提出的两个参考案例适用的是马萨诸塞州和纽约州的法律，而本案适用的法律是南卡罗来纳州的法律。

与马萨诸塞州的法律不一样，在南卡罗来纳州，即使没有书面转让协议，抵押权也会随本票一起流转。南卡罗来纳州的法律不要求同时拥有票据和抵押转让协议才能证明所有权……当一个空白抬头的票据由收款人背书，那么这个票据和它的附随物就可以在商业领域经由交付进行流通。南卡罗来纳州的法律没有要求就抵押转让进行登记。

南卡罗来纳州的大量判例表明，南卡罗来纳州认为一个由按揭担保的票据的转让附随着抵押权的转让是众所周知、毋庸置疑的。在空白抬头的本票上背书会使该本票变为不记名票据。因为票据确立了债务条款，而按揭是用抵押财产来担保债务，所以抵押权转让可以通过票据转让来完成。票据的转让和交付就伴随着担保基础债务的抵押权的转让。总之，票据是根本，抵押是附随物，抵押权随着票据的交付而转移。

其次，尽管债务人引用的 Agard 一案适用的纽约州法律与南卡罗来纳州法近似，但相关事实却有实质差异。Agard 案中的债权人未能提供票据原件。Agard 案审理法院没有发现能证明初始贷方与债权人之间有联系的证据。

在本案中，申请人 HSBC 和初始贷方 Choice 之间有直接联系。Choice 背书了空白抬头的本票，而 HSBC 提供了票据和抵押协议的原件。债务人的律师认为 HSBC 没能证明其合法占有这些票据，但债务人也没有证据证明该占有是不合法的。在这一点上，法官采信了证人 St. Claire-Hougham 的证词。此外，2000 年签署的《大量持续贷款收购和流动贷款收购协议》将 HSBC 和 Choice 直接联系了起来，该协议表明，Choice 可以随时卖出而 HSBC 有权大规模购买抵押债权。而且，还有许多与这些协议相关的转让的证据可以做支持。

债务人还主张，由于 MERS 和 HSBC 是在债务人和 Choice 申请破产之后转让的抵押权，因而无效。法官对此不予认可。从来没有人主张初始按揭在 2005 年进行不动产登记时没有有效设立担保权益，也没有人主张该按揭在此期间出现瑕疵。因此，对于债务人而言，破产申请后债权人之间的抵押权转移并不涉及债务人的破产财产。这种转移就如同在权利人之间转移一种主张，并无不当。

至于转让是出现在 Choice 申请破产之后这一事实，法官认为债务人没有资格进行质疑。因为转让是由 Choice 的代管人 MERS 进行的。St. Claire-Hougham 的证词表明，该笔转让是通过旨在将 MERS 移出产权链的取消抵押物赎回权的程序中完成的。事实上，这笔转让发生在 2005 年，早于债务人和 Choice 申请破产之前。并且，抵押协议将 MERS 列为 Choice 的代管人、继承人和受让人。债务人将财产抵押给了作为 Choice 的代管人（继承人和受让人）的 MERS，抵押是为了担保贷款的偿还。担保协议清楚地表明，债务人明知并且同意由 MERS 就这些利益享有合法权利。因此，MERS 有资格主张担保权。

此外，债务人的律师认为，债权人没有就索赔证明提供充分的证据，债权人仍有义务进一步举证证明该笔索赔的金额和效力。就此，法官认为 St. Claire-Hougham 有关未偿贷款及还款历史的证词也是可信的，而债务人因为没有参加庭审，放弃了当庭质证的权利。因此，法官认为证词可以视作充分的证据。

基于以上原因，法官驳回了债务人的申请，确认 HSBC 的请求。

【案例评析】

本案的争议点在于抵押权转让生效的条件，由此又涉及了另一个问题，如何确定判断生效与否的法律依据。在美国，不动产抵押案件适用的法律为抵押财产所在地法律，本案抵押财产所在地为南卡罗来纳州，所以适用南卡罗来纳州法律。

本案例反映出来的问题是，需要关注各州关于抵押权转让的不同规定，尤其是截然相反的规定。在马萨诸塞州，如果一个票据转让时，没有支持这一票据的抵押权转让书面协议，那么该票据转让就不涉及抵押权转让。相反地，由抵押权的所有者代替票据购买人持有抵押。票据购买人拥有获得抵押权转让的衡平权利，但可能要通过向法院起诉，获得转让的衡平令才能实现。可见，马萨诸塞州法院倾向于由抵押权人代替票据购买人享有法定所有权，后者可以通过衡平令的送达获得所有权。

这点不同于南卡罗来纳州的法律，南卡罗来纳州的法律规定，法律并不要求原始票据和书面的抵押权转让（协议）都存在来证明权属。当一个有价证券的应付抬头人被收款人认可，有价证券就可以通过递交的方式在商界流通。所以说南卡罗来纳州的法律不要求抵押权的转让被记录。在认定抵押权是否转让时，票据是根本，抵押协议是附随物。

由上，马萨诸塞州和南卡罗来纳州在认定抵押权转让的生效要件时有着不同的主张。前者持分离主义观点，即票据的转让并不必然带来抵押权的转让；后者则持附随主义的观点，且认为抵押权附随于票据，票据的转让必然带来抵押权的转让。总之，抵押权转让的效力取决于相关的法律规定，而不同类型的抵押物可能涉及不同的法律规定。我们认为，南卡罗来纳州与马萨诸塞州法律的不同恰恰反映了担保法中不同的侧重点，即，是简化交易、提高效率还是保护交易安全。二者并非不可逾越的障碍，只是立法选择不同而已，在社会信用良好的情况下，南卡罗来纳州的法律更能发挥担保法的作用。

依据我国法律规定，当抵押权的转让符合抵押权转让的条件，即抵押权的转让是与主债权的转让同时进行的，并且通知了抵押人或者办理了抵押权转让的变更登记时，根据《物权法》第14条规定，抵押权的变更自记载于不动产登记簿时发生效力。同时《物权法》对此类合同的效力也有涉及。《物权法》第15条：当事人之间订立有关设立、变更、转让和消灭不动产物权的合同，除法律另有规定或者合同另有约定外，自合同成立时生效；未办理物权登记的，不影响合同效力。故抵押权转让合同，除法律另有规定或者合同另有约定外，自合同成立时生效，未办理物权登记的，不影响合同效力。抵押权转让生效后，原抵押权人和抵押人的权利义务关系解除，而受让人作为抵押权人与原抵押人的权利义务关系成立并生效，抵押人对受让人履行抵押合同义务。对于基于抵押权转让而给抵押人增加的损失和费用，应当由抵押权人负担。如果抵押权所担保的债权被分割或者部分转让的，抵押权也被约定随主债权被分割和部分转让的，受让抵押权的各权利人可以就其享有的债权份额行使抵押权。①

此外，本案标的物与常见的担保法中的抵押权不同，应当属于一种特殊抵押权——证券抵押。证券抵押，有狭义和广义之分。狭义的证券抵押，又称抵押证券，指以谋求抵押权的流通为目的，把抵押权与其担保的债权化体为一个证券的抵押权。广义的证券抵押，除包括狭义的证券抵押外，还包括抵押债券。证券抵押不同于普通抵押，一般抵押权为保全抵押权，而证券抵押则为投资抵押权。保全抵押，其设定以存在债权为前提，属于担保物权；投资抵押，则是资本家投资与不动产所有人获得资金的媒介，是诱导债权成立的一种手段，不以债权的先行存在为成立前提。很显然，证券抵押流通性比普通抵押强，而其安全性则要依赖于证券抵押制度的健全。此外，证券抵押较普通抵押有着手续简化的特点，一般抵押权所担保的债权，虽非绝对不可转让，但这种转让一方面需要办理债权让与

---

① 姚红．中华人民共和国物权法精解．北京：人民出版社，2007：355~356.

的手续，如订立合同、交付债权证书、通知债务人等；另一方面需要办理抵押权转移手续，如登记等。而发行抵押证券的方式转让，可以克服以上缺点。因为证券是抵押权和被担保债权的化体，只需背书和交付证券，便生转让的效力。本案中，将一定的不动产用票据的方式证券化，并且进行流通，很显然符合证券抵押的特点，这是与普通抵押不同的。

案例 23 JP Morgan 诉 New Millennial 案

【案例来源】

JP Morgan Chase v. New Millennial, 6 So. 3d 681 (Fla. 2nd DCA 2009).

【案情简介】

2000 年，Ross W. Jahren 以他在 Pinellas 购买的两处房产为抵押，从 AmSouth 银行获得两笔按揭贷款，这两笔贷款在 Pinellas 进行了登记。2004 年，AmSouth 银行将抵押权转让给了 JP Morgan 银行，但是这次转让没有进行登记。

2006 年，Jahren 和 New Millennial 银行签订协议将该房产卖给了 New Millennial。BB&T 公司为 New Millennial 的收购提供了融资支持。在交易过程中，New Millennial 的结算代理人对该房产进行了所有权查询并发现了 AmSouth 的两笔未受清偿的抵押贷款。之后，芝加哥产权保险公司签发了一份产权保险承诺书，表明他们一旦收到这两笔按揭贷款的“消灭、清偿或豁免”证明他们就会提供产权保险。New Millennial 的结算代理人没能获得芝加哥保险公司要求的消灭、清偿或豁免通知。相反，结算代理人电话联系了 AmSouth 银行，据说有一个不明身份的 AmSouth 的代表告诉他贷款已经付清并且将会提供该事实的书面确认。2006 年 4 月 24 日，AmSouth 的某个代表向结算代理人传真了两个电脑屏幕截屏的打印文件，上面标明“分期付款账户文件”，该文件显示贷款的结算日期是 2004 年 6 月 30 日，当前余额为零。该文件也标示“清偿”。Jahren 和 New Millennial 在没有取得芝加哥保险公司要求的“消灭、清偿或豁免”证明的情况下完成了该笔不动产交易。

AmSouth 的抵押贷款一直未获清偿，于是 JP Morgan 作为 AmSouth 的受让人启动了取消抵押物赎回权的程序。重要的是，New Millennial 和 BB&T 公司的辩护理由不是两笔贷款已经获得清偿，而是说这两笔按揭贷款对于他们来说是无效的、不具执行力的，因为 JP Morgan 没有按照佛罗里达州法（2004 年）第 701. 02 节的规定就抵押转移进行登记。

双方都申请简易判决。2007 年 9 月 11 日，初审法院驳回了 JP Morgan 的请求，支持了 New Millennial 的请求。初审法院认定：

1. AmSouth 银行向 JP Morgan 转让了本案中争议的两个抵押权。该转让没有按照佛罗里达州法第 701. 02 节的规定登记。

2. New Millennial 是其后支付了对价的购买者，未被告知债权转让，受佛罗里达州法第 701. 02 节的保护。

3. BB&T 公司是其后支付了对价的债权人，未被告知债权转让，受佛罗里达州法第 701. 02 节的保护。

4. JP Morgan 拟取消抵押赎回权的按揭贷款对于 New Millennial 和 BB&T 公司不具有法律效力，不可强制执行。

随后，初审法院驳回了 JP Morgan 重新审议的申请，认为：除此之外，法庭认定被告 New Millennial 银行是其后支付了对价的购买者，它不知道也未被告知本案争议的抵押权。相反，New Millennial 进行了审慎的询问，以查明是否还有未偿付的 AmSouth 银行抵押贷款，并被告知该贷款已经全部清偿。此外，被告 BB&T 公司是其后支付了对价的债权人，它不知道也未被告知本案争议的抵押权。因此，依据佛罗里达州法第 701. 02 节，争议的按揭贷款对于 New Millennial 和 BB&T 公司都是无效的，不能强制执行。于是，JP Morgan 提起上诉。

【判决意见概述】

JP Morgan 首先认为，初审法院将 New Millennial 认定为其后的不知情的购买者，将 BB&T 公司认定为其后的不知情的债权人，是对第 701. 02 节的错误适用。JP Morgan 主张，第 701. 02（1）条只适用于，当在先的抵押权人没有就在先的抵押权转让进行登记时，禁止在先的抵押权人（指贷出与该按揭贷款有关的款项并就该担保财产享有担保利益的个人或单位）的购买者或受转让人主张在同一个按揭贷款链中的优先权，以对抗其后的同一个按揭的受让人。换言之，如果初始抵押权人将抵押权转让给了 A 单位，而 A 单位没有登记转让，他就不能对相同抵押的后位受让人主张优先权。上诉法院同意 JP Morgan 对该法律的解释。

尽管初看起来这个争议是地区法院的，但是上诉法院受之前的判例 Kapila v. Atlantic Mortgage & Investment Corp. 的引导。在那个案子中，Halabi 先生就不动产设定抵押，向 Republic Savings 银行按揭贷款。尽管 Republic Savings 银行登记了该抵押，但是它之后被转让了几次，而最后一次转让的受让人没有登记。当破产管理人站在抵押人 Halabi 的立场上，试图依据最后受让人没有进行转让登记这点逃避按揭债务时，破产法院判决认定第 701.02 节的登记要求仅仅适用于相互竞争的债权人或其后的善意购买者，不适用于抵押人。法院得出的结论是法律不保护抵押人，或是任何代表抵押人起诉的人。上诉法院同意 Halabi 案子的法律推理部分，因为它对法条的解释有重要意义。

法院认为，“在解释法律和尝试查明立法意图时，首先应该查看法律中实际使用的措词。”此处，第 701 章的标题“抵押权的转让和取消”清楚地表明，它适用于抵押的购买者，而不适用于不动产的购买者或是他们的出借人。

Halabi 案进一步写道，“登记要求不是用来保护以抵押权经过转让的抵押人（指已就其财产设立了担保利益之人）的名义提出的主张。在抵押设立之时，抵押人已实际被告知；如果抵押已登记，那么以抵押人名义进行主张之人则被推定告知。从抵押人或其他任何与他具有相同立场的人的角度看，无论是否登记转让，其后的抵押权人利益的转让都没有改变抵押人或以他名义主张的人的利益性质。任一后续转让登记的缺失也不能给抵押人或以他名义主张之人逃避债务的机会。”

因为抵押人的后手“被推定收到了抵押权人的通知，他不能被假定为无知的善意购买者。”其他任何对第 701.02 节的解释都会颠覆已经认可的担保交易原则：买家可能仅仅因为该按揭在后市转让给不同的金融机构时没有登记，而事实上忽视一个已经登记的按揭。与 Halabi 案的法庭一样，本案上诉法院也认为，“尽管其后的每一次转让对各抵押权人的利益有影响，但是它并不影响债务人及其后手的权利或利益……”

正如 Halabi 案指出的，在 Bradley v. Forbs 案中，佛罗里达州最高法院认定第 701.02 节的前身仅适用于债权人或其后的抵押权购买者。Bradley 案的法庭解释道:“如果初始按揭已经登记并且上面没有清偿记录,在没有其他确切的相反证据的情况下,必须认定抵押在某个人手中仍然有完全的法律效力,其后的购买者或抵押权人有权要求抵押和被担保的票据的产生,或要求清偿登记。”(换言之,只要债务仍然存续且无按揭贷款获得清偿的记录,就无权推定该债务已被清偿或消除。)

本案的事实是,担保财产上的初始抵押已经正当登记,并且公开登记记录上没有清偿的记录。New Millennial 和 BB&T 公司确实知道这两笔登记的按揭贷款的存在,并且确实知道公共记录显示那些按揭贷款没有获得清偿。因此,在他们收到清偿的登记之前,New Millennial 和 BB&T 公司理应认定抵押权仍掌握在他人手中,具有完全的法律效力。他们的产权保险公司——芝加哥产权公司,明确要求出示 AmSouth 贷给 Jahren 的按揭贷款的“消灭、清偿或豁免”证明。然而,New Millennial 和 BB&T 公司没有取得能够打消债务是否清偿这一疑虑的文件,也没有取得本可以提示他们在结算时需要取出资金以清偿担保贷款或票据的文件。他们没有这样做,因此不能被认定为善意购买者,不能被认定为不知情的善意债权人,也不能由此撤销 JP Morgan 的抵押权。因此,初审法院错误地判决因为 JP Morgan 没有登记转让,New Millennial 和 BB&T 公司就可以逃避抵押贷款。

其次,New Millennial 和 BB&T 公司主张,即使法庭同意 Halabi 案的判决理由,Halabi 案也不能适用于本案,因为本案中被告的代表人遵循了第 701.04 节规定的程序,即获得了由 AmSouth 提供的电脑截屏文件,表明登记的债务已经清偿。因此,他们认为他们未被告知转让,并且合理地认为初始抵押已获清偿。初审法院接受了该主张,认定 New Millennial 是不知情的善意购买者,因为他审慎地询问了 AmSouth 的按揭贷款,并被告知抵押已经全额偿还。上诉法院拒绝了 New Millennial 和 BB&T 公司的主张,因为本案没有遵循第 701.04 节规定的程序。

第 701.04 节的相关部分规定如下:“抵押、留置和判决的消灭。(1) 在收到抵押人书面请求的 14 天内,抵押的持有人应在书面请求中指定的地点向抵押人出具一份禁反言函 (an estoppel letter),上书未支付的本金余额、到期利息,以及每日利率。每当抵押、留置或法院判决中的应付款项应向有权受偿人完全清偿时，应该已受清偿的抵押权人、债权人、受让人或判决记录中的代理人应该出具书面文件，承认上述清偿已经完成，并将该清偿抵押在法律规定的县的登记簿上登记。自收到抵押、留置或判决得到完全清偿的通知之日起的60日内，要求其承认抵押、留置或判决已经清偿的人应该向支付人送出或理应送出清偿通知。在因本节规定引发的民事诉讼中，胜诉者有权获得律师费和成本。”

以上规定的显见效果是，如果清算代理人请求抵押权人免除禁反言函中规定的数额，那么他就能及时获得按揭贷款的清偿。在本案中，产权调查反映出担保财产上设有两份已经登记的按揭。Jahren 在 2006 年 5 月 8 日，也就是交易完成前签署的保证书中称，该财产上没有任何权利障碍，不过芝加哥产权保险公司出具的产权保险承诺书上显示的记录除外。通过这样的声明，Jahren 承认欠 AmSouth 的债务当时仍未偿还。然而，Jahren 和 New Millennial 及其代理人都没有按照第 701.04（1）节的要求，书面请求出具这两份登记抵押的禁反言函。相反的是，他们在没有获得表明抵押、留置或判决已经清偿的登记文件的情况下完成了交易。

“受担保的是债务而不是债务的证明”。在本案中，在没有票据被取消或抵押清偿登记的情况下，初审法院不能合法地宣称这些贷款对 New Millennial 和 BB&T 公司无效，不可强制执行。这样做就剥夺了 JP Morgan 采取依照按揭的法律属性应有的方式获得救济的权利。因此，上诉法院推翻简易判决。由于记录清楚表明，JP Morgan 针对被上诉人的优先权没有被影响，上诉法院要求初审法庭撤销简易判决，并依据本意见中确立的优先地位恢复取消抵押物赎回权的程序。

【案例评析】

依据美国判例法，法院只有在以下条件下才能做出简易判决：（1）审查了所有可能有利于简易判决相对方的证据后，确认在重要事实上不存在实质争议；（2）提起申请的一方有权获得法律问题的判决。由于本案的初审法院做出了简易判决，因此上诉法院着重审查本案中的法律问题，即，本案原告 JP Morgan 因转让获得的抵押权是否因为没有进行登记，而对抵押财产的购买者无效？另一个相关问题是，如何判断购买者是否善意、诚信？

上诉法院首先就本案涉及的主要法律条款进行了分析。《佛罗里达州法》第 701 章的标题是“抵押权的转让和消灭”，其中第 701.01 节规定：“转让。任何抵押权人都可以出让或转让授予他的抵押权。该受让人可以再次出让或转让该抵押权，抵押权受让人及其后的受让人均可以合法地享有、采取或追求与抵押权人相同的方式或救济，以取消抵押品的赎回权并重获受担保的资金。”这表明该章的规定仅适用于抵押权的问题，不涉及抵押是否消灭的问题。通过援引案例，上诉法院明确了一点，本节规定是为了解决抵押多次转让后可能产生的多个抵押权人的权利冲突问题。

上诉法院还列出了第 702.02 节的相关规定，“除非经由登记并在文件名称中标注，否则转让对债权人无效。（1）除非有文件在标题中注明抵押权转让并且依法进行登记，否则，在不动产或任何利益上设定的抵押权转让对于没有收到通知的支付了对价的债权人或其后的购买者而言，无论在法律上还是衡平法上都无效。（2）本节条款也适用于债务、票据或担保票据的全部、任何一部分以及部分转让导致的抵押权的转让。除非一个正当进行的转让依法进行了登记，所有的转让对于支付了对价的不知情的债权人或其后的购买者都不具有法律或衡平法上的效力。”对此，上诉法院再次作了限缩解释，认为此处的无效后果仅限于抵押权人，包括债权受让人和购买者。

结合第 702 章的立法意图和以往判例，本案中的上诉法院将第 702 章法律的目的理解为保护债权人是适当的。此外，法院也就被告行为是否合理的问题进行了分析。在上诉法院看来，AmSouth 在电话查询后传真给结算代理人的电脑截屏文件最多是一个警示信号，它应该引起被告思考以下问题：（1）这一文档是否意味着抵押或票据已在两年前获得清偿或者它们因被转让给第三方而“冲销”?①（2）考虑到第 701.03 节要求抵押权人在受清偿后的 60 天内取消一项完全支付的抵押，为什么在债务据称已经清偿后的两年里没有清偿登记？因此，New Millennial 和 BB&T 公司获得的电脑截屏文件不能被视为禁反言函，也不能替代正规登记的抵押清偿文件。无论依据对上述无争议事实的何种解释，抵押的继续存续和有效性都不会否定，由此也不能确立 New Millennial 和 BB&T 公司作为支付了对价的善意购买者和债权人的地位。

在美国，担保法属于州法，各州有关担保的立法差别很大，在司法实践当中

① 接手 AmSouth 银行的 Regions 银行在保证书中称，有两种可能导致结算代理人收到的电脑截屏文件上显示的余额为零：一是该按揭贷款已被合法清偿；二是该按揭贷款被转移、转让或出售。

矛盾和冲突的地方很多，由此引发了诸多的问题。为了统一法律的适用，1972 年统一州法全国委员会与美国法学会颁布了修正后的美国《统一商法典》第九篇，后来逐渐为多数州所采用。美国《统一商法典》第九篇制定的目的就是为了简化和统一众多的担保形式，从而使担保程序的成本更低、稳定性更强。实践证明美国《统一商法典》第九篇的这种目的实现了。但是该法仅仅调整在不动产以外的财产上设定的担保，在不动产上设定的担保则适用有关抵押的法律规定。本案例是佛罗里达州最高法院判决的抵押的转让和取消的判决，这一问题主要在佛罗里达州成文法第四十编的不动产和个人财产部分规定。第 701 章主要规定了抵押权的转让和取消。本案中争议集中在，如果在法律要求登记抵押转让的情况下转让没有登记时转让抵押是否有法律效力。最高法院的法官认定在债务人或抵押财产的受让人没有收到清偿的书面证明的情况下仍然应该认定抵押贷款没有清偿，不会因为转让抵押的行为没有登记而影响转让的受让人的权益。

第三节 抵押权的实现

抵押权的实现，又称为抵押权的实行，是抵押权人在债权已届清偿期而未获清偿时，为求优先受偿之实现，而处分抵押物的行为。抵押权的实行，既为抵押权最主要的效力，也为抵押权人最主要的权利，若无此效力，则抵押权将无存在的价值。抵押权的实现须满足一定条件。我国《民法通则》第 89 条第 2 项规定，“债务人或第三人可以提供一定的财产作为抵押物。债务人不履行债务的，债权人有权依法律的规定以抵押物折价或者以变卖抵押物的价款优先得到偿还。”

关于抵押权的实现方式，从各国立法来看，主要有两种观点：一是选择主义，根据这一观点，如果主债务人不履行债务，则抵押权可以在实行抵押权与申请执行债务人的一般财产之间进行选择。他既可以要求拍卖、变卖抵押物，就卖得的价值优先受偿，也可以不实行抵押权，而依法申请法院以债务人的其他财产强制执行；二是先行主义，根据这一观点，抵押权人在债务人不履行债务时，应先实行抵押权，如果仍不能使债权获得全部清偿时，才能依法对债务人的其他财产申请强制执行。在我国，有许多学者认为，由于抵押权是抵押权人享有的权利而不是其义务，该项权利可以行使，也可以抛弃，所以抵押权人可以自由抛弃其抵押权，而不应受他人干涉，因此，在主债务人不履行债务的情况下，抵押权人完全可以不实行抵押权，如果抵押权人不行使抵押权，就是放弃了其优先受偿权。他可以以普通债权人的身份就债务人的其他财产申请法院强制执行，债务人不得提出异议。①

我国《物权法》第195条规定，“债务人不履行到期债务或者发生当事人约定的实现抵押权的情形，抵押权人可以与抵押人协议以抵押财产折价或者以拍卖、变卖该抵押财产所得的价款优先受偿”。我国《物权法》还规定当发生约定的实现抵押权的情形时，亦可实行抵押权。抵押权通常情况下都是基于当事人的意思而设立，当然在设定动产抵押权时亦可约定动产抵押权实行的情形。我国《物权法》第195条规定，“债务人不履行到期债务或者发生当事人约定的实现抵押权的情形，抵押权人可以与抵押人协议以抵押财产折价或者以拍卖、变卖该抵押财产所得的价款优先受偿。协议损害其他债权人利益的，其他债权人可以在知道或者应当知道撤销事由之日起一年内请求人民法院撤销该协议。”“抵押权人与抵押人未就抵押权实现方式达成协议的，抵押权人可以请求人民法院拍卖、变卖抵押财产。”“抵押财产折价或者变卖的，应当参照市场价格。”这一条文是对抵押权实现的总的规定，并无区分不动产抵押权和动产抵押权，当然抵押权的实现同样适用。高效、低廉的抵押权的实现方式，才符合现代担保交易的宗旨，也才能更有利于抵押权人的抵押权的实现，更有利于社会公共利益之维护。② 而我国抵押权的实现方式过于简单，抵押权的实现成本比较大，仍然有待完善。

案例24 Murphy夫妇诉 Financial Development公司等案

【案例来源】

Richard S. Murphy and Beatrice K. Murphy v. Financial Development Corp. and Southern New Hampshire Home Traders, Supreme Count of New Hampshire, 1985

① 王利明．抵押权若干问题的探讨．法学，2007（1）：34～35.

② 李珏．动产抵押研究．吉林大学博士学位论文，2013：125～127.

N. H. 536，495 A. 2d 1245.

【案情简介】

1966 年，原告 Murphy 夫妇在 Nashua 购买了一幢房屋，以按揭贷款方式支付房款。1980 年 3 月，原告重新贷款，以新还旧，签署了一份新的本票和一份出售权抵押，被告 Financial Development Corp. （以下简称 Financial 公司）为抵押权人。后来，该票据和抵押转让给了 Colonial Deposit Company（以下简称贷款人）。

1981 年 2 月，原告 Murphy 先生失业。到 1981 年 9 月，原告已有 7 个月按揭未付，而且没有支付大笔公共设施费用款和不动产税。贷款人与原告讨论了关于修改还款时间表、改签票据以及安排其他筹资办法的各种建议，但都未成功。1981 年 10 月 6 日，贷款人发出通知，声明他们打算取消抵押人的抵押物赎回权。

此后数周内，原告一直设法避免取消抵押物赎回权。他们支付了 7 个月的按揭欠款，但未能支付与取消抵押物赎回程序相关的成本与法律费用 643. 18 美元。贷款人定于 1981 年 11 月 10 日在房产所在地当场出售该抵押房产，取消抵押人的赎回权。贷款人遵守了与发出通知有关的所有法律要求。

应原告的请求，贷款人同意将出售延期至 1981 年 12 月 15 日。贷款人告诉原告，延期会使原告承担的费用增加 100 美元，而且除非贷款人在 12 月 15 日之前收到有关款项 743. 18 美元以及届时到期的按揭款，出售会继续进行。11 月 10 日，贷款人于原定出售房屋之日在不动产所在地、Nashua 市政厅以及邮政局张贴了延期通知。无人前来参加原定出售的投标。

11 月末，原告支付了 10 月份的按揭款，但此后就再未向贷款人付款。贷款人又试图通过引进第三方为原告筹集资金，但未成功，因为原告拒绝支付评估财产的费用。12 月 15 日早晨，原告试图再次延期，但贷款人的律师向其说明不可能延期，除非原告支付成本和律师费。应原告要求，律师打电话给 Financial 公司总裁，后者也拒绝延期出售。原告又给贷款人的有关部门打电话，但同样没有结果。

12 月 15 日上午 10 点，出售如期在不动产所在地举行。虽然晚上下过雪，但出售时天气暖和，天空晴朗。当时在场的各方只有原告、贷款人的一位代表和一位名叫 Morgan Hollis 的律师（因为贷款人的律师住在丹佛，前一天晚上担心天气不好，所以请 Morgan Hollis 来主持出售）。贷款人的代表是拍卖时的惟一竞标人，该代表出价 27 000 美元，大约相当于原告所欠的抵押款加出售的有关费用。最后按此价成交。

12 月 15 日的晚些时候，Hollis 律师遇见了他的一位客户。此人名叫 William Dube，是被告 Southern New Hampshire Home Traders（以下简称 Southern 公司）的代表。Dube 先生知道拍卖一事后又与贷款人联系，欲出价 27 000 美元买下此房，但被贷款人所回绝。贷款人还价 40 000 美元。两天之内 Dube 先生与贷款人商定以 38 000 美元成交，完成了这笔交易。

1982 年 2 月 5 日，原告提起诉讼，要求禁止以取消抵押品赎回权方式出售其房屋或者得到货币补偿。贷款人提出动议，要求法院驳回起诉，理由是原告拍卖前并未申请禁止令，所以无权提起诉讼。受理此案的高等法院采用了专案法官的意见。专案法官听取了证据后，做出了有利于被告的裁定，认为“贷款人在取消赎回权的出售过程中没有为出售的财产获得一个公平的价格而尽到诚信、审慎的义务。”同时，专案法官裁定 Southern 公司是支付了对价的善意购买人，可以获得该房屋的所有权。该裁定在上诉中没有争议。专案法官认为，贷款人造成的损失相当于“出售财产在出售当天的公平市场价和实际出售所得之间的差价。”在查明当时的公平市场价为 54 000 美元后，专案法官裁定由被告 Financial 公司和贷款人 Colonial 公司向原告赔偿损失 27 000 美元，并由贷款人承担法律费用。贷款人提起了上诉。

【判决意见概述】

上诉法院（州最高法院）着重处理了三大争议点：

初审专案法官否决了解除中止的动议是否是错误的？

贷款人为了支持自己的主张，援引了《新罕布什尔州修订法注释》第 479：25 节第 II 部分的规定，该条款赋予抵押人向高等法院申请禁止取消赎回权的出售的权利，并进而规定，“如果没有提出这一救济请求，或在取消赎回的一方或其代理人着手出售时完成支付，那么抵押人此后不得就取消赎回的效力提起诉讼。”

上诉法院认为这样的理解不能接受，因为这会使那些仅在出售过程中发现不公正和不合法的抵押人无法挑战出售的有效性——除非抵押人能在可以申请禁令的理由出现前申请了禁令。这样的理解会产生不合逻辑的不公正的结果。贷款人可以依靠的对该条惟一合理的解释是，它禁止抵押人依据已经知道或应该已经知道，本应尽快地合理地在出售前提出申请的事实提起诉讼。

初审的专案法官没有发现本案存在上述知而不诉的情形，因为他在报告中提及的惟一的不公正是成交价不合理。因此，否决贷款人解除中止的提议是正确的。

专案法官认为贷款人没有遵守一个被反复强调的规则，即担保权人在行使出售权时不仅要遵守法定的程序要求，而且有义务诚信而勤谨地保护抵押人的利益。这一结论是否错误？

州最高法院认为，案卷里没有充足证据证明贷款人在为抵押财产争取公平价格时存在恶意。贷款人遵守了通知和出售的法定要求。也没有迹象表明贷款人存在侵害抵押人权益的行为，如，妨碍其他买家竞标等。但是，大量证据表明，贷款人在寻求公平价格的问题上没有尽到勤谨义务。依据以往判例，判断是否勤谨是看处在贷款人位置的合理人有没有延迟销售或采取其他措施来获得公平价格。

1980 年初，原告住宅的评估价为 46 000 美元。1981 年 12 月 15 日，贷款人在出售抵押品偿债时没有对此房屋重新评估，没有考虑房屋的翻修和增值。专案法官认定，处在贷款人位置的合理人会意识到，原告在房产中拥有的资产净值至少是 19 000 美元，即 1980 年房屋评估价 46 000 美元与所欠总额大约为 27 000 美元的抵押贷款额之间的差额。

出售抵押品偿债时，贷款人是惟一的竞标者。专案法官认定，贷款人提出的 27 000 美元的投标金额“足以补偿所欠的所有金额，不会再有欠款”，但未能就原告在财产中拥有的资产净值提供任何补偿。此外，专案法官认定，贷款人“有理由知道”他们很快就能将此房屋转售并获得丰厚的利润。出售此房当日，贷款人就提出以 40 000 美元将已被取消赎回权的房屋售给 Dube。房屋作为抵押品出售后的两天之内，双方便以 38 000 美元成交。

在上诉法院看来，专案法官没有必要查明贷款人在出售前是否知道潜在的买家，从而判断其是否违反了诚信和勤谨的义务。在上诉法院看来，仅凭贷款人在房屋取消赎回出售后几个小时内向他人大幅加价出售这一事实，就能知道贷款人在取消赎回出售时就知道他们很快就能通过转售获取巨大利益。因此，贷款人本应采取更多措施确保一个更高的取消赎回售价。

尽管抵押权人并不总是被要求确保抵押人的利益，但本案的确存在此项义务。以下三项事实表明本案中的债权人应承担受托人的义务：（1）原告就出售的抵押财产享有大额衡平利益；（2）贷款人知道抵押房屋的评估价；（3）原告在出售前几周内努力补缴所欠按揭款以阻止取消赎回权的出售。因此，债权人应当采取更多的措施来寻求公平的售价以确保原告的衡平利益，例如，在出售前确定一个底价以确保最低出价，在没有其他竞标人出现时延迟拍卖，或者以商业方式张贴广告以使更多人知晓。然而，贷款人的证人证明贷款人并没有努力去寻求公平的市场价，他们只关心自己有没有“完全”受偿。对抵押人利益的漠视是对抵押权人义务的违反。

尽管贷款人遵守了有关抵押品出售通知的法定要求，但在本案中不足以表明其尽到了勤勉义务。在最初确定的出售日到来之前，贷款人让公众知晓的努力主要有：（1）于11月10日在公开拍卖处张贴了一份抵押权人拍卖的法律通知；（2）三周内，每周在《Nashua电讯》上刊登一次该法律通知；（3）在一些公共场所张贴海报。但在延期后，除了在原告的房屋、邮局和市政府张贴广告，贷款人没有采取广告、公告等其他形式告知公众。这样的宣传方式毫无效果。事实证明，拍卖当日只有贷款人到场投标，贷款人因此得以按最低价购进房产，随后很快的转手出售，从中获得厚利。

专案法官将赔偿金额定为“房产的公平市场价与售出价之间的差价”是否适当？

州最高法院认为，如果认定存在不诚信，则上述公式或许合适。在这类案子中，抵押受益人的行为已不再只是疏忽。如果以公平市场价格为根据计算的损失是一个高于公平价格的数字，那它更能促使抵押权人适当履行义务。“公平”价格或许会产生接近公平市场价值的价格，但也许不会；但公平价格应该是抵押权人经由勤勉努力获得的。

但在本案中，抵押权人未能履行其勤勉义务。这种情况下，正确的损失评估应该是财产的公平价与取消赎回价之间的差额。上诉法院曾经有过判例，如果认定未能履行勤勉义务，那么定损“标准并不是国家征用案例中的‘公平市场价值’，抵押权人也无义务遵从在诸如由业主本人出售其房产等其他情况下可能获得的最高金额”。

因此，州最高法院将本案发回高等法院，要求后者根据本意见重新评估赔偿金额。此外，贷款人并无“不诚信、固执、不公正、恶意、肆意妄为或压迫行为”，胜诉方无权从败诉方获得律师费，因此撤销专案法官这部分的决定。

【案例评析】

本案讨论了诚信、勤谨义务的标准，由于缺乏明确的法律定义，法官们在判断贷款人是否诚信、勤谨时，更多是依据合理人标准，结合案件事实做出具体判断。

在本案的二审中，上诉法院法官首先讨论了如何确定诚信和勤谨义务的问题。上诉法院认为没有必要将诚信和勤谨义务具体化，事实上，这也不可能做到。上诉法院仅指出，由于本案中的贷款人既是抵押财产的出售人也是潜在的买家，这种存在利益冲突的角色使他的地位更接近受托人，从而产生更为严苛的义务要求。具体到本案，核心争议就是抵押权人是否尽了一切合理努力以获得“当时情境下公平而合理的价格。”至于什么是公平价格，或者抵押权人是否必须设定底价、延迟销售或尽其他合理努力确保公平价格等，则取决于个案情况。

在讨论这一问题时，上诉法院明确将诚信和勤谨区别来看，并指出本案中的是否尽到一切合理努力是一个勤谨与否的问题。本案中的贷款人被认为没有尽到勤谨义务是因为两个方面的原因：一方面是因为在本该延迟销售的情况下没有延迟，另一方面，也是本案法官讨论更多的是贷款人应当如何告知公众的问题。

关于如何告知公众的问题，有专家曾在评论美国《统一土地交易法》第3-508条时做了细致论述。他们认为，以合理的方式进行出售的要求涉及广告方面，其具体要求出售人运用一个自愿出售土地的人会使用的告知公众的方式。在一些日报上发布广告应该是一个最为合理的做法，尤其是涉及工厂出售时，更应在日报的金融版发布广告。在其他案件中，聘用一个专业的地产经纪可能是更合理的做法。仅仅在一个法律刊物发布法律通知不太能算是合理的商业做法。这一观点为上诉法院的多数法官采纳，但也有法官反对，认为这样的总结并不符合事实，并不见得每一个自愿出售地产的人都会以商业方式进行广告宣传。

本案的启示在于，在面对某方当事人是否尽到诚信、勤谨义务的问题时，法律不足以提供惟一确定的答案。该义务只能在特定的案件中具体化。在具体化的过程中，除了坚持合理人这看似具体实则抽象的标准之外，必须对案件的具体情节进行细致分析，这实际上提高了当事人的举证要求。

本案看上去是一个关于美国财产法的案件，案件中讨论了关于住房抵押中抵押受益人在抵押品出售中的诚信勤勉义务，似乎与担保法的关联不大。但从英美法和大陆法关于抵押权效力问题上的不同态度依然可以进行相关的讨论，英美法的规则不同于大陆法——在抵押财产价值减损的时候，抵押权人有保全权，可以提出一系列的救济主张，英美法对抵押受益人的态度，更多关注了受益和利益平衡。当然除了对抵押受益人的保护外，也对抵押人的利益给予了适度关注。

在英美法上，抵押就是抵押人为保证偿还债务或履行责任，就其在法定或衡平法下所拥有的有关资产，通过法律文件赋予抵押受益人某些权力的法律行为。在美国法中，如果购房者或者抵押人无力按抵押协议还款，则贷款人或抵押受益人可以出售作为抵押品的房产，以收回贷款，而购房者或者抵押人便永远失去了赎回房产权的机会。这在法律上称为“抵押品出售”。例如本案中，在抵押人Murphy由于失业不能偿还住房贷款时，抵押受益人Financial Development公司得以就该房产出售。

抵押品出售时实际上是当场拍卖，虽然对此英文中使用sale（出售），而不用auction（拍卖）。拍卖成交价格的高低经常导致争议，尤其是如果贷款人既进行了拍卖又购回了房产的，本案就是涉及这一问题的典型案例。

美国的这一案例揭示了美国法对于抵押当事人的保护更趋于关注双方利益的均衡，既注重保护担保受益人，也注意保护抵押人，若抵押受益人存在贱买贵卖的问题时，即应对抵押人给予救济。中国的担保法似乎对于抵押人的保护相对欠缺。美国的法院大多在审理案件时关注权利的平衡，在救济时，也多以金钱赔偿金方式进行救济，本案中，法官所权衡的就是百姓的住房利益与商人获得的利益。

第四节　抵押权的消灭

案例25　Notker 诉 Bereit 银行案

【案例来源】

Christopher Becker, Fälle zum Zivilrecht für Fortgeschrittene, Verlag C. H. Beck, München, 2008, S. 309－317.

【案情简介】

神经生理学家 Notker 为了扩大诊所经营，向 Bereit 银行申请了 40 万欧元的贷款，并在其土地上设立了合法的抵押作为该贷款的担保，且将该抵押证书交付 Bereit 银行。临近偿还贷款日时，Notker 暂时陷入支付困难，Bereit 银行和 Notker 约定延期半年偿还贷款并将抵押顺延半年。然而，这一约定并未在土地登记簿上进行登记也未在抵押证书上进行说明。

在银行间的再融资交易中，Bereit 银行将其对 Notker 享有的债权书面让与 Rück 银行，同时将抵押证书交付给该银行。在让与债权时，Rück 银行对延期支付的约定并不知情，且 Bereit 银行亦未告知。

现在，Rück 银行要求 Notker 支付 40 万欧元。Notker 拒绝支付，并指出：其与 Bereit 银行约定的延期支付期限还有三个月，Notker 的这一说明完全符合事实。Rück 银行回复：这个延期支付的约定对其并不起作用，并威胁要对 Notker 的土地采取措施。

【问题】

如果在变价出售 Notker 的土地前，Notker 偿还了贷款以及因贷款产生的其他所有债务（Rück 银行并未参与进来）。然而，抵押权依然登记在土地登记簿上并对 Bereit 银行有利。Notker 可以申请注销该登记项吗？

【解析】

该问题的设计主要是为揭示德国担保法上有关抵押权之从属性的特殊制度。

通常而言，抵押权从属于债权，随债权的移转而移转。但各国对抵押权的从属性的强弱规定不尽相同。在德国法中，根据从属性的不同，抵押权可分为流通抵押权（Verkehrshypothek）和担保抵押权（Sicherungshypothek）。其中，担保抵押权完全从属于债权，而流通抵押权的成立则独立于债权。流通抵押权一经登记，便具有推定债权存在的效力，纵使基础债权因某些原因而不存在，权利人仍可凭其抵押权登记，享有要求就不动产支付特定金额的权利，当事人可援引抵押权登记来证明债权的存在。流通抵押权是常态，而担保抵押权则是例外情形。本案中的抵押为流通抵押。

在正式解题之前还需明确的是另一项特殊制度——第三人清偿债务。根据《德国民法典》第 1142 条、第 1163 条的规定，如果债务人不是抵押物的所有权人，当债务到期未清偿时，所有权人有权向债权人清偿以消灭其不动产上的负担。清偿后，所有权人取得抵押权。如果有第三人购买了设有抵押权的不动产，第三人便成为所有权人，其地位与抵押合同关系中的所有权人相同。

在本案中，首先可以确定的是，Notker 通过履行债务给付获得了抵押权。根据《德国民法典》第 362 条第 1 款的规定，“一经向债权人履行债务给付，债的关系即告消灭。”第 1163 条第 1 款第 2 项规定，“债权消灭时，抵押权属于所有权人。”在本案中，Notker 是抵押土地的所有权人，在他清偿了诊所的债务之后，该抵押权归于抵押土地的所有权人 Notker。

本案中，Notker 无需注销已登记在簿的抵押权。此时很有可能要适用《德国民法典》第 267 条（“债务人不能亲自履行给付时，也可以由第三人履行给付。无需得到债务人的同意。”）、第 268 条（“债权人对属于债务人的标的物实施强制执行时，任何因强制执行而有可能丧失该标的物的权利的人，均有权向债权人清偿。如果强制执行会使物的占有人有可能丧失占有，他也得享此权利”）的规定。

一个更清晰的推理过程是，Notker 因为代诊所清偿债务而成为新的债权人，进而获得了与债权一并转让的抵押权。由此，Notker 首先是依据《德国民法典》第 1143 条第 1 款的规定（“所有权人并非负个人责任的债务人的，在所有权人向债权人清偿的范围内，债权移转于所有权人”）成为债权人，继而依据第 401 条第1款（“债权一经让与，其抵押权、船舶抵押权或者质权，以及由一项向上述权利提供担保所产生的权利，一并移转于新债权人”）、第412条（“根据法律规定转让债权的，准用第399条至第404条，第406条至第410条的规定”）和第1153条第1款（“债权一经转让，抵押权也一并转给新债权人”）的规定获得了抵押权。

其次需要明确的是，抵押权在移转给Notker之后成为所有权人抵押权。根据《德国民法典》第1177条第1款的规定，“抵押权与所有权同归于一人，但债权并不归所有权人的，抵押权转变为土地债务。”德国法上的土地债务是指从土地的价值获得一定数额的金钱支付的物价变价权，可以说是无债权的抵押权。在德国法上，土地债务是指以土地向特定的人支付特定金额的方式为土地设定的负担。① 通过这种方式，对土地享有权利的人享有通过行使变价权从土地上获得金钱的权利。土地债务可以追溯到中世纪的定期金买卖。土地债务与抵押权都属于不动产担保物权的范畴。二者的差别在于各自与所担保的债权的关系上。抵押权是为了担保一项已经产生并且仍然存在的债权，抵押权与该债权不可分离地连在一起的原理，对于附随性宽松的流通抵押权也是适用的。土地债务却并不以其所担保之债权的存在为前提条件。即使在实践中土地债务多用于担保债权，但这种担保功能一般并不导致不动产担保物权上的物权后果。土地债务目前在德国是一种占统治地位的不动产担保物权形式。土地债务的这种优势似乎有可能因土地债务或与其同宗同源的瑞士法的债务证书被作为一种统一欧洲不动产担保物权的手段而扩大到整个欧洲。在欧洲市场统一化的进程中，人们开始考虑欧洲不动产担保物权的统一。对于如何统一，1966年的Segré-Bericht报告建议：以德国的土地债务为模型来实现欧洲各国不动产担保物权制度的统一。拉丁公证人协会则于1987年曾提议在各国的不动产担保物权之外，选择适用一种以瑞士的债务证书为模型的“欧洲抵押权”。此外，土地债务或独立的抵押权在爱沙尼亚、匈牙利、波兰等国已经获得采纳。

最后可以确定，土地登记簿的登记是错误的。因为该土地登记簿上登记的抵

---

① 徐同远．担保物权论：体系构成与范畴变迁．北京：中国法制出版社，2012：120～134．

押权仍然有利于银行。在这一情况下，Notker 有权请求 Bereit 银行协助变更土地登记簿。该请求权既可以从担保合同的补充解释中产生，也因所有权人 Notker 和抵押权人银行之间的法定债务关系而成立。Notker 请求权的内容是要求银行以 GBO（Grundbuchordnung，即德国《土地登记簿条例》）第 29 条第 1 款第 1 项规定的形式作出 GBO 第 19 条意义上的变更准许或注销准许。除此之外，Notker 还可以要求银行以 GBO 第 29 条第 1 款第 2 项规定的形式出具所谓的可注销登记单据，以此用来作为 GBO 第 22 条第 1 款意义上的不正确登记证明提交给土地登记部门。除了合同关系产生请求权基础之外，另外一个请求权基础是《德国民法典》第 894 条的规定，“如果土地登记簿中的内容在有关土地上的权利、此项权利上的权利或者在第 892 条第 1 款所列举种类的处分权的限制方面，与真实的法律状态不一致时，自己的权利未登记或者未正确登记的人，或者因登记不存在的负担或者限制而受损害的人，可以要求因更正而涉及其权利的人同意在土地登记簿中加以更正。”这一条的目的也是为了获得 GBO 第 19 条意义上的更正准许或注销准许，该准许的作出同样以 GBO 第 29 条第 1 款第 1 句规定的形式为准。

为了履行变更土地登记簿的登记，Notker 可以基于担保合同以及根据《德国民法典》第 1144 条（“所有权人可以依据对债权人的清偿，要求后者交付更正土地登记簿或者注销抵押权所必需的抵押权证书和其他证书”）的规定要求银行返还证书和转交用于土地登记簿登记更正或注销的其他文件。在大多数情形下，仅仅移交这些文件还不能导致土地登记的更正，还需要将这些文件中与变更登记相关的事实、特别是债务清偿等以 GBO 第 29 条规定的形式提交土地登记部门。

第四章

特殊的抵押形式

第一节 浮动抵押

浮动抵押也称浮动担保，是指以企业全部的财产为抵押标的设立的抵押权。作为浮动抵押标的的财产是企业现在及将来的总体财产，既包括企业现有的财产，也涵盖了企业将来取得的财产，因而此种抵押权的标的物的范围处于变动之中。

浮动抵押通常依债权证设立，债权证指任何证明债务的文件。设立浮动抵押的协议中往往包括了这样一些条款：不得再担保条款、后得财产条款等。前者是指债务人不得再设立先于前面的浮动抵押或与之平等的另一个浮动抵押，后者指债务人将来获得的财产均属于担保财产的范围。浮动抵押可在账目债项上设立，账目债项指债务人的应收款项。一般而言，浮动抵押设立后，应当在法定期限内到公司登记处进行登记。

在浮动抵押中，抵押权的标的在抵押权设立时并不确定。在抵押权设立之后，用于抵押的财产仍处于不断变动之中，抵押人得自由处分企业的财产。现有财产中流出企业者不为抵押权效力所及，流入企业者则纳入抵押标的范围。即于抵押权设立后财团构成物的变动对抵押权不发生影响，抵押权的标的不能固定下来。只有在下列两种情况下，抵押权的标的才能确定：一是抵押人合并或者破产；二是抵押权所担保的债权届期不能受偿，抵押权人提出实现抵押权。①

① 彭贵．英国浮动抵押制度研究．西南政法大学博士学位论文，2006：39～57.

案例 26　Mitchell 诉 Winslow 案

【案例来源】

Mitchell v. Winslow et al. , 2 Story 630, 17 F. Cas. 527, 6 Law Rep. 347, No. 9673 (C. C. D. Me. , Oct 1843).

【案情简介】

Messrs. Ropes 是位于 Westbrook 的一家餐具制造厂。原告 Mitchell 是 Ropes 的破产财产受让人。被告 Winslow 是 Ropes 的贷款人和抵押权人。

1839 年 12 月 1 日，Ropes 从 Winslow 处借款 15 000 美元，双方约定 4 年内偿还，利息每半年计算一次。1839 年 12 月 1 日，双方签订了一个契约，其中规定："（抵押权人就）我方自今日起的 4 年内任何时间可能购买的，以及已经生产或购买的库存在我方位于 Westbrook 的 Saccarappa 的餐具制造厂里的，以及属于该厂所有的各种类型的机械，连同附属的所有工具和器具，以及供上述工厂使用的所有工具，永远享有（担保权益）。""然而，如果 Ropes 在 4 年内还清了借款本金及半年一计的利息，那么该契约及用作担保的本票即告废止。除非在履行合同的过程中没有按期支付前述全部或部分本金或利息，或者违反了程序性限制条件的规定，Ropes 及他的继承人或受让人有权依法占有、使用上述财产、获取利益而不受阻挠。"按照当地法律规定，该契约在 Westbrook 镇的登记簿上进行了登记。1842 年 7 月 12 日，Ropes 进入了破产程序，针对这一借款合同的还款行为随即停止。1842 年 10 月 25 日，法院宣告 Ropes 餐具厂正式破产。1842 年 7 月 16 日，在本案借款问题悬而未决之时，Winslow 即得到了财产所有权，并在 Ropes 的破产财产受让人 Mitchell 之前将财产售予第三人 Neal Dow。在破产过程中，Ropes 的经营业务在 7 月 12 号（即借款停止支付之时）仍然在继续；在契约签订后乃至破产过程中，Ropes 一直都在继续购买各种设备。

Mitchell 在提起的诉讼中，宣称这些财产是属于破产人 Ropes 的财产，请求法院授权他取回转移至 Neal Dow 处的财产所有权。

地区法院法官依据事实提出了两个问题，以待巡回法院法官解决。

1. Ropes 是否在 1839 年与 Winslow 签订了一个以当时以及未来餐具厂内的机械作为担保的担保合同，这份合同是否受破产法限制性条款的保护。

2. 如果存在这种担保的话，抵押人和抵押权人之间是否能够形成一个有效的授权，使抵押权人有权获得所有权；这种约定是否优先于抵押人的其他债权人。

原告律师认为，本案的案情和之前的先例均有所不同，因为抵押物涉及了未来取得的财产。并且双方当事人约定，在合同履行期间，抵押人仍然可以就其财产获得租金以及其他利润，直到抵押人违约的那一刻。这就给予抵押人完整的不可侵犯地控制整个抵押财产的权利，甚至授予抵押人完整的出售机械的权利。在这种情况下，抵押权人怎么可能有权拥有厂内机械设备呢？即使这一约定是有效的，也不应当侵犯其他债权人的知情权；并且被告在破产中不应当优先于其他债权人受偿。抵押物应当只限于合同订立时所有的机械，而不涉及未来可能会有的财产。

被告律师则认为整个（抵押结果的）分配过程都是有效的。

【判决意见概述】

本案的问题产生于破产财产的受让人之间，是全体债权人和主张权利的抵押权人的利益冲突，并且在衡平法之下提起诉讼。我们应当注意的是，除了欺诈的案件以外，破产企业的债权人拥有的权利只是破产之时他自己所有的权利，同时他对这些权利的主张也会影响到权利本身。这一规则在 Hardwick 勋爵于 Brown v. Heathcote 案中有明确的表述，“基础理论是，破产财产的受让人，尽管是债权人的受托人，仍然只能伫立于破产的领域之内。他们所得的不应多于他们所应得的。因此他们应当受到等价有偿原则的束缚。”巡回法院认为，这些理论与本案关系不大。在这里，真正的问题不是未来获得的财产是否应当受到法律保护，而是在衡平法上，本案破产债权人提出的欺诈是否符合衡平法的要求，即针对未来的机械、工具和库存的抵押是否对抵押权人有效。

巡回法院的法官认为这一行为是有效的。围绕地区法院提出的两个问题，主审法官分层次、有逻辑地对浮动担保问题进行了论述。

首先，巡回法院的法官从强制性规范的角度，论证了浮动担保合同的存在并不违反任何现存的法律法规。在第一部分巡回法院的法官给出了论证的基础，即如果针对未来的动产进行抵押的合同有效，则抵押权人依法正当地得到了抵押财产，并且抵押权人的转让也是合法的。主审法官参考了大量案例，并从中总结了浮动抵押的一些特点：一方面，在浮动抵押制度下，抵押人可以出售抵押物。当抵押人被授予出售和及时补充抵押物的权利时，动产抵押并非当然归于无效。Mitchell v. Winslow 案讨论的并不是抵押权人和其他债权人争夺抵押物所有权的问题，而是抵押人和抵押权人争夺抵押物所有权的问题。如果依据抵押合同的规定，抵押人有权出售抵押物，那么抵押人对抵押物总价值的补偿义务会一并产生，以防止抵押财产价值减少。在 Abbott v. Goodwin 一案中，法官这样说道，“通过这些条款，抵押人得以成为抵押权人的受托代理人，并被授予出售的权利，同时承担将所得利益归为抵押权人所有的义务。我们没有发现哪一部法律禁止这种行为，并且，抵押物的所有权仍归于抵押权人，正如抵押权人经过抵押人同意自行出售抵押物一样。”另一方面，抵押物不限于现实存在的抵押物，也包括未来可能获得的财产。这就是美国法上发展出来的“未来财产条款”（after-acquired property clause）。普通法禁止转让未来财产的规定在衡平法上首次在 Mitchell v. Winslow 案中打破。本案主审法官认可“未来财产条款”的原因是，这种合同在衡平法上是得到认可的，因为衡平法将“要做的事”等同于“应当要做的事”。在今天，几乎所有的司法辖区都允许设计未来财产的担保，但是其中有许多法院对这一制度进行了限制，仅在指定的几种公司中可以使用这种条款。在其他的一些案件中，这一制度的适用取决于财产减损的情况：除非抵押权人的受托人以债券持有人的名义占有财产，否则这一条款就只能用于对抗第三人针对抵押人的止赎权之诉。另一种情况是，该条款的效力可以扩张至针对未来抵押或者买卖之诉时的优先权，但是不能对抗普通债务人提起的诉讼。

其次，在破产财产受偿时的先后顺序问题上，巡回法院的法官指出，所有破产债权人的受偿都应当限于法律规定的范围。这一论点事实上是在告诉我们，如果抵押合同有效，那么抵押权人就抵押财产（也即破产财产）享有的权利优于一般债权人。在巡回法院的法官看来，所有的权威文献都显示，无论双方位于何地，只要其意图通过合同就动产或不动产（不管当时是否存在，不论财产是否属于转让方或者订约方）创造积极的抵押，一旦受让人获得了所有权，该担保便附着在特定财产上并且具有可以对抗后者的效力。

再次，巡回法院的法官指出，从衡平法的角度，法官不应当将自己束缚于权威观点，对于分配利益的考量，应当建立在“既有利益和期待利益”的判断之上。在引述了大量先例之后，他总结到，针对未来财产的抵押权是应当受到肯定的。衡平法院不像其他法院一样自行禁锢于对权利义务的严格分配，他们是参照了既有利益和期待利益对分配进行考量的。这样就不一定会要求利益的现实或潜在的存在仅仅是止步于“可能性”的领域。Hardwick 勋爵在 Wright v. Wright 案中指出，在涉及动产利益的分配时，对于或有利益或者可能产生的遗产的分配都是可以接受的。……在最近 Langton v. Horton 的案例里，双方也是签订了一个针对未来的设备的抵押协议。问题在出让人的债权人与受让人之间产生，即财产的分配是否及于协议签署后未来获得的货物。威格拉姆大法官认为及于未来货物。他写到，“在衡平法上，我们无法对一项合同订立时不存在、但是将来可能产生购买价值的物的利益产生怀疑……”

最后，巡回法院的法官从契约自由的角度出发，驳斥了一些人怀疑此类合同有欺诈之嫌的观点。有人质疑：在本案的抵押行为中，抵押人在整个期间内都占有着抵押物，并拥有收益权，甚至可以自行处分这些物品，这是与抵押的特性要求不符的，也不符合法律规定。他们认为这是对债权人的一种欺诈。在法官看来，这样的抵押权并不是无效的。在抵押权的问题上，最根本的规则是合同本身。只要双方通过合同创设了这样一种抵押权，那么他们就有权规定抵押人占有财产等内容。即使是在破产法的先例中，债务人对财产的占有也无法排除债权人在财产上的权利。至于出售已抵押财产的权利，由于是抵押权人的让步，因此并没有与抵押权本身的有效性产生不一致。而且在这个程序中，能够找到其他财产进行替代；如果合同双方同意进行这样的分配的话，法律也没有明文禁止。根据对价的合理平等因素，法官并没有发现整个交易中有欺诈行为的出现。

因此，受让人（原告）的起诉不应得到支持，其上诉应当驳回。

【案例评析】

浮动抵押（floating charge）起源于英国，是英国衡平法院在司法实践中发展出来的一种特殊的抵押制度，指抵押人在其现在和将来所有的全部财产或者部分财产上设定的担保，在行使抵押权之前，抵押人保留在正常经营过程中对抵押财产的处分权。浮动抵押制度具有鲜明的英美法特点，普遍应用于公司发行债券的担保，在成文法中主要规定在公司法和破产法中，在美国则出现在《统一商法典》中。我国于2007年开始实施的《物权法》也承认了这一担保形式。

英国的抵押概念与我国不尽相同，浮动抵押也不能简单地视为抵押之一种。英国法上，担保的种类分为人的担保和物的担保，前者包括保证和共同合同，后者包括占有性担保和财产权益担保，其中占有性担保包括留置和质押，财产权益担保包括抵押（Mortgage）和财产负担（Charge）。抵押是指债务人将其财产的所有权转移给债权人，并规定在债务清偿后所有权再归还。财产负担指无需任何形式以双方意思表示一致为条件的协议：授予债权人获得对出售财产所得的优先权以及其他可能的权利，包括固定的财产负担（fixed charge）和浮动的财产负担（floating charge）。固定的财产负担指设有负担的财产未经债权人事先同意，不得进行任何交易，浮动的财产负担指在具体决定之前，债务人有权将财产进行处分或在通常的商业活动中进行交易。麦可拉亨法官（Macnaghten L. J）在政府公债及其它担保投资公司诉马里拉铁路公司案（Governments Stock and Other Securities Investment Co. ltd. v. Manila Railway Co. ltd.）中说道："浮动抵押是一种在营运中的企业财产上设立的衡平法抵押，其标的物随时变化不已。浮动抵押的本质在于直至设立抵押之企业停止营业或抵押权人干涉时，呈休眠状态，抵押权人之干涉当然得依合意而停止。只有当双方没有就停止达成合意时，抵押权人才能在公司迟延履行时任意行使其权利。"①

在本案中，原告即破产财产受让人（Mitchell），以抵押合同的标的财产涉及"未来的财产"为由而质疑抵押合同的效力，并对Winslow提起诉讼。巡回法院的法官判定该抵押合同合法有效。这是美国法对浮动担保制度的首次完整陈述和正式肯定，故本案被视为美国法浮动抵押制度正式建立的标志判例。

本案系浮动抵押制度形成初期的案例，有关该案件的讨论既反映了担保制度

---

① Re Yorkshier Woolcombers Association Ltd. [1903] 2, Ch 284.

在当时的重大变革，也显示了浮动抵押制度的特点。浮动抵押具备以下特征：(1) 以公司现在及将来的某一类资产或全部资产设立抵押；(2) 这些资产在公司正常经营过程中会持续变化。所谓的浮动就是指资产的状态、价值处于流变之中；(3) 在抵押权人或其授权之人采取某些法律步骤前，抵押人可在正常经营过程中自由处分抵押范围内的财产，但这一处置不是任意、不受限制地，需要依据抵押合同进行；(4) 当特定情形出现，浮动抵押的财产就会具体化、明确化(crystallization)，从而由浮动抵押转变成固定抵押。整体而言，浮动担保债权人享有的担保利益与其他优先权在排序上有其特殊性，债权人的担保利益并不次于其他优先债权，对于将来取得的财产上享有的担保利益不因破产规定的除斥期间而受到影响。

其实，在《统一商法典》制定之前，美国判例法并没有就浮动抵押制度形成统一的判例法原则，而《统一商法典》的制定则彻底解决了这一问题。《统一商法典》第 9 - 204 (1) 条规定："……担保合同可以规定以将来取得的担保物作为担保合同中全部或部分债务的担保。"这一规定赋予在将来取得的财产上设立的担保与担保合同签订时在债务人已享有所有权的财产上设立的担保以平等的地位。总体上看，美国的浮动担保制度迥异于大陆法系对各种不同担保种类予以分门别类各做规定的做法，其以贯穿于各担保种类中的担保利益为理论中轴，从此角度对担保体系所作的整合取得了极大的成功。① 并且美国的浮动担保制度相较英国有了不小的进步，具体表现在：第一，在适用主体范围上，不仅适用于公司，还可适用于个人、合伙等个体。第二，更注重抵押财产未来性的特征，多集中于流动性强的财产之上，将浮动担保的抵押利益较为确定地固定于在后所得财产、将来收益、变卖收益和易与其他物混合的标的物，更能全面而有效地保护债权人利益。②

站在今天的角度来看，浮动抵押制度的普遍认可也是历史发展的必然选择。风险理论研究结果表明，抵押物的价值是依靠有关评估机构来确定的，未充分考虑市场风险和担保物本身的性质，而且是依据抵押行为设定时的市场环境来确

① 彭贵．英国浮动抵押制度研究．西南政法大学博士学位论文，2006：6 ~ 9.

② 郭洪俊．国际银团贷款中的法律问题研究．北京：法律出版社，2001：165.

定，不免带有第三者的主观因素。[1] 因此，担保物与债券价值比例应当由债权人来确定更为有效。法院和法律是滞后于市场需要的监管主体，法律是无法防范市场中抵押物自身风险的。而浮动抵押制度正是克服了担保物价值过早确定的风险，用一系列浮动的未来财产来确保交易的安全，克服市场对物的价值所带来的风险。从经济学角度考虑，未来之物的交换价值相当于"期待利益"，以未来之物进行担保相当于把未来的收益贴现货币的现值。充分考虑了货币的时间价值，促进了资金的融通。正因为如此，几百年来，浮动抵押一直是英国公司融资的普遍做法。

案例 27 Westminster 银行诉 Spectrum 公司案

【案例来源】

National Westminster Bank plc v. Spectrum Plus Ltd, [2005] B. C. C. 694, [2005] UKHL 41.

【案情简介】

Spectrum 公司是一家从事染料、涂料、颜料等化学产品生产的染色工厂。1997 年 9 月 30 日，Spectrum 公司在银行开立了一个可以透支 25 万英镑的账户，并签出了债权凭证对负债进行担保。担保条款写道，范围包括"……现在以及不时归于（Spectrum 的）……所有账面债务和其他债务的具体收入"和它的业务上的浮动收入以及包括与具体（固定的）收入相关的财产在内的所有财产。其中的"具体收入"这一表述意味着这是与浮动收入相对的固定收入。债券的第五段要求 Spectrum 将其从账面债务或其他债务收入的钱款全部存入指定的银行账户，在未获银行事前书面同意的情况下，禁止 Spectrum 以利于他人的方式出售、分解、打折或者是索要、转让账面债务或其他债务。该条款禁止 Spectrum 以前述列明的具体方式进行交易，但允许 Spectrum 与他的债务人进行交易，尤其是可以在日常经营过程中收账。

---

① 周林彬. 物权法新论. 北京：北京大学出版社，2002：668.

账户开立后，银行没有就 Spectrum 的取款及账户的使用给过建议，也从未试图控制 Spectrum 从账户取款的用途。事实上，Spectrum 的账户从未超出透支额度，但也从来没有结余。由于 Spectrum 经营不佳，它的债权人于 2001 年 10 月 15 日开始自行清算。清算当日，Spectrum 还欠银行 165 407 英镑。Spectrum 的账面应收款是 291 293 英镑，但清算人估计真正能够清偿的只有 156 544 英镑。Spectrum 的无担保债务包括欠优先债权人的 16 136 英镑，这些债权人主要是一些王国债权人。估计还差债权人 65 万英镑左右。清算人收回了账面债务里的 113 484 英镑，但暂未提出账面债务的归类方案，没有将它归为银行。

银行申请宣告债权凭证就公司的账面债务和收益的固定收入设立了担保，并要求法院命令清算人向银行报告账户情况。

初审法官认为，尽管本案中的收入被表述为固定收入，但它在法律上是就账面债务设立的浮动收入，因此，驳回了银行的请求。初审法官认为，区分固定收入担保与浮动收入担保的标准是，债权凭证设定的权利义务是否显示出，公司可以在未获银行许可的情况下自由处理账面债务并从担保账户中取款的意图。虽然根据英国合同的解释原则，合同的性质不能根据事后的控制来判断，但是英国法院并没有明显采用这种解释方法，事后的控制在判断账面债务的抵押性质上有着重要作用，因此，在没有足够的事后控制的情况下，当事人设立的抵押不能被认定为固定抵押，故认为该账面债务上的抵押为浮动抵押。

银行不服，提起上诉。上诉法院认为，初审法院运用的标准与先例不符。按照 Agnew 案中的浮动收入标准，债权凭证设定的限制足以证明本案中的收入是固定收入。因为债权凭证禁止抵押人在收账以前处理账面债务，并在涉及固定收入的账面债务收账后，及时将款项支付给受益的抵押权人。严格地说，抵押人没有权利在债务到期支付前处理账面债务或放弃收益。根据英国的合同解释原则，合同的性质只能根据当事人事前的约定来判断，而不能依据当事人事后的行为来判断。因此，当事人关于抵押的约定只能根据事前规定在债权凭证中的限制来判断，而不能根据事后的控制来判断。根据双方的债权凭证中的规定，债务人不得转移账面债务且须将取得收益划入指定账户，这足以说明银行有权就该账面债务禁止抵押人支取收益，而且未经银行同意，抵押人根本就不能自由支取款项。因而，银行拥有足够的控制权，故判决该账面债务属于固定抵押。

前述享有优先受偿权的王国债权人不服，向上议院提起了上诉。本案的核心争议之一是确定浮动收入抵押的适当标准。上议院最终支持了上诉请求，驳回了银行的主张。

【判决意见概述】

本案的终审法院是英国的最高审判机构——上议院。上议院在判断涉案收入是否为浮动收入时提出了三项标准：一是合同约定，这不是决定性因素；二是司法实践的动向；三是合同的实际履行状况，这是决定性标准。最终，终审法院依据该合同的实际履行方式判定其属于浮动抵押。

特定收入是视作浮动收入还是固定收入这一问题，取决于抵押人和抵押权人享有的权利的性质。抵押双方为该权利贴的标签可以作为认定性质的参考因素，但不是决定性因素。影响判断的因素是以现在和未来的账面债务为依据的收入（即，抵押人不得处置或索要未收债务，但可以与债务人进行交易并收取账款；抵押人有义务将从债务人处收取的钱款存入作为抵押权人的银行指定的账户，但只要不超过透支额度就可以为了营业需要自由支取）是否是法律上的固定收入。

近年来的司法倾向是加强对优先权的保护。“浮动收入”没有一个全面的法定定义，不过这个表述被认为是不言自明的，负有司法判决赋予它的含义。但从“浮动收入”这一概念借以发展的司法实践来看，近年来的法律改革的主导观念是，确保享有优先受偿权的债权人在就债务人的流动资产受偿的债权凭证持有人之前优先受偿。

决定性的标准是在 Yorkshire Woolcombers Association Ltd [1903] 2 Ch. 284 一案中确立的。浮动收入是指，除非抵押权人一方采取某些措施，抵押人可以就设立抵押的特定财产进行日常经营活动。除非未来某些事件的出现，隶属于该收入的资产不能最终确定为债务清偿的担保；在此期间，抵押人可以自由使用该资产，并将其移出担保。

上议院认为，对 Spectrum 处理未收债务的限制很难说是该收入被认定为固定收入的依据。相反，对 Spectrum 使用其债务人付款的限制十分重要。而且，对 Spectrum 处理未收的账面债务的权利的限制并不能使银行就那些未收的账面债务实现担保权益。银行不能在采取一些措施之前出售这些账面债务，这些措施本可以赋予它这么做的权利。事实上，银行本来应该要求披露账面信息的。作为担保的未收账面债务的价值总是取决于可以从债务人对这些债务的清偿中获得的钱款。银行持有的债权凭证要求 Spectrum 将其从债务人处获得的清偿全部存入指定的银行账户。一旦银行收到钱款，它就变成了银行的钱，而 Spectrum 的账户将记入收到的钱款。无论该账户当时是有存款还是有贷款，每笔支付的结果都是 Spectrum 有权出于经营目的从账户取款的权利的自然结果。

银行持有的债权凭证没有限制 Spectrum 对账户的使用，无论账户是否有存款结余，都没有什么差别。上议院认为，关键问题是，抵押人能否从账户取款。如果抵押人的银行账户处于负债状态，并且抵押人没有权利取款，那么该账户将成为（并且在恢复取款权之前持续为）锁定账户。但是，只要抵押人可以从账户取款，无论它是有余款还是负债，存入的钱款不能视为对债权凭证持有人的债权的偿付。

银行主张，表明就固定收入设立担保的债权凭证必然意味着限制抵押人对计收资产的处理，因此，Spectrum 在没有得到银行同意前无权从账户取款。

法院认为，收入的性质取决于抵押双方就计收资产享有的权利的性质。银行账户中的钱款是隶属于收入的资产。如果该账户被视为锁定账户，只要它仍处于透支状态，我们就能很容易地从对该收入的描述和处理中推断出 Spectrum 无权在清偿负债前从该账户取款。但该账户从来不是这样被对待的，Spectrum 可以在透支限度内任意支取。在账户存续过程中，银行从未要求 Spectrum 在签出支票前获得其许可。银行本来可以通过通知的方式终止透支，要求立刻清偿并把账户转为锁定账户。然而，由于没有发出这样的通知，Spectrum 可以自由支取账户上的钱款。该项权利与银行主张的固定收入是不一致的，债权凭证中为该项权利贴上的标签也不影响权利的实际性质。

在账面债务未获清偿并且清偿时收益是浮动的情况下，将账面债务上的收入设为固定收入是不可能的。本案中的债权凭证要求将账面债务的收益存入银行账户，但没有就账户余额的使用进行限制。账户有无透支并不重要。将收入表述为固定收入这一事实也没有禁止 Spectrum 从账户取款。可见，该账户是一个可以为通常的经营目的而支取的普通账户。该账户上的自由取款权与固定收入的主张不符。

【案例评析】

本案的核心争议是，抵押人就账面债务设立的抵押是否是固定收入抵押？对于该问题，初审法院、上诉法院和终审法院做出了不同的回答。出现不同判决的根本原因在于，他们对于合同条款的理解不一致。因此，本案引出了另一个问题是，如何判定合同双方的真实意图。

针对司法实践中出现的账面债务抵押问题，本案的终审法官 Lord Phillips M. R 提出，能否存在一种既不同于固定抵押，又不同于浮动抵押的混合抵押，既能禁止债务人公司处分被抵押的账面债务，又能允许他收取并使用账面债务的收益。Lord Phillips M. R 法官认为要判断债务人公司的账面债务是否属于固定抵押，必须具备三个条件：当事人意思自治为固定抵押；债权证规定在账面债务清收之前，债务人公司不能转让、抵押或以其他方式处置该账面债务；账面债务清收时，该账面债务的收益须进入与公司透支相关的账户，该账户应在抵押权人银行开立，但是该账户不必是封闭账户或给予银行禁止公司从该账户上支取的权利。

对 Lord Phillips M. R 法官的这一观点，学术界提出了质疑：当事人之间是否有权在账面债务上约定设立固定抵押？如果有此权利，那么怎么样才能确保其设立的抵押是固定抵押，应该以一个什么样的标准来判定其设定的抵押是固定抵押？对于第一个问题，答案通常是肯定的。浮动抵押是抵押人在公司现在以及将来的某一类资产或全部资产上设立的抵押，这类资产随着公司经营状况的好坏会不断发生变化，可能增值也可能减值，而且抵押人在对浮动抵押的标的物采取某些法律措施之前，公司完全有权自由处分该标的物，由此可见浮动抵押无疑是扩大了企业可以作为担保财产的范围，而且也不影响企业的正常经营，对企业来说可谓是“一举两得”。但是对于债权人来说，它又具有天然的弱点，它后于法定的享有优先受偿权的债权人受偿，在法定优先受偿权人众多的情况下，抵押权人的利益无法得到保障，因此，就给本来属于浮动抵押标的物的账面债务上设立固定抵押提供了可能性，以便抵押权人放心与抵押人交易。对于这种尝试，由于法律并没有明确的禁止性规定。根据私法一般原理，法无明文规定即可为，只要当事人的这种行为并没有违反国家、社会或第三人的正当利益，法院都应该予以尊重。本案的争议还是在于第二个问题，以什么样的标准来判定。结合本案法官的论述来看，英国法学界倾向于从抵押人的自由支配权和抵押权人的实际控制权来分析抵押的收入的性质。即，从该合同的实际履行过程看抵押人在日常经营过程中能否自由支配账户中的钱款，抵押权人在实践中是否控制着账户的使用。由此可见，英国法院对于此类合同的解释主要是从合同的实际履行来探究合同双方的真实意图，而不拘于合同的字面表述。

关于当事人如何在账面债务上设立固定抵押，我们认为，交易中虽贯彻意思自治原则，但当事人之间的约定不得损害第三方的合法利益和社会的公共利益。如果完全根据当事人双方的意思来界定抵押的性质，一旦双方规定为固定抵押，势必会影响其他的享有法定优先权人的利益。因此，法律有必要就当事人对抵押性质的约定进行限制，以平衡抵押权人与法定的优先债权人的利益。在这一过程中不应否认当事人的意思自治，只是当事人这种约定不再被认定为是对其行为性质的界定，而是指当事人一方赋予了另一方哪些权利。法院再根据双方行为判定其是固定抵押还是浮动抵押。因此，如果当事人要想确定其设定是固定抵押，首先就必须保证言行一致。

在言行一致的基础上，要担保其固定抵押的性质关键在于抵押权人对抵押物的控制程度。账面债务之所以可以成为抵押的标的财产是因为账面债务上的收益可以如同特定物一样为债权人提供担保，因此，对于账面债务以及其收益应该由谁控制，控制程度应有多大也就成了一个争论点。由于账面债务的特殊性，即，其所有权人不享有完全的所有权能，不能绝对规定某一方完全控制。但毫无疑问，完全的管理自由与固定抵押的性质明显不符，债权人不可能在自己的账面债务上设定固定抵押后，又允许抵押人不受限制的自由处分该标的财产。固定抵押需要根据事前的合同约定确定，债权人设定的控制权限越大，其对标的财产的控制力也就越强，其创立固定抵押的可能性也就越大。但如果仅仅是对抵押的性质作了一个简单的约定，而没有实在的条款对其予以控制和规范，这一“标签”式的条款最后也只能是形同虚设。

在实践中，并不是每个当事人都会就账面债务的抵押作出明确的规定，从而导致账面债务抵押的认定发生分歧。就如同上述 Spectrum 案一样，正是双方事前的约定不够明确才导致了事后的纠纷，从而要求法院形成一定的判断标准。Spectrum 案中一审法院和上诉法院在认定的标准上的差异导致了不一样的判案结果，但到底哪一个标准合理，英国学术界也存在争论。我们更倾向于一审法院法官的观点，其理由是：根据前文分析，为确保在账面债务上设定的抵押是固定抵押，须强调双方当事人言行的一致性。一审法官认为当事人之间设定的抵押，如果没有足够事后控制则不属于固定抵押的类型，因为仅仅依靠当事人在合同订立之初对抵押性质的规定并不具有强有力的约束力，并不能保证当事人的行为符合固定抵押的特性。如果没有事后的控制，难以确保固定抵押不会不偏向浮动抵押。上诉法院认为只要当事人在债权证中约定了债务人不得转移账面债务及将取得收益划入指定账户就可认定其为固定抵押缺乏一定的合理性。其只要求当事人对账面债务的抵押贴上“固定抵押”的标签就认定为固定抵押，将其作为惟一判定的标准，显然是不够科学的。

该案之所以引起了英国法学界的关注，一方面是因为该案在账面债务的抵押认定上不同于前两例有关账面债务抵押性质的认定，另一方面则在于作为该案的审判法官之一的 Lord Phillips M. R 法官在账面债务的抵押上提出了一个新的观点，即：不再将这种抵押单一的分类为固定抵押或浮动抵押，而是设想一种不同于二者的混合抵押。对于该设想是否合理，Roy Goode 和 Alan Berg 教授对此也给出了自己的看法。

首先来看 Roy Goode 教授的“单一担保利益论”。Roy Goode 教授认为，担保利益是单一的、连续的，即使是在设定抵押时，该抵押的效力是对原来的抵押物生效的，但处分时若产生收益，则对其收益生效。尽管在财产尚未取得之前，担保的利益是充满变数的，但是一旦债务人取得该财产，担保立即发生效力，不论当事人通过协商在抵押物上设定固定抵押而在收益上设定浮动抵押或者正好相反，这种效力都没有被改变，因此，若将收益上的担保利益在收益实现时视为完全不同的担保利益显然是违背担保利益单一、连续的特点的。一旦否认这种观点，势必会导致当事人之前担保协议的不稳定性，收益上的担保利益的优先权从收益实现之日起算而不是原担保协议缔结之日，由此可见，这必然会给商业行为带来诸多不便，不利于商业活动的进行。而且，从债权人的角度来看，原抵押物与收益之间的连续性，有利于保障债权人利益的实现，使债权人安心为他人的商业行为提供担保，利于商业行为的顺利进行。

其次是 Alan Berg 教授的观点。对于 Roy Goode 教授的“单一担保利益论”，Alan Berg 教授并不完全赞同，他认为原抵押物和收益之间是可分的，并不是连续的、单一的。其一，法院在 Spectrum 案中，并没有说收益上的担保是一个新的担保，只是认为抵押设立时，收益成了浮动抵押的财产范围。其二，如果这种担保是单一的，那么银行就不能在债务人公司的余额上设立抵押，根据“单一担保利益论”，债务公司余额是也属于担保利益，不得再次设定抵押。而且正是由于账面债务与收益的可分性，确保了享有优先权的债权人利益的实现，如果二者不可分，那么一旦收益划入银行，就很难再将收益从银行划给其他债权人。

两位学者的观点都有一定的说服力，至于哪一位说的更合理，恐怕更多的在于政策上的考量，而不在于法律。政策要做的就是根据实时的变化不断地调整自己的利益平衡器，不断地平衡担保人与法定优先债权人、行政管理费用等等之间的利益冲突。然而，平衡的角度是多方面的，每一位学者出发的角度不一样，观点有分歧也就不足为怪了。我们更倾向 Roy Goode 教授的“单一担保利益论”，即倾向于将账面债务与收益看成是原物与孳息的关系，根据其理论，在原物上设定抵押的，一般情况下，其效力及于孳息，而且从鼓励市场交易的角度出发，注重保护担保利益的连续性，更有利于活跃市场。

第二节 拖网条款

拖网条款（dragnet clause）是抵押合同中的一个条款，旨在用不动产为抵押人已经负担或将来可能负担的普通债务提供担保。抵押协议中的拖网条款规定，被担保的不仅仅限于当前的债务，并且包括债务人所有其他当前及未来产生的债务。拖网条款在英美法中普遍存在。由于他们覆盖的范围很广，而且抵押人往往不会注意该条款的出现或者含义，法院因此会倾向于作出不利于抵押权人的限缩解释。除非能证实未来债务与最初的交易属于同一类别和同一性质，或者双方就抵押物将对未来债务进行担保有明确的约定，否则“拖网条款”对未来发生的债务不承担担保责任。

案例28 Foxborough储蓄银行诉Ballarino太太等案

【案例来源】

Robert J. Ballarino; Foxborough Savings Bank v. Mary N. Ballarino; Richard A. Luccio, 180 B. R. 34327 Bankr. Ct. Dec. 197.

【案情简介】

Robert Ballarino和Mary Ballarino夫妇和银行签订了抵押贷款合同，以马萨诸塞州富兰克林南大街73号的房屋（以下简称房屋）作为抵押，取得了68 000美元的贷款来购买房屋，并在那里居住至今。抵押贷款合同中包含了拖网条款。

在一份1982年登记的契约中，Ballarino夫妇将南大街的房屋转让给了作为“Octoped信托”的受托人的Robert。夫妇两人都是指定信托的受益人，各占50%的受益权。在一份签署时间为1986年但登记时间为1989年的文件中，Robert放弃了作为受托人和指定信托受益人的地位，由其妻子Mary享有100%的受益权，由其侄子Richard A. Luccio担任受托人。

1987年，Robert和几个生意上的朋友联合用一处位于Plainville的商业财产来担保他们过去购买该财产而借贷的款项。银行后来取消了该担保财产的赎回权，但该担保财产的价值与被担保贷款之间仍存在195 165美元的差额。

于是银行在1990年向Norfolk地区高等法院起诉Ballarinos和Luccio，主张财产转移到信托中属欺诈行为，且拖网条款是有效的。5月2日，法院受理了银行主张对房屋担保利益的未决案件并记录在案。5月22日，法院发出并记录了一项初步禁令，命令上诉人在没有说明根据的情况下不得将房屋的任何利益进行转移。7月31日，上诉法院发布令状，声明之前的这份令状只对房屋50%的权益有效。上诉法院并没有对该令状进行记录。当案件诉至破产法院时，双方同意，如果Robert对房屋享有利益，那么高等法院的初步禁令就等同于为银行设立了衡平法的留置权。

银行向破产法院提起诉讼，主张依据1977年抵押贷款协议中的拖网条款，对非债务人Mary的房屋享有50%的权益。破产法院似乎确认了以下几点：(1)由于Ballarino夫妇向信托进行的所谓的财产转移是虚假的，Luccio是没有实际控制权的受托人。因此，Robert仍然保有房屋的50%的收益权；(2)依据房屋抵押合同中的拖网条款，房屋抵押也将在Robert享有的权益的范围内，用于担保Robert在商务活动中的贷款余额（即被取消赎回的Plainville财产的价值与所借商业贷款的差额）；(3)关于银行主张的优先权，它对差额的权利应和原来的68 000美元贷款得到同样的保障；(4)Robert所欠的那些没有房屋抵押担保的债务可以免除；(5)尽管银行依据《美国法典》第727(a)(2)项和第727(a)(4)(a)项提出了抗辩，免除Robert的债务是允许的。最终，破产法院支持了银行的主张。同时认为，债务人将房屋转让给信托的行为是虚假转让，银行享有衡平法上的留置权。

对此，作为非债务人的Mary，以及受托人Richard不服，向马萨诸塞州的地区法院提出上诉。上诉人认为，银行所依据的拖网条款不具备可执行性。同时，上诉人对自己的可疑行为进行辩解，认为“Robert一开始指定自己是受益人，五年内都没有通知银行这一情况，也没有在三年内修改记录，并且在此期间他在各种形式的财务报告中都表示其保有对房产的所有权”这些事件都仅是人为错误。因此，要求对破产法院的裁定进行审查并宣告其无效。

【判决意见概述】

根据联邦破产法的规定，除非查明的事实有明显的错误，地区法院必须接受破产法院所查明的事实，并充分尊重破产法院对证人可信度的判断。但是，法律问题可以重新审查。因此，本案中的上诉法院（地区法院）着重审查本案涉及到的法律问题：房屋抵押合同中的拖网条款是否具有可执行性。

本案有争议的抵押担保的拖网条款相关部分如下：“本抵押担保应当同样保证自合同签订后产生或约定的抵押人和抵押权人或本合同持有人直接或间接的已到期或未到期的其他贷款、债务、责任或义务。”

在解读这一条款之前，本案法官梳理了相关案例，总结出马萨诸塞州和其他州一样，其解释拖网条款的指导原则主要有两条。其一，结合特定情境和抵押合同中的语言确定合同当事人的意图。其二，通常不认为拖网条款会考虑未来可能产生的借款，除非：（1）有事实表明该借款与最初的交易系同一种类、同一性质，或与最初的交易相关；或者，（2）新的担保责任与原抵押协议相关，或者当事人在订立合同之时就已经考虑到并用该抵押作为担保。

根据以上的解释指导原则，上诉法院认为，本案中的拖网条款不具有可强制执行性，因为：第一，住房抵押不同于一般的商业不动产抵押。法院援引了两个案例，在其中一个案件的审理中，法院认为住房抵押合同所包含的拖网条款不能为之后畜牧企业的贷款提供担保；在另一个案件的审理中，法院认为与居住有关的不动产抵押合同中包含的拖网条款不能担保其后的二手车生意的贷款。由此，法院认为，住房抵押合同中的拖网条款不能担保之后的商业贷款。第二，本案争议的抵押担保拖网条款或其他条款中都没有明确两个抵押人承担的是连带责任。法院在仔细审查合同文本后，不能同意银行与此相反的主张。抵押合同中的抵押人被确定为"Robert J. Ballarino and Mary N. Ballarino，丈夫和妻子"。仅凭抵押担保的票据上以 Ballarino 夫妇"承担连带责任"的字样认定合同里的担保责任为连带责任是不充分的。就其他的衡平因素而言，没有证据证明当事人在订立最初的抵押合同时就拖网条款进行过专门的协商，也不能证明银行会在之后的贷款中援引这一条款，或者其配偶知道之后的贷款。因此，尽管银行没有试图使用拖网条款来损害妻子的收益权，但根据 Financial Acceptance Corp. v. Garvey 案所确立的规则，这一条款也不能针对丈夫的利益加以执行。

因此，上诉法院宣告破产法院的裁定无效，将案件发回原法院，要求其根据上诉法院的判决意见重新审理。

【案例评析】

本案涉及拖网条款的适用，美国法院通常从严解释、适用该类条款。

首先，法院会从严解释拖网条款的意图。在 Garvey 案件中，马萨诸塞州上诉法院依据了如下的规则：拖网条款一般都被限定解释适用到特别担保的债务上，或者限定解释适用到与原来的债务有足够紧密的联系的债务上。加利福尼亚州上诉法院在 Wong 案中增加适用了第二条规则：抵押人是否依靠该抵押担保获得贷款。这两条规则的目的是判定双方当事人的合理预期是什么。这一些案件中，拖网条款包含的语言并没有确切指明抵押担保涵盖其他共同债务或个人债务，而是将抵押人的财产视为一个整体。在这种情形下，法院一致认为，只要没有文字明确表明连带责任的存在，共同连带抵押人的个人债务不受该抵押物的担保。

其次，严格限制拖网条款的适用范围。由于拖网条款往往是贷款人起草的文件中的格式条款，借款人几乎没有协商的余地，并且通常债务人都不会意识到它的存在或含义，因此拖网条款常常被压制性地适用，或者作为一种欺诈手段用于损害债务人的权益。对此，法院倾向于对拖网条款作出限定性地解释，并允许当事人在该条款生效后，通过衡平法的手段获得救济。法院认为，新债务的产生不能由之前设立的抵押物进行担保，而应当有自己的抵押担保，除非某些特殊的可以适用拖网条款的情况。但是，这些都不构成债权人对拖网条款的放弃。

扩大解释拖网条款的危险在住房抵押贷款中体现尤为突出。在这些案例中，夫妻往往是连带债务人。拖网条款“将会允许丈夫在妻子不知情的情况下扩大夫妻共同所有的住房抵押担保项下担保的范围，以至于消灭了抵押财产上的剩余利益，”出于对保护不知情的配偶问题的密切关注，美国法律界有人提出，由夫妻作为全部财产的占有者共同签订的抵押贷款合同中的拖网条款，不能担保随后丈夫独自签订的借款。

基于上述原则，本案中的上诉法院做出了有利于作为非债务人的配偶的权益，并且严格限制了涉案拖网条款的适用范围。

另外，本案中有争议的拖网条款与最高额抵押的设置有关。所谓最高额抵押，是指为担保债务的履行，债务人或者第三人以抵押财产对一定期间将要发生的债权提供担保，债务人未履行债务时，抵押权人有权在最高债权额限度内就该财产优先受偿。

最高额抵押与普通抵押不同的是，最高额抵押所担保的债权是一定期间内发生的不完全特定的债权，该债权在最高额抵押设立时并不存在，而是预定一个最高限额由债务人或第三人提供抵押物予以担保。这里的不完全特定存在理解上的争议，一种理解是最高额抵押所担保的债权具有不确定性，是指首先要满足某种基础关系，在这一“质”的要求的前提下，所产生的债权方可进入最高额抵押的担保范畴，不确定是指所担保的这些债权在量上于决算期届至前是不确定而已；另一种理解是指最高额抵押所担保的债权为不特定的债权，只要是属于当事人之间发生的债权并且也未超过其约定的最高限额，即使并非因为基础关系所生，亦得纳入被担保债权之范围而为最高额抵押所担保。

从本案中，我们可以看出美国法院对最高额抵押的不完全特定的理解属于第一种，即将来发生的债务与已经设立担保的债务必须属于同一种类，否则就不受该抵押合同的担保。这也是案件中法院没有支持银行请求的一个原因。案件中新产生的债务是丈夫与生意伙伴经营畜牧业所负担的债务，该债务与原先夫妻共同签订的抵押合同所担保的住房贷款不属于同一类债务，因而法院认为，拖网条款不应该得到执行，不具有效力。

最高额担保可以省去重复订立抵押担保合同的麻烦，但是最高额担保必须是双方当事人合意的意思表示。本案中的拖网条款实际是银行贷款合同中惯有的格式条款，当事人在签订时往往不会注意到，也不会去仔细探究该条款背后真实的涵义和银行设置该条款的意图。并且合同中的该条款也并没有明确债务人的相关义务。由于该贷款合同是夫妻住房抵押贷款，该抵押物担保的是连带债务，而后期丈夫自己所负担的债务并非夫妻双方共同承担，而只是丈夫自己的个人债务。在合同条款没有具体规定时，应当以不利于格式条款订立人的方式进行解释和认定。如果本案的拖网条款得以执行，那么以后类似的条款也将获得执行，那样会增加类似配偶等共同贷款的抵押担保的负担。

本案中，法官还考虑了一个因素，即银行是否依赖该抵押物而作出了向丈夫发放贷款的决定。我们认为，这一因素不应该作为拖网条款是否有效的判定标准。该拖网条款是由银行自行设定的格式条款，其当然认为这一条款有效，即成立最高额抵押。即使银行依赖该抵押物作出发放贷款的决定，也只是其单方的意思表示，并没有与债务人形成合意。债务人并没有以此抵押物申请贷款的意思表示，其后续签订的贷款合同也没有表明其以前抵押物的剩余价值作为此次贷款的担保。因此，即使银行确实是依据最高额抵押而向债务人发放了贷款，也并不必然导致拖网条款生效。

案例 29　Brae 资产基金公司诉 Kelly 案

【案例来源】

Brae Asset Fund, L. P. v. Robert P. Kelly, 223 B. R. 50; 1998 U. S. Dist.

【案情简介】

1978 年 1 月 5 号，被上诉人 Robert P. Kelly 与 Guaranty Bank & Trust Co.（以下简称 Guaranty 银行）签订了担保协议，为他和家人高度持股的 Classic Trim 公司（以下简称 Trim 公司）作担保。Robert P. Kelly 在担保协议中向银行无条件保证：其继承人及受让人将全额、迅速支付借款人 Trim 公司对银行负有的所有现在及未来的到期债务，包括所有因续借和延期及替代产生的费用。

1979 年 4 月 20 日，Kelly 先生及其妻子向 Guaranty 银行签署并递交了一张本票和已登记的按揭贷款协议（以下分别简称 1979 年本票和 1979 年按揭协议），其本金为 60 000 美元。位于莱明斯特 Lindell 大道标号为 MA01453 的房产（以下简称 1979 年抵押房产）是由 1979 年本票的收益购买所得。根据普通法，该处房产由 Kelly 夫妇共同所有。①

1979 年按揭协议中被 Robert P. Kelly 描述为“拖网条款”的条款规定如下：“本按揭同时用于担保抵押人偿还抵押权人贷出的未来所有借款——不论这些借款与本次交易有无关系，包括但不限于，前述债务的总括，抵押权人之后就抵押房屋贷出的所有用于支付额外保险费、维修费、修缮费、替换费、税费、市政留置费、评估费等的借款和利息。”

1982 年 5 月 18 日，Trim 公司和 Westminster 公司向 Guaranty 银行递交了一张面额为 21 587.22 美元的本票（即 1982 年本票）。1983 年 Trim 公司违反了 1982 年本票项下的义务。后来，Guaranty 银行倒闭。Fleet 银行在 Guaranty 银行倒闭后从美国联邦存款保险公司（FDIC）接手了 1979 年本票。1985 年 7 月 25 号，上

---

① 夫妻共同所有（tenancy by the entirety）是英美法基于夫妻一体理论的一种特殊认定，指某一财产由夫妻双方共同保有，彼此享有生存者财产权。没有另一方的同意，一方不得处分该财产。婚姻的解除将使该共同保有财产转变为普通共有财产。

诉人 Brae Asset Fund（以下简称 Brae 基金）又从 FDIC 接管了 1982 年本票和 1979 年按揭协议，但未进行登记。1985 年 8 月 18 日，Brae 基金就 1979 年按揭协议的转让进行了登记。

1997 年 4 月 7 日，根据 1979 年的抵押协议，对 Kelly 夫妇的抵押房产进行了取消赎回权的拍卖。当时 Kelly 夫妇并未违反 1979 年本票项下的义务。

1997 年 5 月，Kelly 夫妇违反了 1979 年本票的义务。7 月，Brae 基金从 Fleet 银行处购得 1979 年本票。7 月 28 日，上诉人 Brae 基金签署了一份取消赎回权协议却未进行登记抵押，协议规定："根据 1995 年 2 月的信托声明，Brae 基金作为 1979 年按揭协议的持有人，将 1979 年抵押房产信托给 Brae 信托公司，James Baugham 和 David Spiro 为受托人。该按揭协议中的前述权益受制于 1979 年本票以及 Patricia A. Kelly 的权利。"

1997 年 9 月 3 日，Robert P. Kelly 声称其宅基地应依法纳为 1979 年按揭协议的抵押财产。1997 年 9 月 4 日，Robert P. Kelly 依据破产法提起了自主破产申请。9 月 18 日，Brae 基金对 1997 年 7 月 28 日的取消赎回协议进行了登记。1997 年 10 月 15 日，Robert P. Kelly 提起诉讼，要求法院：（1）免除债务人对 Brae 基金负有的义务；（2）宣告取消赎回的出售无效；（3）宣告拖网条款无效；并且（4）宣告 Brae 基金对 Kelly 夫妇的家宅的抵押留置权无效。10 月 17 日，Brae 基金提交了金额为 36 370.12 美元的索赔证据。12 月 9 日，Robert P. Kelly 向破产法院提交了简易判决的申请。12 月 22 日，Brae 基金对 Kelly 的提议表示反对，并提出了简易判决交叉动议。

1998 年 1 月 27 日，破产法院法官就原被告的简易审判动议进行了审理。法院认为，本案涉及家庭住宅的豁免权，因此债务人有权就此提起关于取消赎回权的诉讼。本案的问题在于，1979 年抵押协议中所谓的"拖网条款"是否足以囊括公司借款。破产法院的答案是否定的。主要理由有两个：第一，"拖网条款"所说的抵押是对抵押人的未来借款的担保。本案中的抵押人是 Kelly 夫妇，而不只是商业贷款的债务人 Robert P. Kelly。第二，后来的借款也不是贷给债务人 Robert P. Kelly，而是贷给债务人的公司。Robert P. Kelly 是因为对公司借款进行了保证才被要求承担担保责任，而不是因为银行贷给 Robert P. Kelly 钱款。据此，破产法院判定，1997 年 4 月 7 日的取消赎回权拍卖以及之后的取消赎回协议的登记无效。

【判决意见概述】

1998 年 2 月 6 日，Brae 基金向地区法院提起上诉，要求推翻破产法院的判决。Brae 基金提出的理由是：其一，破产法院无权对 1997 年 4 月 7 日的取消赎回权拍卖的效力作出裁判。因为该拍卖在被上诉人 Robert P. Kelly 申请破产前已经执行，被上诉人在取消赎回权拍卖时丧失了对抵押财产的权利。不论上诉人 Brae 基金援引的文件是否使其有权进行合法拍卖，该取消赎回拍卖都已生效。其二，被上诉人 Robert P. Kelly 没有资格质疑"拖网条款"的合法性和可执行性，该条款（即使不是明示也是暗示地）包含在了 1979 年抵押协议中。"拖网条款"即便不合法也仅是不利于被上诉人的妻子，而非被上诉人的财产，被上诉人的妻子是惟一可以质疑该条款合法性的人。其三，根据疏忽、弃权和禁止反言原则，被上诉人不能主张 1979 年抵押协议中的"拖网条款"无效。其四，根据"D'Oench, Duhme"理念以及国会于 1989 年通过的"金融机构改革、复兴法案"（以下简称 FIRREA 法案），破产法院的判决是错误的。在针对破产金融机构的诉求上，FIRREA 法案优先于州法，而 Robert P. Kelly 没有穷尽 FIRREA 法案中的行政救济手段。

上诉法院首先就取消赎回权拍卖和取消赎回协议的效力进行了讨论。法院认为，在有权机关就该拍卖及协议的效力做出判定前，它们不具备法律效力。因此，根据马萨诸塞州的法律，Kelly 夫妇对宅基地的权利并未因 1997 年的取消赎回而终止。取消赎回行为的效力直到 Robert P. Kelly 提出自主破产申请时都没有确定。此外，法院并未对 1997 年取消赎回行为的后果，即 Robert P. Kelly 对 1979 年抵押房产享有何种家宅权利之外的法定权利进行裁判。当原告提起破产申请时，他就将其对 1979 年抵押房产的法定权利纳入破产财产。

上诉法院进一步指出，简易判决的前提条件是没有实质性的事实争议，而破产法院在给出判决时没有给出明确而充分的理由。破产法院在做出判决时使用了"查明"一词，而上诉法院认为，破产法院不能在事实问题仍然存在争议的情况下使用该词。

上诉法院认为，根据本案卷宗，有两种决定性因素可能可以作为支持债务人 Robert P. Kelly 的理由。那就是，法院必须确认以下事实没有实质争议：(1) 1979 年的按揭协议必须被解读为，没有在抵押房产上为 Brae 基金在 1982 年贷出的借款设立担保权益；或者（2）拖网条款由于违背了公共政策而不具备可执行性。只要确认其中一点，法院就可以做出有利于 Robert P. Kelly 的判决。

一、关于拖网条款的解释的问题。

上诉法院意识到，诉辩双方对“拖网条款”的解释存在分歧。这些分歧可以具体表述为：（1）拖网条款的用词是否要求原告及其妻子都是由按揭协议担保的债务文件上的债务人；（2）1979 年按揭协议中的拖网条款的用词是否支持这一判断，即，Robert P. Kelly 在 Trim 公司不能还款时承担的担保责任是符合 1979 年按揭协议目的的未来借款？

上诉法院认为，无论是拖网条款的用词还是其他可采纳的文本或者协议的用词，都没有为上述争议提供有决定意义的答案。因此，法院不能作出 1979 年按揭协议中的拖网条款的含义不存在实质性争议的裁决。

二、关于拖网条款的可执行性的问题。

上诉法院认为，就拖网条款可否被强制执行及其是否用于担保 1982 年本票项下的未来债务的问题而言，即使拖网条款的确切含义存在实质性争议甚至是能作出有利于上诉人的解释，破产法院的判决也是适当的。因为作为法律问题，本案中的拖网条款因为违背公共政策而不能被执行。

但是，就 1979 年按揭协议中的拖网条款是否适用于 1982 年借款这一事实问题而言，它需要 Brae 基金举证证明：（1）1982 年本票与 1979 年本票有关联；(2) 双方在 1982 年本票中提及了 1979 年的按揭协议；或者（3）双方在 1982 年本票中达成共识，1979 年的按揭协议将对 1982 年本票产生的债务承担担保责任。

根据破产法院和本院的庭审笔录，除了 1982 年的本票外，都没有外部证据能够证明双方在 1979 年按揭协议中采用拖网条款的真实意图。Brae 基金未能提交任何证据证明 1982 年本票与 1979 年的本票和按揭协议有关。毫无疑义的是，1979 年本票的借款人是原告及其妻子，而 1982 年本票的借款人既不是原告，也不是其妻子，而是公司这个法律实体。而且，1979 年本票所担保贷款的收益被用来购买原告及其妻子的住所，并未用来增加公司的财产。1982 年本票却并非如此。1979 年本票和 1982 年本票的当事人有实质性的不同，且其收益被不同的人用于不同的用途。因此，法院认为，作为法律问题，1982 年本票与 1979 年本票和抵押协议无“关联”。而且，本庭认为 1982 年本票并未提及 1979 年抵押协议。

最后，Brae 基金未能提交可采信的证据证明双方就 1979 年按揭协议为 1982 年本票担保达成了合意。与其他担保协议形成鲜明对比的是，1982 年本票没有提到 1979 年按揭协议，它只提到了由协议双方，即 Trim 公司和 Westminster 公司赋予 Guaranty 银行的担保利益或抵押。

如果有明确用于抵押以外的其他任何财产的票据做担保，那么该票据就由前述银行和当事人之间订立的按揭或担保协议进行担保，票据持有人有权获得其中描述的利益。本案中，Robert P. Kelly 是作为 Trim 公司的代理人签发的 1982 年本票，他本人并不是本票的当事人。此外，1982 年本票的“附属条款”规定“15% 的利息由 Trim 公司和 Westminster 公司的借款和担保合同担保。”可见，为 1982 年本票进行担保的是 Trim 公司为 Guaranty 银行设立的利益和按揭，其中并没有提及 1979 年按揭协议或者 Robert P. Kelly 个人的担保。这些条款能够合理地推出一个惟一的结论，即双方并不打算用 1979 年按揭协议为 1982 年本票进行担保。

因此，上诉法院判决基本维持破产法院于 1998 年 1 月 27 日作出的支持原告动议的指令，但需要修改为，1997 年的取消赎回权拍卖不影响原告及其妻子对 1979 年抵押房产的权利。由于事实问题存在争议，责令破产法院依据上诉法院的意见重审。

【案例评析】

本案主要是从抵押协议的角度探讨拖网条款的适用问题。

所谓的拖网条款，是指抵押协议中规定，被担保的不仅仅限于当前的债务，并且包括债务人所有其他当前及未来产生的债务。除非能证实（1）未来债务与最初的交易属于同一类别和同一性质，或者（2）双方就抵押物将对未来债务进行担保有明确的约定，否则“拖网条款”对未来发生的债务不承担担保责任。

本案中，原被告签署的1979年的抵押协议约定原告将以其位于莱明斯特Lindell大道标号为MA01453的房产为其持股的Classic Trim公司抵押，抵押协议中嵌入了“拖网条款”，相关部分规定：“被上诉人向担保银行无条件的保证：在当前及以后的债务到期后，其继承人及受让人将全额如期向担保银行支付，包括所有因续借和延期及替代产生的费用。”Mortgage是一种由合同创设的担保形式，指为担保一定款项的支付或某种其他债务的履行而进行的财产让与或其他处分。它包括以下几方面的内容：（1）特定财产即土地或动产的转移；（2）债务人不履行债务，债权人取得该特定财产的所有权；（3）债务人履行义务或进行相应的清偿后，债权人应当将该特定财产返还债务人。由此可见，Mortgage是一种通过债务人将特定财产权利转移于债权人而担保债权人的债权在约定的清偿期得到清偿的担保形式，与大陆法中的让与担保相似。

1979年抵押协议虽然包含了“拖网条款”，即原告房产担保当前及以后的债务到期后，其继承人及受让人将全额如期向担保银行支付，包括所有因续借和延期及替代产生的费用，但并未对未来产生的债务进行明确规定，且被告也未能证明1982年本票与1979年抵押协议有任何关联。此外，1982本票的当事人是Classic Trim公司和担保银行，原告当时只是以公司代理人的身份签署了该本票，原告及其妻子并非债务人，因此原告的房产并不对1982年本票承担保证责任。退一步讲，即便“拖网条款”有效，本案中原告的房产也不应纳入破产财产，被告也不能在破产程序中行使优先权。因为该房产是原告夫妇的夫妻共同财产，即便被强制执行也应豁免，因为要为被执行人保留最基本的生活财产。基于此公共政策，原告的房产也应被免于强制执行。

本案的法官援引了本书案例28——Foxborough Savings Bank v. Ballarino确定的原则。除非能证明（1）新生债务与最初的交易属于同一类别、同一性质，或与最初的交易相关；或者（2）新生的债务援引了旧的按揭协议或双方已经考虑到要为该债务进行担保，否则不得依据拖网条款要求抵押人承担担保责任。在本案中，上诉法院的法官主要是以担保合同的文本为依据进行分析。值得注意的是，法官明确指出，合同条款是否存在约定不明的情形是一个法律问题，而合同双方对于模糊条款的真实含义的争论则是典型的实质性的事实争议。除非有外部证据表明存在一致的真实意图，以至于没有合理的人会得出相反结论，否则法院通常不会做出简易判决。

本案法官在探究担保协议的文本时主要从协议的措辞进行考证，认定后来的借款合同文本里没有要运用拖网条款的意思。除此之外，法官一再强调，当拖网条款的适用范围没有明确规定时，应由制定或试图运用拖网条款的一方，即本案中的Brae基金举出可信证据证明拖网条款的可适用性。在本案的审理过程中，一没有直接证据证明新生债务与原始按揭协议存在关联；二没有其他外部证据能够对Brae基金的主张进行佐证。因此，上诉法院认定Brae基金没有完成举证义务，不能为自己的主张提供支持。

“拖网条款”与大陆法系的最高额抵押有共同之处。最高额抵押，是指抵押人与抵押权人签订协议，在最高债权限额内，以抵押物就因继续的法律关系而在一定期限内连续发生的不特定债权进行担保的制度。最高额抵押具有以下特点：(1) 最高额抵押所担保的债权额是确定的，但实际发生的债权额是不确定的。设定最高额抵押时，债权尚未发生，为保证将来债权的实现，抵押权人与抵押人协议商定担保的最高债权额度，抵押人以其抵押财产在此额度内对债权作担保；(2) 最高额抵押是对一定期间内连续发生的债权作担保。所谓一定期间，是指发生债权的期间。最高额抵押以一次订立的抵押合同，进行一次抵押物登记就可以对一个时期内多次发生的债权作担保，既省时、省力、省钱，又可以加速资金流通，有利于促进经济发展；(3) 最高额抵押只适用于贷款合同以及债权人与债务人就某项商品在一定期间内连续发生交易而签订的合同。规定某项商品在一定期间内连续发生的交易可以适用最高额抵押方式，主要是为了简化手续，方便当事人，有利于生产经营；(4) 最高额抵押的主合同债权不得转让。最高额抵押所有担保的债权在合同约定的期间内经常发生变更，处于不稳定状态，如果允许主合同债权转让，必然会发生最高额抵押权是否随之转让的问题，以及对以后再发生的债权如何担保等问题。在我国市场机制尚未完善的情况下，为保障信贷和交易安全，暂规定最高额抵押的主合同债权不得转让。但是，根据我国《物权法》第二百零四条：最高额抵押担保的债权确定前，部分债权转让的，最高额抵押权不得转让，但当事人另有约定的除外。这说明被担保的债权可以转让，而根据《最高人民法院关于审理涉及金融资产管理公司收购、管理、处置国有银行不良贷款形成的资产的案件适用法律若干问题的规定》第十条规定，当债权特定化以后，最高额抵押的主合同债权可以转让。

第三节 法定抵押权

法定抵押是依据法律的明文规定而在当事人之间直接产生的抵押。一般情况下，抵押权通常属于约定担保物权，但在特殊情况下，也可因法律规定而产生特殊的抵押权。它通常是法律创造的设定在不动产上的物的担保，具有不动产上的优先权的特征，但各国关于登记效力的规定有所不同。与所有不动产的物权担保一样，法定抵押于登记日生效；而优先权的登记却是自被担保的债权成立之日起生效。法国民法上的法定抵押权范围较广，妻子对丈夫的财产，未成年人及禁治产人对其监护人的财产，以及国家、公共团体、公务法人对于收款人及会计人员的财产，均有法定抵押权。法定抵押的主要形式有：税务局的法定抵押，指在纳税人在法国境内的不动产上设立的抵押；社会福利局的法定抵押，与动产上的优先权相同，即担保一年的会费；判决的法定抵押，指自动附着在由法国法院作出的判决上的法定抵押。①

案例30 丙某某、甲某某诉金陵建设股份有限公司案

【案例来源】

我国台湾地区“花莲地方法院”民事判决，2008年度诉字第264号。

【案情简介】

诉外人丁某某于公元2004年8月17日与诉外人王志传签约购买附表所示房屋（以下简称系争房屋），并指定将附表编号2之房屋登记于原告甲某某名下。

① 沈达明．法国德国担保法．北京：中国法制出版社，2000：164～166.

原告丙某某于2005年9月13日以「廖怡菁」名义签订附表编号1房屋之买卖契约，卖方为陈秉洋授权张培祥代签契约，实际出卖人为丁某某。原告丙某某、甲某某分别于2005年9月27日、2004年9月9日登记为系争房屋及坐落土地之所有权人。系争房屋属于诉外人双联建设股份有限公司（之后变更为友信营造股份有限公司，以下简称友信公司）于1996年4月间兴建的花莲艺术世家透天别墅（以下简称艺术世家别墅）中的2间。该别墅的承揽兴建者即为被告金陵建设股份有限公司（以下简称金陵公司）。为使友信公司取得台湾土地银行信义分行（以下简称土地银行）的融资贷款，被告于1996年4月出具《抛弃法定抵押权切结书》，其内记载，“立法定抵押权抛弃切结书人即建筑承揽人金陵建设股份有限公司（以下简称立切结书人并包含其继承人、受让人等）因受定作人双联建设股份有限公司委托在花莲县吉安乡某某段壹零陆柒土地上承揽房屋之兴建，立切结书人声明愿抛弃台湾地区“民法”第513条规定之因承揽工程而取得之法定抵押权，特立本切结书为凭。此致台湾土地银行信义分行。立法定抵押权抛弃切结书人即建筑承揽人金陵建设股份有限公司乙某某。”原告买受系争房屋后，被告于公元2005年11月1日向法院申请依照2005年度执字第7217号函办理查封登记。

原告认为，鉴于被告在友信公司向土地银行办理兴建融资贷款之前，已向土地银行做出了抛弃法定抵押权的意思表示，被告在弃权后行使法定抵押权的行为，严重影响了原告的权益，原告主张被告对系争房屋的法定抵押权已因其对土地银行做出的抛弃的意思表示而丧失。双方对系争法定抵押权存在与否存在争议，故提起本件诉讼。

原告认为，被告已声明放弃（修正前）我国台湾地区“民法”第513条之法定抵押权，其做出的抛弃的意思表示已发生效力，被告不应再行主张法定抵押权。前引切结书的内容显示，被告抛弃（修正前）我国台湾地区“民法”第513条法定抵押权的意思表示出于真意，且意思明确。依我国台湾地区终审机构2005年台上字第282号判决要旨，被告得预先抛弃（修正前）我国台湾地区“民法”第513条之法定抵押权。因法定抵押权为物权，具有对世效力，被告就该项权利做出的抛弃的意思表示，其法律性质属于对财产的处分（物权）行为，亦为单独行为，应已发生对世效力。即使被告抛弃法定抵押权是为了使友信公司取得土地银行的融资贷款，该抛弃行为也是经被告、土地银行及友信公司三方同意，达成契约，互受拘束。因此，该抛弃的意思表示亦应对友信公司发生效力，友信公司可以据此主张被告的法定抵押权不存在。被告在做出抛弃意思表示之时，完全可以预见系争房屋将来必定会由友信公司出售予他人（如王志传、原告），即被告可以预见抛弃的意思表示的效力将来会及于系争房屋的后手所有权人。原告对系争房屋的所有权继受自友信公司，故友信公司对被告享有的有关法定抵押权不存在的抗辩权亦随之移转，这也是被告可以预见到的。即使系争房屋所有权人已变更为原告，原告仍可以对被告主张法定抵押权不存在。又我国台湾地区终审机构已确认被告出具的系争切结书出于两造及友信公司三方之协议，据此，被告负有抛弃法定抵押权的义务，而友信公司则对被告享有请求履行抛弃法定抵押权义务之权利。继而，当友信公司出售系争房屋转让由原告受领之时，亦已转让该请求抛弃抵押权的权利。并且原告民事起诉状缮本的送达可以视为债权移转之通知，被告应对原告履行上述义务。

被告则认为，尽管其曾于1996年4月间出具切结书，做出了抛弃法定抵押权的意思表示，但这一意思表示仅在被告与协议当事人之间发生“债之效力”。依“债之相对性原则”，作为第三人的原告没有理由请求被告就系争房屋办理法定抵押权之取得及抛弃登记。依我国台湾地区“民法”第758条规定，既然被告没有就抛弃系争房屋的法定抵押权进行登记，那么原告诉请确认两造间就系争房屋之法定抵押权不存在，即属无据。此外，原被告双方从未就被告抛弃系争房屋之法定抵押权一事达成一致的意思表示。依据我国台湾地区“民法”第153条第1款之规定，双方并无抛弃法定抵押权的契约存在，原告诉命被告就系争房屋为法定抛弃权之取得及抛弃登记，即属无理。

【判决意见概述】

法院认为，惟承揽人是否因承揽关系取得对定作人之债权，既非如设有抵押权登记之被担保债权，得迳依我国台湾地区政府机关作成之登记文件证明确有债权，则定作人有无债务自无从遽行断定，从而如定作人就债权之发生或存在有争执时，依我国台湾地区“民事诉讼法”第277条规定，承揽人应就其承揽债权之有无及范围，负举证责任。本件两造争执之被告之承揽债权系发生于1996年4月至1998年间，有原告起诉状及两造不争执之协议书记载甚明（该协议书一记载略以“乙方〈即金陵公司〉承揽艺术世家别墅新建工程”于1998年3月取得使用执照)，为我国台湾地区“民法”第513条修正前，依我国台湾地区“民法”债编施行法第1条不溯及既往原则，即应适用修正前我国台湾地区“民法”第513条规定。而被告承揽友信公司兴建之艺术世家别墅，坐落在花莲县吉安乡○○段1067地号土地上兴建房屋数十间，于工程完工后友信公司积欠被告工程款共计30 758 668元等情，已据被告提出原告不争执之协议书、同意书及本院债权凭证、本院1998年度票字第578号、579号民事裁定、民事裁定确定证明书为证，且友信公司于1998年6月8日签署明确表示积欠被告工程款之协议书及同意书，益证友信公司确实积欠被告承揽艺术世家别墅工程之工程款30 758 668元无误，是被告就友信公司所积欠之承揽报酬30 758 668元。依修正前我国台湾地区“民法”第513条规定，可以对于工作所附定作人之不动产即系争房屋有法定抵押权无疑。原告称被告与友信公司间之承揽工程款，均已结清完毕，法定抵押权已消灭云云，并不可采。

依前述两造不争执之事实（一）记载，被告原本曾于1996年4月间出具《抛弃法定抵押权切结书》，该抛弃法定抵押权之意思表示固属有效，只是依据前述说明，法定抵押权之抛弃，乃依法律行为而丧失其不动产物权所为之处分，苟未依法为抛弃登记，仍不生消灭其法定抵押权之效果，故被告未依其预先书立之抛弃法定抵押权切结书办理抛弃登记，难认其法定抵押权因抛弃而失其存在，是原告请求确认被告就系争房屋之法定抵押权不存在，即属无据。

按修正前我国台湾地区“民法”第513条之立法理由为：承揽人为定作人于不动产上施作工作者，就其承揽关系所生之债权，对于其工作所附之定作人之不动产，应予以法定之抵押权，以保护其利益。可知承揽人对于定作人所有之工作物之法定抵押权，系以保护承揽人之工程款债权之个人法益为其主要目的，并非不可以由承揽人抛弃之。倘若承揽人明知有此权利，但为确保其对定作人之工程款债权得以早日实现，于无待法定抵押权之行使前，即向金融业者以抛弃就定作人所有工作物之法定抵押权为条件，以换取定作人得经由该金融业者取得资金之意思表示，自然不能认定该抛弃的意思表示，于承揽人及金融业者之间不生债之效力，此经我国台湾地区“终审机构”2005年度台上字第407号判决要旨阐述甚明。再按解释意思表示，应探求当事人之真意，不得拘泥于所用之辞句，我国台湾地区“民法”第98条定有明文。解释私人之契约应在通观全文，并斟酌立约当时之情形，以期不失立约人之真意；解释意思表示端在探求表意人为意思表示之目的性及法律行为之和谐性，解释契约尤须斟酌交易上之习惯及经济目的，依诚信原则而为之（我国台湾地区“终审机构”2003年度台上字第1583号、1999年度台上字第1671号判决意旨可资参考）。查系争切结书，系友信公司交由被告签具后，再由友信公司转交予土地银行等情，为被告于前案诉讼中所自承，而系争切结书之文义明确记载被告向土地银行表示抛弃法定抵押权。参酌证人即友信公司前法定代理人林世华于前案诉讼即我国台湾地区花莲高分院2005年度重上更（二）字第4号审理时之证词可知，系争法定抵押权抛弃切结书，虽系出于被告、土地银行及友信公司三方之协议，然经斟酌立约当时之情形、解释当事人之真意及切结书之文义，应认被告抛弃法定抵押权之意思，在被告与土地银行间发生债之效力，被告仅对土地银行抛弃法定抵押权，友信公司在三方之协议中，系依土地银行之指示促使被告提出系争切结书，俾使其顺利取得土地银行之建筑融资，被告依约已提出系争切结书交予友信公司，履行其依该协议对友信公司应负之义务，被告并未对友信公司为抛弃法定抵押权之意甚明。故友信公司及其后手、原告自不得依该切结书的约定请求被告为法定抵押权之登记及抛弃登记。

【案例评析】

开发商拖欠建筑承包商的工程款是实践中十分常见的现象。为了保护建筑承包商的权益，各国均就此做了保护性的规定。在我国，大陆学界普遍认为，建筑承包商可就其建设完成的工程享有优先受偿权。该权利是一种法定担保物权，无需公示、登记，也无需以占有为条件，但它不能对抗已支付全部或大部分购房款的房屋买受人。在实践中，由于优先受偿权的实现需要通过向法院申请拍卖才能进行，因而常常因各种原因落空。相形之下，我国台湾地区将建筑承包商的权益界定为法定抵押权的做法能够更好地保护建筑承包商的权益。

1999年，我国台湾地区有关该项法定抵押权的规定进行了修改。修改之前，该项法定抵押权的产生无需登记。但若要抛弃该项法定抵押权，则需要依法登记。根据我国台湾地区"终审机构"1985年台上字第2322号判例，在抛弃登记之前，不能产生消灭法定抵押权的效果。修正后的我国台湾地区的"民法"第513条规定，承揽之工作为建筑物或其他土地上之工作物，或为此等工作物之重大修缮者，承揽人得就承揽关系报酬额，对于其工作所附之定作人之不动产，请求定作人为抵押权之登记；或对于将来完成之定作人之不动产，请求预为抵押权之登记。如未办理登记，纵其承揽关系之报酬请求权发生在先，仍不能取得抵押权。亦即，不论是取得还是之后的变更与抛弃，都以登记为生效要件。

本案发生在我国台湾地区的"民法"修改之前，因此根据法不溯及既往的原则，应适用原有规定。只有当建筑承包商就抛弃法定抵押权的意思表示进行登记之后，才能产生消灭该法定抵押权的效果。除此之外，本案中还出现了两个可能导致法定抵押权消灭的因素：一是债务人履行了清偿的义务，二是建筑承包商向特定人做出了抛弃的意思表示。在我国台湾地区的"民法"体系下，由于法定抵押权具有从属性，主债权的消灭必然导致担保权利的消灭。与前一因素必然导致抵押权的绝对消灭不同，后一种因素具有相对性，它只能导致建筑承包商丧失对特定人主张法定抵押权的权利。

第四节 最高额抵押权

最高额抵押，是指抵押人与抵押权人签订协议，在最高债权限额内，以抵押物就因继续的法律关系而在一定期限内连续发生的不特定债权进行担保的制度。就设立程序而言，最高额抵押权与普通抵押权没有多大差别，都须依当事人的设定行为而发生。（参见案例29的评析部分）但就具体内容而言，最高额抵押权的设立与普通抵押权的设立有所差别。首先，最高额抵押权须为继续性法律关系中的不特定债权而设立。我国《担保法》规定，最高额抵押权所担保的是一定期间内连续发生的债权。该连续发生的债权的依据是借款合同或债权人与债务人就某项商品在一定期间内连续发生交易而签订的合同，其范围较之日本民法规定的可以设定最高额抵押权的不特定债权的范围为小。其次，当事人须订立最高额抵押合同设立最高额抵押权，当事人须订立书面抵押合同。最高额抵押合同与普通抵押合同的内容基本相同，但最高额抵押合同应订明以下两项内容：最高额和决算期。最高额是最高额抵押权所担保债权的最高限额，是最高额抵押合同必须明确的内容。再次，设立最高额抵押权须进行登记，这是各国民法的通例。只不过各国具体做法有所差异：有的国家实行登记成立要件主义，最高额抵押权非经登记不得成立；有的国家实行登记对抗主义，最高额抵押权未经登记的，在当事人之间成立，但不得对抗第三人。我国《担保法》对最高额抵押权的登记问题没有专门规定，而是适用普通抵押权的规定。

案例 31　甲某某等四人诉己某某案

【案例来源】

我国台湾地区“花莲地方法院”民事判决，2007 年度诉字第 172 号。

【案情简介】

被告己某某曾于 1994 年 12 月 23 日至 1997 年 6 月 3 日在林文章开设的旺树园实业有限公司担任会计，其后即离职。林文章于 2002 年 8 月 1 日提供系争建物予被告设定系争最高限额抵押权。2002 年 8 月 5 日，林文章就坐落在花莲县吉安乡某某段 454 建号建物（门牌号码花莲县吉安乡某某街 8 号）设定了权利价值最高限额新台币伍佰万元的抵押权登记，登记字号花资登字第 189640 号，存续期间自 2002 年 8 月 1 日起至 2003 年 3 月 31 日止（以下简称系争抵押权）。期间林文章陆续向被告调借款项高达 5 395 000 元，但林文章并未依约清偿债务，并于 2006 年 4 月 15 日死亡。原告为林文章之继承人，被告遂向我国台湾地区“花莲地方法院”（以下简称“花莲地院”）申请裁定拍卖抵押物即系争建物，经我国台湾地区“花莲地院”以 2006 年度拍字第 162 号裁定准许确定，被告遂持上述裁定向我国台湾地区“花莲地院”民事执行处申请强制执行，经我国台湾地区“花莲地院”民事执行处 2007 年度执字第 3998 号受理。原告甲某某、乙某某、丙某某、丁某某对此提出异议，并提起本诉，申请“法院”涂销系争抵押权的登记。

原告认为：（1）被告提交的证据不能证明其与林文章之间存在借贷关系。被告主张其与林文章间有消费借贷关系存在，无非是以支票复印件及支票存款送款簿存根联复印件为根据。由于该支票存款送款簿存根联仅系单纯记载汇款人姓名、收款人姓名、账号、金额、汇款日期等字样，并无任何有关汇款原因的记载，且该支票存款送款簿存根联系被告单方面自行填写。因此，这些证据仅能证明确实于该支票存款送款簿存根联所载日期汇款至林文章账户，即仅能证明有金钱交付的事实。至于汇款的原因则可能有很多（如赠与、清偿债务、代理款项收受等等），无法遽此认定系基于借款。而且，被告是林文章的会计，其提交的支票存款送款簿存根联所指示的存款应该是受被告受林文章指示所存，不能说是借款。（2）被告在附表中列出的借款不在最高额抵押权存续期间。被告所主张如附表所示之借款，其中附表编号1至4之借款日期均在系争最高限额抵押权存续期间之前，另附表编号5至12之借款日期均在系争最高限额抵押权存续期间之后，均非抵押权效力所及。（3）即使曾有借款，该借款也已抵销。林文章曾于2002年4月1日、2002年10月15日、2004年4月5日、2005年9月26日、2005年1月11日分别自名下账户汇款35 000元、562 500元、15万元、58万元及150万元予诉外人即被告配偶方铭志；另林文章出租其名下之台北房屋予诉外人台湾富瑶有限公司，自2003年4月1日起至2006年12月1日止、自2007年1月起至2007年8月止，承租人按月支付房屋租金31 500元，所交付之租金支票，亦由被告逐月存入被告配偶方铭志之账户内，共计被告收取之租金金额为1 543 500元，如被告仍主张与林文章间有借贷关系，原告自得依法主张抵销抗辩。

被告辩称，（1）存根即为借据。附表编号5至12所载金额，是从被告配偶方铭志在第一商业银行罗东分行第XXX－XX－000000号活期存款账户，以同行转帐及支票存款送款簿方式，转入林文章在该分行第00－000000号支票账户，所以支票存款送款簿存根联就放在被告这里当作借据，林文章还款时，被告就将存根联还给林文章。（2）附表中的借款均在抵押期间。附表编号1至4为设定系争最高限额抵押权时已发生之债务，自为抵押权效力所及，另附表编号5至12借款日期虽在系争最高限额抵押权设定期间之后所为，惟均系在系争最高限额抵押权存续期间内陆续借款，上述款项于林文章清偿时同时又要求续借，周而复始，一直延续至如附表编号5至12，上述新债务不履行，原先在系争最高限额抵押权存续期间之旧债务（借贷债务）仍未消灭，亦为抵押权效力所及。（3）林文章汇给被告的款项以及被告代收的租金均用于清偿林文章向其他机构或个人的借款或利息，不构成对被告的抵销。林文章于2005年9月26日、2005年1月11日汇款58万元及150万元与方铭志，是因为林文章通过被告向诉外人戊某某借款，由被告出面向戊某某借款后转交给林文章。林文章清偿上述借款时，依被告指示，汇入方铭志账户，再由被告领出持向戊某某清偿。另外关于每月房租31 500元部分，是因为被告在2002年代林文章垫付土地银行苏澳分行贷款利息（每月利息约24万元），上述支票是为了偿还被告垫付的利息款项。

【判决意见概述】

"法院"认为，如果最高限额抵押契约定有存续期间，即使期间尚未届满，只要产生该担保债权的契约已合法终止或因其他事由而消灭，并且已发生的债权已经归于消灭，而将来亦确定不再发生债权，那么根据抵押权的从属性，应准许抵押人请求抵押权人涂销抵押权设定登记（参照我国台湾地区"终审机构"1994年台上字第1055号判例）。

本案中，被告须证明担保债权的存在。但从被告提交的证据来看，均不能证明存在未受清偿的债权。附表1－4所载的借款是订立契约时已经存在的债权，确实是在抵押权的担保范围内。然而被告提交的票据仅能证明转账事实，不能证明转账是基于借贷关系而产生。而且，即使认为这些债权成立，它们也已经由林文章清偿、抵销而归于消灭。至于附表5－12所载的借款则是在担保期限之后产生的，不属于担保范围。尽管被告主张这些借款是以新还旧，是原借款的继续，但根据我国台湾地区"民法"第320条关于新债清偿的规定，须以旧债务存在为前提，而被告没能证明双方的消费借贷关系是在系争最高限额抵押权存续期间发生之事实（即旧债务部分）。

由上，系争最高限额抵押权已无所担保之债权存在，而将来亦确定不再发生债权。根据以往判例，原告作为林文章的继承人，可以请求作为抵押权人的被告涂销系争最高限额抵押权的登记，应予准许。

【案例评析】

最高额抵押是常见于大陆法系国家的一种担保制度，德国、瑞士、日本以及我国都有规定。《德国民法典》第1190条规定："设定抵押权时，得仅规定土地应负担保责任的最高额，而除此以外，则保留债权之确定；其最高额应登入土地登记簿册；债权附有利息者，利息应计入最高额；抵押权虽未在土地登记簿册中载明为保全抵押权者，亦视为保全抵押权；此项债权得依债权转让之一般规定进行转让，债权依规定转让时，其抵押权并不随同转让。"《瑞士民法典》第825条规定："不动产抵押，亦可为金额不定或应变更的债权，以一定的抵押等级设定，并且不管有何变更，仍维持其登记顺序。"日本于1971年以第99号法律将最高额抵押权追加于《日本民法典》第398条之中。该法第398条之二第1项规定："抵押权亦得依设定行为所定，为担保属于一定范围的不特定债权，在最高额的限度内设定。"该条还对最高额抵押权所担保的债权范围、优先清偿的范围、债权范围的变更、最高额的变更、债权的确定以及最高额抵押权的让与等都作了详细的规定。我国台湾地区"民法"没有规定可以为将来发生的不特定债权设定最高额抵押权，但"动产担保交易法"对动产抵押则承认最高额抵押权的存在，其中第16条第2项规定：动产抵押契约以一定期间内所发生之债权作为所担保之债权者，债权金额应为原本及利息之最高额。我国台湾地区的判例亦承认最高额抵押权，认为"最高额抵押与一般抵押不同，最高额抵押系就将来应发生之债权设定之抵押权，其债权额在结算前并不确定，实际发生之债权额不及最高额时，应以实际发生之债权额为准。"学说上对最高额抵押权也都持肯定态度，并以将来债权担保说解释之。①

我国《担保法》明确规定了最高额抵押权，该法第59条规定："本法所称最高额抵押，是指抵押人与抵押权人协议，在最高额限度内，以抵押物对一定期间内连续发生的债权作担保。"我国《物权法》第203条规定，"为担保债务的履行，债务人或者第三人对一定期间内将要连续发生的债权提供担保财产的，债务人不履行到期债务或者发生当事人约定的实现抵押权的情形，抵押权人有权在最高债权额限度内就该担保财产优先受偿。"与普通抵押权不同的是，最高额抵押权具有典型的相对独立性，其设定不以主债权的存在为前提，也不一定随债权

---

① 房绍坤，吴兆祥，郝倩．论最高额抵押权．法学家，1998（2）：17~18.

的消灭而消灭。通常认为，最高额抵押权的担保范围也不局限于担保期限内，而是可以涵括之前发生的债权。在本案中，林文章设立的最高额抵押权规定的存续期间自2002年8月1日起至2003年3月31日止，之前发生的附表1-4的借款可以纳入担保范围。

值得注意的是，最高额抵押权的消灭独立于债权的消灭。由于最高额抵押权担保的是未来（特定或不特定期间）的债权，在债权特定前，除非债权确定不会再发生（例如债务人死亡），最高额抵押权不因所担保的具体债权的消灭而消灭。即使所担保的具体债权全部消灭，只要抵押权仍在存续期，它仍将为担保后续可能发生的债权而存在。如果最高额抵押合同未约定抵押权存续期间或仍在存续期内，当事人可以合意注销抵押权，但应办理登记。如未办理注销或变更手续，则不能对抗善意第三人。

案例32　林某某诉巫某某案

【案例来源】

林某某诉巫某某分配表异议上诉案，我国台湾地区“终审机构”，1996年，台上字第2065号。

【案情简介】

上诉人林某某是我国台湾地区“高雄地方法院”（下称“高雄地院”）1992年度执字第6674号执行事件的债权人，因为对被上诉人巫某某于分配表上所分得金额的计算不同意，已于分配期日前声明异议。而后，林某某提起分配表异议之诉，请求将诉争分配表次序五的被上诉人受分配的债权额变更为九十万元。

被上诉人巫某某抗辩：上诉人主张伊之债权额超过新台币（下同）九十万元部分不存在，并不构成提起分配表异议之诉的事项；且法定迟延利息虽然没有登记，仍属于抵押权的效力范围。

“原审法院”维持第一审作出的上诉人败诉的判决，驳回其上诉，理由是：按分配表异议之诉，仅限定为对分配表所列金额的计算及分配的次序有争议。台湾地区的“强制执行法”第四十一条、第三十九条的规定十分明确。本案上诉人主张被上诉人优先受偿债权原本金额仅有九十万元，分配表所列金额超过九十万元部分并不存在，显然不是对于分配表的计算或分配的次序有争议，自然不能提起分配表异议之诉。另调查得知：被上诉人是以“高雄地院”1992年度促字第2054号支付命令为执行名义申请强制执行，依其内容是要求给付二百万元以及自1986年5月31日起至清偿日止，按年息百分之五计算的利息，此项债权为最高限额二百万元抵押权所担保的债权。系争抵押权设定契约书及他项权利证明书利息栏虽然记载为“无”，只有迟延利息依“民法”第八百六十一条前段规定，仍为抵押权效力的范围，该分配表将其计算并列入优先分配范围，并没有违法错误之处。

【判决意见概述】

原判决废弃，发回我国台湾地区的“高等审判机构高雄分院”。

依照法律规定，强制执行应该依执行名义实施，“原审法院”已经认定被上诉人是以“高雄地院”81年度促字第2054号支付命令为执行名义申请强制执行，那么依执行名义请求的给付，依法无优先受偿的效力。如果被上诉人并未行使抵押权，则“执行法院”于分配表内将上述执行名义所记载的债权列为优先受偿的债权，上诉人对此声明异议，实际上就是对于分配表分配的次序有争议，“原审法院”没有详细推求，就认定上诉人不能提起分配表异议之诉，判断错误。另外调查的所谓的最高限额抵押权，是指预定抵押物应担保债权的最高限额所设定的抵押权。如果所预定担保的债权并非仅限于本金，虽然登记为“本金最高限额新台币若干元”，其约定利息、迟延利息及约定担保范围内的违约金，就应该在抵押权效力的范围内，但仍受最高限额的限制。所以其约定利息、迟延利息及违约金连同本金合并计算，如果超过该限额的，超过部分就没有优先受偿权。

“原审法院”认定本案为执行名义的支付请求所记载的债权，为最高限额二百万元抵押权所担保的债权。在此前提下，被上诉人如果行使抵押权，超过最高限额二百万元部分，就没有优先受偿权。“原审法院”认为被上诉人自1986年5月30日起算的迟延利息八十四万九千五百八十九元，也有优先受偿权，因此认定分配表将该款计算并列入优先分配。该判断不符合法律规定。

【案例评析】

最高额抵押权，是指预定抵押物应担保债权的最高限额所设定的抵押权。如果所预定担保的债权并非仅限于本金，虽然为本金最高限额，其约定利息、迟延利息及约定担保范围内的违约金，就应该在抵押权效力的范围内，仍受最高限额的限制，所以其约定利息、迟延利息及违约金连同本金合并计算，如果超过该限额的，其超过部分就没有优先受偿权。

案例33 熊某某诉徐某某案

【案件来源】

熊某某诉徐某某涂销抵押权登记案，1994 年，台上字第 1055 号。

【案情简介】

被上诉人徐某某提供其在台北县中和市○○○段顶南势角小段一三八一二、一三八一九、一三八一一一号三笔土地，设定了本金最高限额新台币（下同）一千五百万元的第二顺位抵押权，为陈烈担保其债务。抵押权的存续期间是从 1990 年 9 月 19 日到 1994 年 9 月 18 日。而后，徐某某于 1990 年 4 月期间，拿着陈烈亲手写的债务已全部清偿完毕的清偿证明书正本，及印鉴证明书正本等文件交付给上诉人，表示马上就可以办妥抵押权涂销登记，使上诉人熊某某相信对其利益不会造成损害。上诉人应允借给徐某某四百万元，并于 1990 年 10 月 8 日办妥了担保该借款的抵押权设定登记。徐某某事后却未办理涂销陈烈之抵押权设定登记，损害了上诉人的债权。上诉人向法院起诉，请求涂销被上诉人该本金最高限额一千五百万元的抵押权登记。

被上诉人抗辩：未办理涂销陈烈的系争抵押权登记，系上诉人自己怠于行使权利，并非徐某某怠于对陈烈涂销系争抵押权登记。且徐某某于 1991 年 9 月至 12 月又向陈烈调借共四百七十万元，均在系争抵押权存续期间内，属该抵押权担保范围，为该抵押权效力所及，在徐某某清偿该四百七十万元以前，尚无权请求陈烈涂销该抵押权登记。

原审审理结果：被上诉人徐某某提供其所有一三八一二、一三八一九、一三八一一一号三笔土地，设定本金最高限额一千五百万元第二顺位抵押权与被上诉人陈烈，以担保徐某某之借款债务，存续期间自 1989 年 9 月 19 日至 1994 年 9 月

18日。而后，徐某某于1990年2月9日将欠陈烈的借款全部清偿完毕，由陈烈书立债务清偿证明书证明，及将印鉴证明及他项权利证明书等文件交予徐某某，以便办理涂销该抵押权登记。徐某某于1990年4月间向上诉人借款时，为取信于上诉人，将上开清偿证明书、印鉴证明及他项权利证明书等文件交予上诉人，但是抵押权登记迄未涂销。以上事实双方均认可，并有债务清偿证明书、陈烈之印鉴证明、土地登记簿誊本等复印件附卷作为证据。所以，徐某某与陈烈于1990年2月9日因债务已清偿，双方同意办理涂销系争抵押权。因此，可以认定双方达成终止系争抵押合同的合意，但在该抵押权登记未涂销前，其物权效力仍然存在。

徐某某于1991年9月至12月间又以支票向陈烈调借之现款共四百七十万元，既在抵押担保之最高限额本金一千五百万元之内，且在抵押担保之期限内，则上诉人称，该四百七十万元之借款为该抵押权担保效力等，并无相关证据证实。因此在徐某某清偿该四百七十万元前，无权要求陈烈涂销抵押权登记，上诉人也无主张代位徐某某诉请陈烈涂销该抵押权登记的权利。以上是心证的理由。因而，将第一审所为上诉人胜诉判决废弃，改判驳回其诉。

【判决意见概述】

“上诉法院”并不完全认同“原审法院”的判决。

“上诉法院”认为，关于废弃发回部分：设定存续期间的最高限额抵押合同，期间虽然没有届满，但如果其担保的债权所产生之合同已合法终止或因其他事由而消灭，且无既存的债权，而将来也确定不再发生债权，那么其原担保的存续期间内所可发生的债权，已确定不存在，依抵押权的从属性，应允许抵押人请求抵押权人涂销抵押权设定登记。本案“原审法院”已经认定被上诉人徐某某与陈烈间原有借贷债务已全部清偿，双方有终止系争最高限额抵押合同的合意等事实。所以徐某某是否不能请求被上诉人陈烈涂销系争抵押权设定登记这点仍需进一步推求。“原审法院”并未审查系争最高限额抵押权在原担保的存续期间内所发生的债权是否已经确定不存在，且被上诉人陈烈在事后对徐某某发生的四百七十万元债权是否系由原已终止的抵押契约产生等陈述是对上诉人不利的判断。“上诉法院”认定，原判决关于以上部分的判断不当，求予废弃，理由成立。

关于驳回上诉部分：按照诉请涂销抵押权的规定，仅得对抵押权人为之，抵押人并无涂销的权利。本案上诉人诉请涂销系争最高限额抵押权，竟将为抵押人之被上诉人徐某某一并列为被告，依照以上说明，其诉求理由不成立。“原审法院”就该部分作出上诉人败诉的判决，理由虽然不是基于以上事实，但结果相同，仍然应该维持。上诉论旨，指摘原判决关于该部分违法，声明废弃，不能认为有理由。

结论，本案上诉一部分为有理由，一部分为无理由。依我国台湾地区“民事诉讼法”第四百七十七条第一项、第四百七十八条第一项、第四百八十一条、第四百四十九条第二项、第七十八条，判决原判决关于驳回上诉人对被上诉人陈烈之诉及该诉讼费用部分废弃，发回我国台湾地区“高等审判机构”。其他上诉驳回。

【案例评析】

设定存续期间的最高限额抵押合同，期间虽然没有届满，但如果其担保的债权所产生的合同已合法终止或因其他事由而消灭，且无既存的债权，而将来也确定不再发生债权，那么其原担保的存续期间内所可发生的债权，已确定不存在，依抵押权的从属性，应允许抵押人请求抵押权人涂销抵押权设定登记。

第五章

质　　权

质权也叫“质押”，是担保的一种方式，是指债权人占有债务人或第三人移交之物，在债务人不履行债务时，就其卖得的价金优先受清偿的权利，是一种担保物权。

质权制度源远流长，其词源为拉丁语的“Pignus”。这一制度最早产生于古罗马时代。在古罗马，债的担保主要以信托让与的方式进行，即由当事人一方依市民法的规定将信托物的所有权移转给债权人，并与债权人约定在债务清偿时返还原物。如果债务人届时没有清偿债务，债权人通常采取两种方法：一是根据变卖协定，将信托物变卖，就其卖得价金受偿；二是依据代偿条款，取得信托物所有权以代清偿。这种担保制度有两个明显缺陷：首先，其效力范围很窄，须经很繁琐的方式（曼兮帕蓄或拟诉弃权）方得设立；其次，对债务人利益照顾不周。到优士丁尼大帝时，质权制度代替了信托让与这一担保制度。最初，债权人对质物具有的留置权利仅为持有，未取得真正的物权。自裁判官法以占有之诉对此加以保护后才取得对质物的合法占有。所以，质物所有权仍归于债务人或第三人，仅转移物的占有于质权人以作为履行债务的担保。质权人当然不能处分质物，除当事人双方附约设定质权的情况外，对出质人的利益有较多的保障。法律允许质权人在债务不履行时，行使出售权（但须在出售前告知出质人）。变卖质物的价金除抵偿债权外，剩余部分应返还出质人。此后又产生了权利质权，即，只要是可以变卖的权利，权利人都可以其出质以担保债权，权利质权包括债权质和质权质两种。

日尔曼法的历史则是先由让与担保进入占有质，最后发展成非占有质。占有质亦称古质，有不动产古质（亦简称古质）和动产古质之分，动产古质相当于今日的质权，是指债权人取得质物的占有。最初这种质权的质权人在债务不履行时，并无就标的物受偿的权利，而仅能将质物转质。若质权人欲以质物清偿债权，则须另有流质契约或换质契约。中世纪时，质物不能直接归属于债权人，必须由法院参与变卖，以卖价受偿。如变卖不成时，债权人才能按照法院的估价取得质物所有权。①

第一节　质权的设立

案例 34　SEC 诉 Norton 等案

【案例来源】

Securities and Exchange Commission v. Jeffrey S. Norton, Donald C. Reynolds, John A. Tartaglia, and Edward T. Menster. No. 95 Civ. 4451（SHS）.

【案情简介】

1993 年 8 月左右，被告人 Reynolds 和 Tartaglia 代表被告 Norton 联系了 Harold Thurman。他们告诉 Thurman，Norton 和他的公司 Sabre Credit Corporation（以下简称 Sabre 公司）准备买入并卖出一批一级银行券、公司债券、银行保函、信用证和其他银行出具的票证，这些统称为一级银行票证（以下简称 PBI's）。他们还说，Norton 可以用折扣价买到这些 PBI's，并且能够以高价卖出去。他们补充说，Norton 需要向出售 PBI's 的卖家证明他在第三方托管账户中有 100 万美元。他们希望 Thurman 能够提供这笔资金，并保证这笔钱会一直待在这个账户里。他们承诺 45 天之后完璧归赵，并支付至少 15 万美元的使用费。

1993 年 8 月 25 日，双方签订了第三方托管协议，协议规定 Norton 可以指令

① 屈茂辉．质权基本问题初探．法学家，1994（3）：16～17．

第三方托管人将托管资金兑换成“等值的股票、债券或其他可以市场化的票证。”Tartaglia 向 Thurman 保证，无论托管协议的措词如何，Thurman 的钱都不会“离开”第三方托管账户。1993 年 8 月 27 日，Thurman 向托管账户汇入 100 万美元。Norton 随即指示第三方托管人将其中的 74.5 万美元转到由 Norton 控制的账户。在此之前，第三方托管人跟 Tartaglia 说了情况，后者告诉他照 Norton 说的做。

在 Thurman 的钱汇入托管账户后，Norton 立即将一份载明 1 000 股 Sabre 公司股份的股权证明交给第三方托管人。这份股权证明作为质物为 Norton 即将动用的 Thurman 的资金作担保，以便 Norton 将资金汇出托管账户。同时，Norton 还向第三方托管人提供了一份伪造的 Deloitte & Touche 的评估书，其中认定 Sabre 公司的前述股权价值 700 万美元。

1993 年 10 月 9 日，当 Thurman 的资金到期，Tartaglia 向 Thurman 伪造了一份声明以免后者察觉他们的诈骗计划。Tartaglia 告诉 Thurman 他的资金在一个“交易账户”里很安全，而且 Norton 还在试图购买 PBI's。而且，Thurman 被告知，他会获得比最初承诺的 15 万美元要多很多的费用。1994 年 12 月，Thurman 被告知，除非有其他投资者愿意将另外的 100 万美元存入第三方托管账户，否则 Thurman 的钱将拿不回来。从托管账户转出的 74.5 万美元至今没有还给 Thurman。后来发现，Norton 用作担保的 Sabre 公司股票根本不值钱。

由于本案涉案金额过大，故由 Thurman 授权 Securities and Exchange Commission（SEC）作为原告提起诉讼。原告主张：（1）被告违反了《美国证券法》第 17.3 节和《证券交易法》中的第 10（b）（2）项的规定，即“使用人为操作的或欺诈的阴谋方式购买或出卖担保物，违反美国证券交易委员会的相关规章和规定”。（2）依据该法第 10 章的要求，原告在提起诉讼请求的同时还举证主张了被告在买卖担保物的时候具有“实质性的欺诈陈述或意图欺诈和欺骗的隐瞒真相”，要求被告承担因此引起原告的损失。

被告律师对本案管辖权提出了异议。被告认为该案本身只涉及欺诈事实，原告在诉状中也并没有指出和担保有关的任何标的物是什么，因此该案不属于担保法的管辖范畴。审理本案的区法庭没有管辖权。据此，被告请求驳回起诉。

【判决意见概述】

本案法庭首先针对原告的起诉意见和被告的管辖权异议分别做出了回应。

1. 对于原告提起的诉讼请求，法院认为，与本案相关的《美国证券法》的第17章和《证券交易法》的第10章关于利用担保物欺诈的条款，应做如下理解：(1) 欺诈者应承担无过错责任，受害人无需证明“故意”的存在；(2) 原告需要举证证明被告确实用不实陈述获得了资金或财产，也就是说原告需要对诈骗的基本事实承担举证责任；(3) 该种欺诈行为必须涉及以交易的方式或任何商业形式的诈骗。符合这一条款才能归属证券交易法的管辖范围；(4) 同时，由于原告是代表社会公益的法人机构，其不需要像个人一样举证遭受了损害。法庭认定本案的原告已经满足了前述四项要求。关于被告利用不实陈述骗取资金和钱财的事实，被告已经承认，因此，对于前两项不存在争议。被告提出异议的是，被告出质的1 000股Sabre股权不是证监会管理范围内的“证券的购买、提交或出售”。对此，本案法院援引了美国联邦最高法院的案例，认定将股票作为债权担保构成了证券法里规定的“提交”或“出售”。

2. 针对被告方所提出的管辖权异议，法庭认为原告只有在起诉状明显缺乏实质内容，只是为了获取管辖权而提起诉讼的时候才可以据此驳回起诉，也就是说要求起诉没有实质内容或者完全是“幻想和无聊的”。若非如此，法庭一概不予批准。显然本案原告的诉讼请求含有案情经过和主要事实，并非空穴来风，并且原告提起诉讼的意图也不只是获取管辖权。其次，针对被告认为原告没有提及有关“担保抵押物”的相关字眼，法庭认为，虽然本案涉及的是担保物的诈骗，但是担保物也只是财产的一种，即使原告不提这些，也不会影响到其提起欺诈之诉的民事权利能力。因此，法庭驳回被告的诉讼请求。

3. 法庭判决意见：依据先例，法庭认为原告对事实部分的主张是正确的，举证充分有力。因此，本案法庭依据《美国证券法》和《证券交易法》的相关条文，决定做出对原告有利的判决。驳回被告关于管辖权异议的诉讼请求。

【案例评析】

本案争议主要涉及两个问题：(1) 本案中，Norton意图购买的PBI's是否是担保财产？(2) Sabre公司的那些股票是不是担保物？

在本案中，第一个问题由SEC提出，其认为Norton要购买的银行债券（PBI）是担保财产，而被告Tartaglia却持相反意见。事实上，这个问题确实没有必要讨论，这也是为什么法庭没有回答这个问题的原因。首先，因为原告Thurman先生和Tartaglia签订的协议中，涉及的只是100万美元的转账协议，这100万美元只是用来作担保，而不是用来购买PBI。Thurman先生并没有因为被骗去买PBI，只是被骗拿出了钱做担保。也就是说，本案的核心是原告被骗的100万美元，和被告提供的用以换取原告信任的垃圾股票。讨论这两块财产之外的财产是否是担保物没有任何意义。其次，《证券交易法》第10章的立法意图，是保护那些在涉及担保物的商业交易中受骗的人，也就是说，如果担保物变现出售的话，要保证善意第三人拿到的是货真价实的东西。而此时受骗的可能不只是善意第三人，很有可能担保权人也蒙在鼓里。正如本案的原告，股票的质权人Thurman先生，他也无法分辨出来自己拿到的其实是一批不值钱的垃圾股份。最后，本案是由于被告向原告虚构了一个美好的投资前景，使得原告甘愿拿出自己的100万美元给被告作担保。一个人拿出自己的钱财给他人作担保总会有风险，如果因此遭到损失并不能以此请求法院给予救济，这属于正常的商业风险。但如果受害人拿出钱财是因为被蓄意诈骗，法律这时应该给予救济。

就第二个问题而言，这些股票毫无疑问是经过包装美化的，其真实价值和声称的价值大相径庭。那么不具有实际价值的“担保物”还是不是担保物。学者认为该笔股票，虽然被用作缓兵之计以博得原告的信任，其发挥作用的方式也是以质押的方式放在原告处，但是其目的并不是要真的用作担保使原告放心，而同样是一种诈骗手段。尽管用股权出质看似一种担保，但在本案中实为诈骗手段，不应该受到法律的保护，该种“担保”不应当在法律上被认定为“担保”。因此，这些股票，虽然并非一文不值，也不应被看做具有价值的担保财产。

由上，本案中的被告Tartaglia等人从一开始就没有履行借款协议的诚意，其本意仅在于将Thurman的资金据为己有。因此，Tartaglia等人的行为是以担保协议为表现形式的诈骗。如果在中国法的视域下，本案被告的行为完全符合合同诈骗罪的构成要件，即，以非法占有为目的，在签订、履行合同过程中，采取虚构事实或者隐瞒真相等欺骗手段，骗取对方当事人的财物，数额较大的行为。

案例 35　汪某某等诉刘某某案

【案例来源】

湖南省邵阳市中级人民法院，（2011）邵中民一终字第 17 号。

【案情简介】

2006 年 12 月 28 日，汪某某虚构事实，以共同投资工程建设为由，骗取刘某某现金 150 000 元，刘某某向汪某某追收 150 000 元未果后，向洞口县公安局报案。洞口县公安局于 2010 年 1 月 15 日以汪某某涉嫌诈骗将其刑事拘留。2006 年 1 月 25 日，汪某将其父汪某某的鄂 SAT562 广本思迪小车交于刘某某，汪某某、肖某某、汪某作为保证人出具了保证书，即：汪某某在一个月内将刘某某的 118 000 元全部付清，若做不到，刘某某有权将暂扣在洞口的鄂 SAT562 广本思迪小车处理，如果做到，该车由汪某某的家属开回。但一个月后，汪某某、肖某某、汪某未能按保证书约定的内容将刘某某的 118 000 元付清。故酿成纠纷。本案经刘某某申请，法院委托了洞口县价格认证中心对鄂 SAT562 广本思迪小轿车进行价格鉴定。其鉴定结论为：该车基准日价格为 65 600 元整。

一审法院认为，本案系动产质权纠纷案。汪某某系鄂 SAT562 广本思迪小车的所有权人，汪某某有权将该车出质给刘某某。肖某某、汪某自愿为汪某某担保，应承担担保责任。本案刘某某只要求行使动产质押的权利，不要求肖某某、汪某承担担保责任，予以准许。汪某某虽然已刑事立案，但公安机关是对汪某某是否构成犯罪进行侦查。汪某某收取刘某某的款项是客观存在的，为避免动产在保证期间社会价值的减损，故对刘某某要求将汪某某所有的鄂 SAT562 广本思迪小车进行折价冲抵其部分债务的请求予以支持。抵偿后，对于不足部分，由汪某某继续清偿。据此，依照我国《担保法》第 63 条，我国《担保法解释》第 73 条，我国《民事诉讼法》第 130 条之规定，一审判决将汪某某所有的鄂 SAT562 广本思迪小车折价 65 600 元抵偿给刘某某，清偿刘某某的债务 65 600 元。

汪某某、肖某某上诉称，一审判决认定汪某某以共同投资工程建设为由骗取刘某某现金 15 万元缺乏证据证明，属认定事实错误。刘某某没有提供书面质押合同，不能证明交付质押车辆的事实，动产质权尚未依法成立，原审判决认定事实不清。一审判决未采信汪某某提交的证据，剥夺了汪某某选择鉴定人的权利，应当中止诉讼而未中止，审理程序违法。请求撤销原判，驳回刘某某的诉讼请求或者撤销原判，裁定中止本案诉讼。

【判决意见概述】

二审法院认为，汪某某于2010年1月25日向刘某某出具保证书，保证在被保释后一个月内将所欠刘某某的118 000元全部付清，否则，刘某某有权处理暂扣在洞口县的鄂SAT562广本思迪小车。刘某某对该保证书予以认可，并据该保证书主张权利，且该保证书包括了被担保的主债权种类、数额、债务人履行债务的期限、质物的名称、数量、质押条款等内容，可以认定双方订立了书面的质押合同，且出质人在出质前已将质物，即鄂SAT562广本思迪小车交由刘某某占有，是双方的真实意思表示，质押合同成立并发生法律效力，产生质权设定的法律效果。汪某某取保候审后，违反诚实信用原则，拒不清偿其所确认和担保的债权，刘某某作为动产质权人，可以依照质押合同行使相应的权利。汪某某、肖某某上诉提出质押车辆尚未交付、未订立书面质押合同、动产质权尚未成立的理由，因本案的有效证据保证书、洞口县公安局的证明、刘某某的陈述等证据可以证明质押车辆已经交付刘某某占有和书面质押合同成立的事实，其该上诉理由不能成立。汪某某虽然对评估鉴定结论有异议，但既未提出证据证明评估鉴定存在违反法定程序的情形，也未依法申请重新鉴定，评估鉴定可以作为本案有效证据予以采信。汪某某现虽因合同诈骗案取保候审，但并不影响其与刘某某之间民事债权债务的意思自治和本案的审理，刘某某依据质押合同行使请求权独立于汪某某涉嫌的合同诈骗案的处理，汪某某、肖某某上诉提出原审审理程序违法的理由不能成立。综上，汪某某、肖某某的上诉理由均不能成立，二审法院不予采纳，对其改判的上诉请求不予支持。原审判决认定事实清楚，适用法律正确，应予维持。据此，依照《民事诉讼法》第153条第1款（一）项之规定，判决驳回上诉，维持原判。

【案例评析】

本案当事人二审期间争议的焦点是动产质押是否成立和生效的问题。依据我国《担保法》第63条之规定，动产质押“是指债务人或者第三人将其动产移交债权人占有，将该动产作为债权的担保。债务人不履行债务时，债权人有权依照本法规定以该动产折价或者以拍卖、变卖该动产的价款优先受偿。”该法第64条规定，“出质人和质权人应当以书面形式订立质押合同。质押合同自质物移交于质权人占有时生效。”该法第93条规定，“本法所称保证合同、抵押合同、质押合同、定金合同可以是单独订立的书面合同，包括当事人之间的具有担保性质的信函、传真等，也可以是主合同中的担保条款。”依照该法规定，本案中的保证书中因为具有担保性质的内容而应被视为质押合同。保证书约定，“汪某某在一个月内将刘某某的118 000元全部付清，若做不到，刘某某有权将暂扣在洞口的鄂SAT562广本思迪小车处理，如果做到，该车由汪某某的家属开回。”可见，涉案的鄂SAT562广本思迪小车是本次质押的标的物。如果汪某某如期履行债务，则可取回质物，如不能履行债务，则可适用我国《担保法》第71条之规定，“债务履行期届满债务人履行债务的，或者出质人提前清偿所担保的债权的，质权人应当返还质物。债务履行期届满质权人未受清偿的，可以与出质人协议以质物折价，也可以依法拍卖、变卖质物。质物折价或者拍卖、变卖后，其价款超过债权数额的部分归出质人所有，不足部分由债务人清偿。”总之，本案中的汪某某交付车辆的行为使质押合同成立并生效。因此，汪某某应就此承担担保责任。

第二节 质物的类型

现代的质权制度以法国、德国、日本三国最为典型。法国民法将质权分为不动产质权和动产质权两种，权利质权包括在动产质权之中，因为法国民法将债权、著作权、定期金、股权等都视为动产或无体财产。德国民法将质权分为动产质权和权利质权两种，没有规定不动产质权；依成立的方式，质权可分为约定质权、法定质权与扣押质权，法定质权中不以取得占有为要件者，与日本民法中的先取特权相类似。日本民法上的质权分为动产质权、不动产质权和权利质权三种。[①]

① 屈茂辉．质权基本问题初探．法学家，1994（3）：17.

我国法律规定，质权的标的物只能是动产和权利，而不能是不动产。动产质权指债务人或者第三人将其动产移交债权人占有，以该动产作为债权的担保，债务人未履行债务时，债权人依照法律规定的程序就该动产优先受偿的权利。债务人或者第三人为出质人，债权人为质权人，移交的动产为质押财产。出质人也可以将法律规定可以转让的股权、仓单、提单等财产权利出质，这时质权称为权利质权。

案例36 中兴银行诉台中市税捐稽征处案

【案例来源】

我国台湾地区“高等法院高雄分院”民事判决，2001年度重上更（二）字第6号。

【案情简介】

为暂缓其前夫蔡清荣应缴税款之强制执行，原审共同被告林某莲提供其所有的在中兴商业银行股份有限公司（以下简称中兴银行）处的定期存款债权1 600万元（下称系争定存债权）为担保，为台中市税捐稽征处（以下简称稽征处）在该存单上设立了质权。林某莲于1993年11月26日就该质权的设立通知了上诉人。此前，林某莲已为诉外人林某珠、宋某霞、黄某蓉、林某水、陈某屏、陈某源等六人向中兴银行借款做出了连带保证，因而对中兴银行负有连带保证债务。有关质权的约定书中第三条载明，“立约人（指林某莲）不履行债务时，贵行（指中兴银行）无需通知立约人，亦不问债权债务之期间如何，有权将立约人寄存贵行之各种存款及对贵行之一切债权，迳行抵销立约人对贵行所负债务。贵行此项预定抵销之意思表示，自登账扣抵时即生抵销之效力……。”然而，在稽征处通知中兴银行系争定存债权设质的情况时，中兴银行并未告知该项债权上负担的保证义务。之后，各该债务因林某珠等六人陆续延滞还款，自1995年5月15日起至1995年11月15日止陆续丧失期限利益，各笔债务视为到期，林某莲应负清偿之责。中兴银行依与林某莲间之约定，已于1995年12月4日以对林某莲之保证债权与林某莲之系争定存债权进行抵销，并以存证信函通知稽征处及林某莲。

中兴银行与稽征处就后者是否享有质权的问题无法达成共识，遂提起诉讼。原审判决稽征处就系争定存债权享有质权。中兴银行不服，提起上诉，成为上诉人，稽征处为被上诉人。

上诉人认为，(1) 即使认定林某莲所担保的六个债务人中的一位林某水的2 002 490元债务尚未到期，上诉人仍可就其余已经到期的37 297 510元债权主张抵销；(2) 上诉人曾以高雄邮局存证信函第8335号，就系争存款通知存款人予以抵销在案。抵销权为形成权，其行使行为属于单独行为。而且，抵销权是法律赋予债权人的权利，即使债权人与债务人约定无需通知而迳行抵销，也不会构成对债务人的权益的损害，无关诚信原则及公序良俗。因此，本案中的抵销可因作为抵销权人的上诉人一方的意思表示而发生效力；(3) 依“银行法”第48条第2项规定，银行不得将顾客之存款、放款、汇款等有关资料，泄漏或告知他人，否则将遭受“银行法”第132条的处罚，故上诉人于系争定存债权设质当时未将出质人林某莲对上诉人所负债务情形告知被上诉人，系依法行事，并无违背诚信原则可言。

被上诉人则认为，(1) 上诉人违反诚信原则：被上诉人原本已对债务人林某莲申请强制执行，就因为林某莲以系争定存债权办理质权设定，在向上诉人做出设定登记与通知时，上诉人并未告知林某莲尚有保证债务以及该行有抵销权等事项，致使被上诉人同意接受林某莲设定的质权，而没有继续强制执行。上诉人却在事后在被上诉人行使质权时主张抵销，对于善意取得物权之被上诉人而言，毫无保障且其行使显然有违诚信。(2) 被上诉人否认上诉人已对林某莲做出了抵销的意思表示。依据“民法”第94、95条之规定，抵销权的行使须通过对话使相对人了解或通过非对话通知相对人，方能产生意思表示的效力。上诉人提交的存证信函仅属事实通知，并非行使抵押权的意思表示。上诉人与林某莲订立的约定书第三条所规定的上诉人无须通知即有权迳行抵销等语，显然不利于消费者（消费者无法在受抵销通知时提出抗辩），且标示不清楚，难以使人了解，为不平等定型化契约条款，违反诚信原则与公序良俗以及民法意思表示之约定，应属无效约定。由于上诉人至今并未对林某莲做出抵销的意思表示，因此上诉人可以行使质权。

【判决意见概述】

“法院”认为，（1）上诉人可以就已经到期的债权主张抵销权。一方面，保证为诺成契约，于双方意思一致时成立，保证人所负之保证债务亦于斯时成立。另一方面，我国台湾地区“民法”第299条第2项有明文规定，债务人在收到债权让与通知时，如果其对让与人享有债权，且该债权之清偿期，先于所让与之债权，或同时届至，那么债务人可以对于受让人主张抵销。此项规定，依我国台湾地区“民法”第902条规定，对于权利质权之设定也可以准用。（2）抵销可以由一方的意思表示产生，上诉人已经做出了抵销的意思表示。依据上诉人与林某莲订立的约定书的第三条，即使上诉人没有专门向林某莲做出抵销的意思表示，上诉人仍可以在林某莲不履行保证债务时，迳行对系争定存债权予以抵销。更何况，上诉人亦于登账扣抵后以存证信函分别通知被上诉人及林某莲。上诉人行使的抵销权是法律赋予债权人的权利，上诉人与林某莲订立的约定书第三条规定的不待通知迳行登账扣抵之约定，并没有损害债务人权益。而且债务人在嗣后知悉后，仍可以提出抗辩，因此该约定并非不平等条款。此外，上诉人在接受设质通知时，没有将林某莲尚负有保证债务之事实通知被上诉人之义务，此与公序良俗及诚信原则无涉。最后法院判决，除尚未到期的林某水的债务之外，中兴银行可基于其余五人的债务，对林某莲的定期存款行使抵销权。

【案例评析】

存单出质是实践中较为常见的一类债权质押。通常而言，接受存单出质的债权人面临的风险有两种：一是存单的真实性，二是资金的流失问题。如果存单本身是虚假凭证，则该存单对应的金融机构不会承担任何存兑责任，债权人没有任何权利保障可言；同样，即便是真实的存单质押也存在一定的风险。由于在存储法律关系中对存款人设立了一项重要的权利保障制度，即存单的“挂失”制度。当质押人违背诚实信用原则将质押后的存单又挂失时，债权人所接受的存单质押资金处于随时可能被支取或流失的不安全状态之中。防范这两类风险的最佳办法是进行存单核押。核押是指出具存单的金融机构对出质存单的真实性进行确认，这既包括对存单本身真实性的确认，也包括对质押意思的登记。核押的法律价值在于，存单一经核押，核押了存单的金融机构就会对存单的真实性和可能的资金流失承担责任。

然而，本案揭示出了存单出质的一种新的风险，即，出具存单的金融机构有可能就该存单所记载的债权行使抵销权。我国银行法和民法的相关规定都肯定了银行的抵销权。然而，接受存单出质的质权人在进行核押时却无从了解存单所有人对银行的负债情况。更有甚者，抵销权是形成权，不需要双方达成合意，在符合条件的情况下，只需要一方做出意思表示即告完成。这可能导致质权人面临本案中被上诉人的处境，无法有效地行使质权。

案例37 中国农业银行某某分行诉上海金源某某有限公司等案

【案例来源】

中国农业银行股份有限公司某某分行诉上海金源某某有限公司等应收账款质权纠纷案，浙江省绍兴市中级人民法院，(2011) 浙绍商初字第5号。

【案情简介】

2008年8月14日至9月11日期间，原告中国农业银行股份有限公司某某分行（以下简称农分行）与被告上海金源某某有限公司（以下简称金源公司）签订借款合同六份，原告据此向金源公司发放贷款人民币292 866 000元。金源公司于2009年9月8日向原告签署并出具确认书确认了该债权。截至原告起诉之日，金源公司尚拖欠原告债权本金人民币170 496 251.86元及相应利息。

2008年7月15日，被告佳宝某某有限公司（原某某集团有限公司，以下简称某某集团）、案外人上海某某商务咨询有限公司共同与原告签订最高额保证合同一份。该保证合同约定，该二公司为保证人，自愿为原告与被告金源公司在2008年7月15日起至2008年12月6日期间，因办理贷款、商业汇票贴现业务所形成的债权提供连带担保。

2009年10月9日，原告与被告金源公司签订权利质押合同一份，约定：原告为质权人，金源公司为出质人；为确保质权人与金源公司签订的不同编号的六份借款合同的履行，出质人愿为按六份借款合同所形成的债权提供质押担保；被担保的主债权种类为借款，本金为262 671 280.14元；质押担保的范围包括主债权本金、利息、罚息等一切费用；出质人同意以其所有应收账款出质，出质权利暂作价人民币366 086 898元；质权人同意在处理出质权利所得价款中给予出质人日常经营所需的费用，但上述出质人质押的应收账款应首先全部汇入质权人指定的账户；出质人承诺对出质的权利拥有合法所有权或依法享有处分权，在本合同签订时不存在被申请撤销、申请宣告无效、异议、查封、冻结、诉讼等情形；需要办理出质登记的，出质人应于本合同签订之日起10个工作日内到有关登记机构办理登记手续。双方还就各自详细的其他权利义务、质权实现方法、违约责任等其他有关事项作了详细约定。在双方另行签署的权利质押清单（应收账款）中载明，金源公司对某某集团、浙江佳宝某某有限公司、浙江佳宝高仿某某有限公司（以下统称被告2～4）在多份购销合同项下拥有应收账款人民币366 086 898元。2009年10月9日，双方还签订应收账款质押登记协议一份，对具体办理质押登记的有关事项进行了约定。2009年10月10日，上述质押合同项下的应收账款在中国人民银行征信中心办理了应收账款质押登记手续，以书面形式通知了被告2～4。

2009年6月12日，浙江省绍兴市中级人民法院（也是本案的审理者，以下简称绍兴中院）裁定被告2～4破产重整。2009年9月23日，该三公司与另外三公司（以下简称某某集团等合并重整六公司）合并重整。因某某集团为金源公司对原告所负债务提供连带责任保证，原告依法向管理人申报债权。2009年11月30日，由绍兴中院裁定确认原告债权为人民币502 647 107.25元。金源公司就其对被告2～4享有的应收账款向管理人申报债权，管理人仅于2009年12月11日向金源公司出具债权核查联系单，确认了人民币420 088 279.05元债权，并承诺将在3个工作日内完成其余部分债权核对工作，但至今未出具书面审核意见。

就金源公司将其对被告2～4的应收账款的权利质押给原告相关事宜，原告分别于2009年11月25日、12月3日、12月8日、12月9日书面通知管理人，并要求管理人将对应的应向金源公司清偿的款项直接划付给原告。2009年12月10日，管理人复函原告，表示已收到原告所发的函，并明确在同时符合二项条件的情况下，管理人将依法指示重整后的企业按重整计划内容对金源公司实际可清偿部分金额划付原告指定账户。两个条件为：一是重整计划草案获债权人会议表决通过并经法院批准，二是金源公司可受偿债权未经司法机关冻结、查封，并取得金源公司同意转变支付方式的书面指示。

2009 年 12 月 11 日，某某集团等合并重整六公司债权人会议表决通过了重整计划草案，绍兴中院于 2009 年 12 月 16 日裁定批准该重整计划草案，同时裁定终止重整程序。按照重整计划，普通债权按确认债权额的 28% 比例进行清偿。至原告起诉之日，原告已受领清偿款，但被告金源公司的债权未受清偿。

2010 年 2 月 5 日，某某集团实际承担保证责任后，向绍兴中院提起担保追偿权纠纷，要求被告金源公司立即向其支付款项人民币 161 384 601. 44 元。原告认为，原告对金源公司享有的质权优先于某某集团对金源公司的担保追偿权，被告 2 ~4 应履行承诺，将被告金源公司可清偿的款项直接划付给原告，被告金源公司有协助义务。

被告金源公司在庭审中称：一、对原告诉称的事实和理由都予以认可。二、到目前为止，金源公司与被告 2 ~4 之间的债权债务确认还未最终完成，2009 年 12 月 10 日管理人确认的人民币 4. 2 亿余元债权以及 2010 年 9 月 28 日确认的人民币 6. 14 亿余元债权均包括内贸的人民币 366 086 898 元应收款。

被告 2 ~4 在庭审中共同答辩称：原告诉请没有事实和法律依据，违反企业破产法和物权法的相关规定。一、被告 2 ~4 为金源公司对原告所负的债务已经承担了担保责任，原告没有理由要求就同一笔债权重复清偿。二、原告主张其系质权人，根据有关法律规定，原告只能享有优先受偿权，无权直接要求被告 2 ~4 付款。三、因被告 2 ~4 对金源公司具有可抵销事项，按照法院批准的重整计划应当予以抵销。被告 2 ~4 对金源公司享有的担保追偿权应当优先于原告与金源公司之间的质押权利。四、原告与金源公司签订的质押合同，系在被告 2 ~4 已被裁定进入破产重整的情况下所作，是以合法形式掩盖非法目的，应当认定无效。五、原告基于质权要求被告 2 ~4 付款，其请求不符合企业破产法中关于破产债权的规定，其主张为无效请求。综上，请求驳回原告对被告 2 ~4 的诉讼请求。

【判决意见概述】

法院认为，本案系应收账款质权纠纷，各方当事人的争议有原告有无重复主张权利、原告直接向出质人的债务人主张权利是否符合法律规定、原告与被告金源公司签订的质押合同效力及原告主张的质权是否成立等几个方面，故综合评判如下：

（1）原告在某某集团等合并重整六公司的破产重整程序中受偿的是因某某集团等为金源公司的债务提供担保而形成的担保债权，本案中原告主张的是金源公司对被告2~4存在应收货款债权的质权，两者并不重复。

（2）根据最高人民法院《担保法解释》第106条规定，质权人向出质人、出质债权的债务人行使质权时，出质人、出质债权的债务人拒绝的，质权人可以起诉出质人和出质债权的债务人，也可以单独起诉出质债权的债务人。根据此规定，原告作为质权人，可以选择出质人和债务人共同主张权利，故本案相关诉讼主体符合法律规定。

（3）从形式上看，原告与被告金源公司签订的质押合同，系双方当事人真实意思表示，内容也未违反效力性强制规范，应当确认有效，对合同双方具有约束力。合同签订后，质权人又依照《物权法》第228条第1款及《应收账款质押登记办法》第8条等规定，在中国人民银行征信中心办理了出质登记，质权自登记时设立。但质押合同及债权人据此享有的质权能否约束或对抗出质人的债务人，还需出质人对于其债务人确有债权真实存在为前提。原告主张，某某集团等合并重整六公司的管理人在破产程序中已对应收账款予以认可，但根据本案查明的事实，管理人在出具的相关函件和文书中只是表明，若被告金源公司在某某集团等合并重整六公司处有可受偿款项，将配合划付给原告，未认可金源公司有确定可受偿的具体款项，尚需结合相关证据进行判断。

根据本案查明事实，根据金源公司的申报和管理人审核，现已可部分确认的金源公司在被告2~4处的破产债权（包括应收账款人民币366 086 898元）为人民币614 016 980.75元，按重整计划确定的28%清偿比例，金源公司可受领款项为人民币171 924 754.61元；某某集团因承担担保责任必定可向其追偿的款项为人民币155 781 801.44元，金源公司在某某集团处尚有人民币16 142 953.17元可受清偿，但因该款项是否还属于本案的应收账款范围内并不明确，且金源公司在庭审中陈述另有将对被告2～4享有的债权质押给其他相关银行的情况，故该部分款项应由某某集团等合并重整六公司向金源公司清偿后，由金源公司依法处置，本案中不作处理。由此，原告的诉讼请求因其主张的应收账款事实证据不足而不能成立，法院不予支持。

【案例评析】

应收账款是指债权人在生产经营活动中因提供商品或者服务而获得的要求债务人付款的权利。应收账款出质实质是将尚未获得清偿的债权出质。根据我国《物权法》第228条第1款的规定，“以应收账款出质的，当事人应当订立书面合同。质权自信贷征信机构办理出质登记时设立。”本案中的应收账款出质已符合此两项条件，能够有效设立。在应收账款出质后，出质人不得再擅自转让应收账款。本案中的质押合同约定，质权人同意在处理出质权利所得价款中给予出质人日常经营所需的费用，但上述出质人质押的应收账款应首先全部汇入质权人指定的账户。但从本案提供的后续事实来看，该项规定没有得到严格执行，以致原告无从得知，或者说让法院无从判断应收账款的金额。本案的启示在于，应收账款切忌与出质人的其他资金混同，否则将可能导致该项质权无从实现。

案例38　象山某禽业专业合作社诉赵某某案

【案例来源】

象山某禽业专业合作社与赵某某质押合同纠纷上诉案，浙江省宁波市中级人民法院，（2010）浙甬商终字第538号。

【案情简介】

赵某某持有象山县物资商贸发展有限公司（以下简称物资公司）7.142 9%的股权，该公司性质为有限责任公司。2010年1月20日，象山某禽业专业合作社（以下简称象山合作社）与赵某某签订《还款保证合同》一份，该合同载明以下内容：“徐政素和赵某某（甲方）于婚姻关系存续期间多次向象山合作社（乙方）借款累计达1 193 687.23元，利息按1%月息计，在2010年1月20日结算时达214 863.69元，共计本息1 408 550.92元。……一、丙方赵某某自愿以在物资公司投资的7.142 9%股权出质给乙方，作为甲方履行上述还款承诺的担保。二、质押担保的范围为借款本金、利息、逾期利息和乙方为实现质权而发生的费用（含评估费、拍卖费、律师费等）以及所有其他应付费用。……四、本合同签订之三日内，丙方向乙方移交权利凭证原件，并同时由双方共同到工商部门办妥出质登记手续……。”除此之外，合同下方的甲方落款处有“徐政素”的签名。合同签订后，赵某某未与象山合作社共同到工商行政管理机关办理出质登记手续。

2010年2月23日，象山合作社以赵某某未按约定履行合同义务为由，向浙江省象山县人民法院提起诉讼，请求判令赵某某协助象山合作社办理出质登记。

一审法院认为，象山合作社、赵某某于2010年1月20日签订名称虽为《还款保证合同》，其实际内容是象山合作社为实现债权，以赵某某在物资公司的股权质押担保。该质押担保系权利质权，质权自工商行政管理部门办理出质登记时设立。象山合作社、赵某某虽在合同中约定，在合同签订后的三日内，赵某某向象山合作社移交权利凭证并由双方共同到登记机关办理出质登记。但赵某某未按约定与象山合作社共同到工商行政管理机关办理出质登记手续，故涉案的质权未设立。由于协助办理出质登记手续应有赵某某的积极行为配合，故象山合作社的诉请缺乏法律依据，该院不予支持。赵某某经该院合法传唤无正当理由拒不到庭，依法可缺席判决。据此，依照《物权法》第226条第1款和《民事诉讼法》第130条的规定，一审法院判决驳回象山合作社的诉讼请求。

象山合作社不服一审判决，向浙江省宁波市中级人民法院提起上诉称：赵某某为担保主合同项下的债务，愿以其持有的物资公司的股权向象山合作社出质，并与象山合作社订立质押合同。双方签名盖章予以确认，故质押合同成立。根据《物权法》第15条、第178条、第226条之规定，未办理出质登记的后果是质权未设立，但并不影响质押合同的效力，故赵某某有义务按合同约定和诚实信用原则协助办理出质登记。请求二审法院撤销一审判决，并改判支持象山合作社在一审中的诉讼请求。赵某某答辩称：向象山合作社借款是事实。本人虽承诺协助象山合作社到工商部门办理质押登记手续，但现在不愿意履行该约定。请求二审法院驳回象山合作社的上诉请求，维持原判。

【判决意见概述】

二审法院经审理认定的事实除与一审法院认定的事实一致外，另查明，涉案合同签订后，赵某某向象山合作社交付了股权凭证。

二审法院认为：象山合作社提供的《还款保证合同》，实系以赵某某持有的物资公司 7.142 9% 的股份为标的的质权合同。该合同系赵某某的真实意思表示，且协议内容并不违反相关法律法规的强制性规定，应认定合法有效。根据该质押合同，赵某某负有协助象山合作社取得质权的合同义务，但其未按约定履行该义务，违反了诚实信用原则，其行为构成违约，应由其承担相应的违约责任。因此，二审法院判决撤销一审判决，责令被上诉人赵某某于本判决生效后三日内协助上诉人象山天子禽业专业合作社办理股权出质登记手续。

【案例评析】

本案涉及股权出质的问题。股权是指股东因出资而对公司享有的权利。本案的审理过程中已经反映出了我国现行《物权法》所规定的两项条件：书面合同与登记。但依据我国《担保法》第 78 条的规定，以有限责任公司的股份出质的，适用公司法股份转让的规定。依照《公司法》第 72 条的规定，以有限责任公司的股份出质的，适用公司法股份转让的规定。该条还规定，股东向股东以外的人转让股权，应经全体股东过半数同意。股东应就其股权转让事项书面通知其他股东征求同意，其他股东自接到书面通知 30 日未答复的，视为同意转让。由此可见，以有限公司的股权出质还需要满足公司法的相关规定。否则，股权质押合同可能因为违反公司法的规定而归于无效。需要注意的是，本案涉及的是有限责任公司的股权质押问题，如果质物为股份有限公司的股票，则需要关注其特殊规定。

依照我国《担保法》和我国《物权法》的规定，质押合同自股份出质记载于股东名册之日起生效。股东名册的登记机构是工商行政管理部门，所以，本案中的质权尚未设立。但没有表明质押合同会归于无效的因素存在，因此，本案中的出质人基于该合同负有办理出质登记的义务。质权登记之后，质权人即享有就股权优先受偿的权利，出质人也将负担相应义务。如，依照我国《物权法》第 226 条第 2 款的规定，“基金份额、股权出质后，不得转让，但经出质人与质权人协商同意的除外。出质人转让基金份额、股权所得的价款，应当向质权人提前清偿债务或者提存。”

第三节　质权的行使

依据各国法律规定，质权人通常享有以下权利：

1. 质物占有权，又称为质权的留置效力，法国、德国、瑞士、日本等国民法对此均有规定。质权以占有质物为成立要件，对质物的占有权是质权的必要组成。在质权存续期间，持续占有是质权存续的条件；在债权没有受到清偿前，即使质物的所有权已让与他人，质权人也有权拒绝新的所有权人交付质物的请求。而且，质权的实现也以事实上占有质物为前提。

2. 质物孳息的收取权。除当事人另有约定外，质权人有权收取质物产生的孳息。质物的孳息顺次用于抵偿收取孳息的费用、原债权利息、原债权。涉及金钱以外的孳息，则应依当事人的合意进行估价；若当事人对孳息的估价不能达成协议，则以拍卖或其他办法使孳息变价。

3. 质物变价权。在质物有可能毁损（如质物不耐潮湿却遭遇连绵阴雨）或者质物的价值明显减少（如股票跌价），危及质权人的利益时，为了防止质物贬值，保全利益，质权人可以拍卖质物，以卖得的价金取代原有质物作为担保。

4. 债权优先受偿权。质权人的债权有就质物卖得的价金优先受偿的权利。“优先”有两重意义：一是优先于债务人、一般债权人（无物权担保者）；二是优先于在后的相同或不同种类的担保物权优先受偿。

5. 质物转质权。转质是指质权人为担保债务，将质物移转给债权人而设立新的质权。转质权不是各国普遍承认的质权权利，其具体内容也不尽一致。《瑞士民法典》规定，转质必须依出质人的承诺进行；日本民法规定：在权利存续期，质权人可以转质质物，但对于由不可抗力造成的不转质就不会产生的损失，质权人应负责任。

6. 质权实现权。在债权清偿期届满而债务人没有清偿的情况下，债权人可就质物受清偿。各国法律对于质权的实现方法的规定不尽相同。德国民法规定，质物的变价有三种方法：一是私人出售，质权人无须取得执行权利就可出卖或移转质物，并就其卖得价金受清偿；二是申请强制执行出售，质权人取得执行权利后依照民事诉讼法的程序进行拍卖；三是其他方法，质权人可依其与质物所有人的合意或法院的命令，按照上述两种方法以外的方法进行变卖。在日本，质权的实行无须确定判决或其他执行名义，以依拍卖法拍卖为原则，在有正当理由时，可向法院请求按照鉴定人的估价，直接以质物清偿债权。质权人在向法院请求前应通知债务人，出质人不是债务人的，并应通知出质人。质权人也可按合同，取得质物所有权或依法律所规定的其他方法处分质物。我国台湾地区的民事法律规定与日本民法的规定相似。以取得质物的所有权以充抵债权的合同应在债权已届清偿期后订立，设定质权时或在债务清偿期之前订立的在债务履行期届满时质权人取得质物所有权以为清偿的合同无效。①

案例 39　某银行郑州市经三路支行诉河南某浩公司等案

【案例来源】

某证券有限责任公司深圳宝安路证券营业部与某银行郑州市经三路支行、河南省某浩实业有限公司、深圳市某浩世纪实业有限公司借款担保合同纠纷上诉案，中华人民共和国最高人民法院，（2005）民二终字第 75 号。

【案情简介】

2003 年 6 月 5 日，深圳市某浩世纪实业有限公司（以下简称深圳某浩公司）向某银行郑州市经三路支行（原名某银行郑州市华信支行，2004 年 4 月变更为现在名称，以下简称经三路支行）出具董事会决议，决定以该公司在某证券有限责任公司深圳宝安路证券营业部（以下简称宝安路营业部）开设的证券账户及账上国债为河南省某浩实业有限公司（以下简称河南某浩公司）在经三路支行办理银行承兑汇票 1 亿元提供质押担保。

2003 年 6 月 5 日，宝安路营业部向经三路支行出具一份承诺书称：将深圳某浩公司在该营业部开立的证券账户及相应的资金账户由经三路支行占有和控制；

① 屈茂辉．质权基本问题初探．法学家，1994（3）：18～19．

在2003年6月5日到2004年6月4日期间，由经三路支行设立和保留使用上述资金账户的惟一提款密码，未经经三路支行同意，其他任何人无权调拨提取该资金账户资金或办理国债托管（指定交易）、转托管（取消指定交易）及申请股东卡挂失业务，并保证限制上述账户仅能进行国债交易，国债交易所得资金转入其资金账户；该营业部如未遵守上述承诺造成经三路支行损失，同意承担连带赔偿责任等。2003年6月5日，河南某浩公司对该承诺书签章确认。为了确保承兑业务的资金安全，经三路支行委派该行王某、王某某二人到宝安路营业部进行核保，宝安路营业部于2003年6月5日出具的资金对账单证实深圳某浩公司证券账户内确有国债550 000手，当日市值为56 795 750元。

经三路支行在得到上述质押承诺和核实质押账户后，于2003年6月9日、10日、11日，与河南某浩公司分别签订了编号为2003年豫工银华承字第D0l3到D024号，总额为1亿元的12份银行承兑协议。12份协议均约定：出票人河南某浩公司于汇票到期日前将应付票款足额交存承兑银行；出票人按汇票金额50%存入保证金，并对汇票金额与保证金差额部分提供（保证/抵押/质押）担保；如到期日前出票人不能足额交付票款，承兑银行有权从保证金账户及出票人在承兑银行所有存款账户上扣划，对扣划后仍不足支付部分的票款转作出票人逾期贷款，按照有关规定计收罚息。在签订协议的同时，河南某浩公司以其总额为5 000万元的单位存款为约定的承兑款项提供了质押担保。

2003年6月9日、10日、11日，深圳某浩公司与经三路支行还分别签订了2003年豫工银华质字第D010、D012、D015三份《国债权利质押合同》，约定：深圳某浩公司以其在宝安路营业部开立的证券账户及账上国债及资金账户和账上资金5 000万元为上述2003年豫工银华承字第D013—D016、D017—D019、D020—D024号银行承兑协议提供质押担保。三份质押合同还约定：质押担保的范围为承兑申请人应交付的汇票款、利息（包括复利）、违约金、赔偿金和经三路支行实现债权的费用；主合同签订后，经三路支行拥有惟一提款权、托管（指定交易）权和转托管（取消指定交易）权。深圳某浩公司不得申请股东卡挂失；质押期满，经三路支行可使用上述国债账户买卖国债，卖出国债变现的资金须存放于质押的资金账户；承兑汇票到期前10天，如果承兑申请人未按约定足额交付汇票款，经三路支行可以变卖质押的国债，并直接从资金账户转款，用于清偿承兑汇票款、利息和相关费用。合同签订后，深圳某浩公司将约定质押的证券账户卡和资金账户卡交于经三路支行。

上述承兑协议和质押合同签订后，经三路支行按照约定开出了收款人为洛阳国浩贸易有限公司，到期日为半年的 4 份银行承兑汇票，共 4 000 万元，开出收款人为郑州佳软计算机技术有限公司，到期日为半年的 8 份银行承兑汇票，共 6 000 万元。

前述总金额 1 亿元的承兑汇票到期后，河南某浩公司未按照约定及时支付票款。经三路支行以河南某浩公司质押存单项下本息共计 51 330 000 元实现了等额债权。经经三路支行多次催要，河南某浩公司偿还了 1 000 万元后，其余欠款一直未偿还。

经三路支行于 2003 年 12 月到宝安路营业部查询深圳某浩公司证券账户国债明细和资金账户余额情况时，从对账单上发现深圳某浩公司的证券账户中并没有国债，只有 11 672 643 元的资金余额及当日市值为 2 738 340 元的股票。根据经三路支行的申请，河南省高级人民法院在中国证券登记结算有限责任公司上海分公司查询深圳某浩公司持有的国债情况时，发现截止 2004 年 2 月 11 日，深圳某浩公司的账户无证券持有的变动记录。

2004 年 1 月，为索要欠款，经三路支行向河南省高级人民法院提起诉讼，请求判令河南某浩公司偿还欠款 3 867 万元及罚息 675 000 元，深圳某浩公司、宝安路营业部对上述债务承担连带责任。

河南省高级人民法院认为，深圳某浩公司提供质押的标的是证券账户和资金账户，以及相应的账上国债和资金。本案质押符合账户质押的特征，应属账户质押。宝安路营业部还向经三路支行出具承诺，将深圳某浩公司在该营业部开立的证券账户及相应的资金账户由经三路支行占有和控制；并称该营业部如未遵守承诺造成经三路支行损失，即同意承担连带赔偿责任等。河南某浩公司对该承诺书也进行了签章确认。因此，尽管本案深圳某浩公司提供的证券账户上的国债自始不存在，但参照最高人民法院《关于审理存单纠纷案件的若干规定》第 8 条第 3 款关于“以金融机构核押的存单出质的，即便存单系伪造、变造、虚开，质押合同均为有效，金融机构应当依法向质权人兑付存单所记载的款项”的规定，本案质押合同有效，质押人深圳某浩公司，同时也是本案所融资金的约定用资人应对河南某浩公司未予偿还的3 867万元及相应利息承担连带清偿责任。宝安路营业部的承诺不违反有关法律、法规的禁止性规定，其应受到该有效民事行为的约束，且宝安路营业部在经三路支行核押时向经三路支行出具的资金对账单证实深圳某浩公司证券账户内确有国债55万手，因此在55万手国债自始不存在且经三路支行不能行使质押权的情况下，依照《民法通则》第106条第1款、第2款之规定，宝安路营业部应在55万手国债的价值范围内，对本案主债务人河南某浩公司应当承担的债务承担连带赔偿责任。

法院一审判决：（一）河南某浩公司于判决生效后10日内向经三路支行清偿逾期承兑欠款3 867万元及截止2004年1月14日的利息675 000元，此后利息按日息万分之五计付至该判决确定的还款之日止；逾期则加倍支付迟延履行期间的债务利息；（二）深圳某浩公司对上述债务承担连带清偿责任；（三）宝安路营业部在55万手国债的价值范围内，对上述债务承担连带赔偿责任。

宝安路营业部不服河南省高级人民法院的上述民事判决，向最高人民法院提起上诉称：（一）原审法院认定本案质押合同有效是错误的。根据合同约定，本案的质押包括证券账户、证券账户上的国债、资金账户上的资金，因此是以资金账户上的资金作为质物。由于上诉人在本案的“资金对账单”中明确证明为“零”，质物自始不存在，质押自始不成立。证券账户与银行账户性质上不同，不能实现“特定化”，不符合我国法律要求质物依法必须特定化的要求。根据我国担保法及司法解释的规定，国债权利质押的质物不合法，况且没有交付国债权利凭证，也没有登记，因此质押不生效。（二）一审对被上诉人的过错没有进行符合事实的认定。上诉人出具的虚假对账单仅仅载明了55万手国债（当日市值56 795 750.00万元），该对账单上深圳某浩资金账户“当前资金”一栏明确标明为零，被上诉人明知没有资金用作质押。因此，请求二审法院根据我国担保法律的相关规定，对被上诉人的过错进行符合事实的认定，并依法判定其承担过错责任。（四）原审有关本案责任承担判定错误。第一，本案质押协议无效，被上诉人在其中具有过错，应当承担相应的责任。第二，由于作为担保物的财产自始即不存在，所谓账户质押根本不成立，质押合同无效且被上诉人具有过错，因此，作为担保人的深圳某浩公司应当根据《担保法解释》的规定承担1/3或者1/2的责任。第三，上诉人不应或仅应承担部分责任。本案被上诉人的损失并非来自所谓的质押，上诉人虽然出具了虚假证明，但由于虚假证明仅是针对质押的，而被上诉人的损失与质押无关，所以，上诉人不需要承担任何责任。即便承担责任也应当以承担深圳某浩公司的责任为限，与深圳某浩公司“连带”。

【判决意见概述】

最高人民法院认为：经三路支行与河南某浩公司于2003年6月9日、10日、11日分别签订的12份《银行承兑协议》，是双方当事人的真实意思表示，协议内容符合法律、法规的规定，应认定有效。合同签订后，经三路支行依照中国人民银行的有关规定为河南某浩公司分别签发了12张为期半年的银行承兑汇票，共计金额1亿元。银行承兑汇票到期后，河南某浩公司没有足额偿付票款。依据上述承兑协议的约定，对扣划后仍不足支付的部分票款转为河南某浩公司的逾期贷款，并按有关规定计收罚息，河南某浩公司应当向经三路支行返还尚欠的3 867万元票款及罚息。宝安路营业部上诉称，本案承兑汇票项下的款项并未用于真实的商品交易，本案其他原审被告实施了恶意借贷行为，承兑协议因违法和损害国家利益应当无效。因银行在签发承兑汇票时对申请人提供的基础法律关系进行必要的形式审查，并在签发汇票时履行相应的手续，符合法律规定的签发银行承兑汇票的形式要件和实质要件，宝安路营业部以本案资金使用目的与申请汇票原因不符，基础法律关系不真实为由主张《银行承兑协议》无效的理由不成立，法院不予支持。

根据本案查明的事实，出质人深圳某浩公司虽然向质权人经三路支行移交了证券和资金账户的占有和控制手续，确保了经三路支行对账户的有效控制，但宝安路营业部向经三路支行出具的对账单是虚假的，《国债权利质押合同》中所约定的国债，在深圳某浩公司的证券账户中自始不存在。根据《担保法》第64条关于“质押合同自质物移交债权人时生效”的规定，本案深圳某浩公司向债权人经三路支行交付的账户中质押标的物没有真实存在，应视为出质人没有向质权人交付质物，《国债权利质押合同》不发生法律效力，经三路支行不能依据《国债权利质押合同》向深圳某浩公司行使质权。原审法院认定深圳某浩公司向经三路支行提供的质押为账户质押且质押合同有效不妥，应当予以纠正。《国债权利质押合同》虽然约定用证券账户及账上国债、资金账户及账上资金提供质押担保，但同时又约定质押期满，经三路支行变卖国债的资金用于清偿汇票款项，从合同名称及对质权实现方式的约定内容看，质押标的物应为证券账户中确定数额的国债，移交账户的控制和占有的目的是为了保证质权人对账户中国债的占有和质权的实现。宝安路营业部上诉主张原审判决认定账户质押且质押合同有效是错误的观点成立，法院予以采纳。

根据2003年6月3日、5日，深圳某浩公司分别与河南某浩公司、宝安路营业部签订约定有融资和担保内容的协议，以及深圳某浩公司为本案所融资金的约定用资人，本院认定深圳某浩公司对其证券账户中没有国债是明知的，其为达到融资目的，向经三路支行实施了民事欺诈行为。根据《合同法》第42条的规定，深圳某浩公司在订立合同的过程中，违背诚实信用原则，故意提供虚假情况，致使经三路支行的质押权利落空，其应当对经三路支行因此遭受的损失承担赔偿责任。宝安路营业部向经三路支行出具承诺书和虚假对账单，帮助深圳某浩公司隐瞒证券账户中没有质押标的物的事实，参与完成虚假质押关系，属于与深圳某浩公司共同实施民事欺诈行为，应当与深圳某浩公司对经三路支行的损失承担连带赔偿责任。由于宝安路营业部出具的虚假对账单载明的国债品种为21国债（3）55万手，深圳某浩公司与宝安路营业部应当在上述对账单中载明的虚假国债价值的范围内承担民事赔偿责任。原审法院依据有效质押合同判决深圳某浩公司对河南某浩公司的债务承担连带清偿责任欠当，但鉴于双方当事人对此没有提出上诉，且深圳某浩公司因此承担责任的范围没有超过21国债（3）55万手的价值，本院对该判项予以维持。原审判决第三项没有列明国债的品种，应当予以纠正。在本院二审期间，宝安路营业部以犯罪嫌疑人虚构资金对账单、商品交易合同、还款来源骗取银行资金，深圳市罗湖区公安局已经立案为由申请中止案件审理。因本案虚假资金对账单等是以宝安路营业部单位名义出具的，债权人经三路支行主张河南某浩公司、深圳某浩公司、宝安路营业部承担民事责任的民事法律关系成立，宝安路营业部申请中止本案审理的理由不成立，最高人民法院不予支持。

【案例评析】

本案凸显了质权在实现过程中经常面临的问题：一是权利的确定，二是责任的分配与承担。在本案中，前一个问题具体为，深圳某浩公司就账户内的国债设立的担保究竟是账户质押还是国债质押？后一个问题具体为，如果质押合同无效，是否必定免除出质人的担保责任？

本案历经河南省高级人民法院和最高人民法院两审，虽然判决结果都是由深圳某浩承担担保责任，并由宝安路营业部在55万手国债的范围内承担连带责任，但判决依据却有很大不同。两审法院对于质押合同的效力以及出质人承担责任的依据的判断大相径庭。一审认为深圳某浩公司设立的质押为账户质押，因此，该质押自出质人交付账户凭证时生效，出质人就此应承担担保责任。但二审法院则认为，《国债权利质押合同》虽然约定用证券账户及账上国债、资金账户及账上资金提供质押担保，但同时又约定质押期满，经三路支行变卖国债的资金用于清偿汇票款项，从合同名称及对质权实现方式的约定内容看，质押标的物应为证券账户中确定数额的国债。而这些国债出自宝安路营业部的虚假证明，自始不存在。因此，尽管这些账户被移交经三路支行占有、控制，但实际出质的只是那些并不存在的国债。由于质押合同自质物交付时生效，而本案中的质物其实并不存在因而也并未交付，本案中的质押合同无效。然而，质押合同的无效并不必然免除出质人的责任。本案中，质押合同无效是因为出质人和债务人的欺诈行为所致，且质权人尽到了审慎义务、并无过错，因此出质人仍然应当承担责任。因为宝安路营业部出具的虚假证明中称深圳某浩的账户内有55万手国债，因此，其应在55万手国债的范围内承担责任。相比较而言，尽管两审判决的实质结果基本一致，但从推理的严密性来看，最高人民法院的分析显然更为严谨。

案例40　谭某某诉刘某案

【案例来源】

谭某某与刘某借款质押合同纠纷上诉案，中国人民解放军成都军区军事法院，（2005）军成民终字第9号。

【案情简介】

2004 年 6 月 17 日，谭某某与刘某签订《协议》，内容为："经双方协商，现将谭某某的蓝鸟轿车一台，暂时作为抵扣欠刘某的现金壹拾贰万贰仟柒佰元(122 700 元)，待以上现金还清后，再将该车返还给谭某某。车辆一切手续在谭某某手中。还款日期拟定于 2004 年 10 月 1 日前。"当晚，谭某某即将自己的一辆蓝鸟轿车（车牌号：川 ACS310；型号：风神/EQ7200 - Ⅱ）开至刘某所在单位交给刘某。后谭某某未按协议约定归还借款，刘某在向谭某某发出律师函而得不到回应的情况下，将该车变卖给汤彦，并于 2004 年 12 月 16 日办理了车辆过户手续。原审另查明，车牌号为川 ACS310 的风神/EQ7200 - Ⅱ型蓝鸟轿系谭某某于 2003 年 6 月 13 日购买，购车费为 206 800 元，车辆购置税 17 675 元，号牌费 210 元。

一审法院认为，刘某与谭某某于 2004 年 6 月 17 日签订的《协议》确立了双方之间的借款质押合同法律关系。本案中，谭某某所属的车辆系动产，双方约定将该轿车交付给刘某"暂作抵扣"，实质上属《担保法》所规定的动产质押，而非双方当事人理解的抵押关系。而动产质押不以到相关部门登记为生效要件。根据《担保法》第 64 条第 2 款规定，《协议》签订的当晚，谭某某就将协议约定的轿车交付给刘某，双方质押关系自刘某占有该轿车时即生效。谭某某未如期归还借款，刘某以变卖方式将质物轿车处置给汤彦，符合《担保法》第 71 条第 2 款规定。故刘某处置质物轿车的行为不构成侵权。根据《担保法》有关规定，刘某变卖质物轿车时，应以变卖时该质物的市场价为参照，并以实际变卖价款同债务人谭某某结清债务。但刘某为证明该质物轿车变卖时的市场价而向法庭提供的川鹏评报字（2005）第 510100000098 号《评估报告》，因作出该《评估报告》的四川大鹏旧机动车鉴定评估有限公司在 2005 年未经登记机关年检，按规定已自动注销，已不具备鉴定资质，且两名鉴定人王峰、汪元明的执业单位均为成都市旧机动车交易中心，二人不具备以四川大鹏旧机动车鉴定评估有限公司的名义执业的身份资格等瑕疵，不予采信。由于刘某未能向法庭提交证明该质物轿车市场参照价和实际变卖价的有效证据，对此，刘某应承担举证不能的法律后果。故刘某应以该质物轿车购买时的成本价乘以变卖时的成新率的会计成本价，与债务人谭某某结清债务，这是其举证不能应承担的法律后果。本案质物轿车的成本价应由购车费206 800元、车辆购置税17 675元、号牌费210元构成，共计224 685元。参照《关于调整汽车报废标准若干规定的通知》（国经贸资源［2000］1202号）的规定，该质物轿车按15年折旧，该车自购买至变卖，已使用1.5年，故该质物轿车成新率为90%。购买成本价224 675元乘以成新率90%为202 216.50元。刘某应以此价格与谭某某结清债务，超过债权数额的部分79 516.50元应归谭某某所有。本案中，借款到期后，刘某即将质物车辆予以变卖处理，其债权从变卖价款中已得以实现。双方借款亦未约定利息。《合同法》第211条规定："自然人之间的借款合同对支付利息没有约定的或约定不明的，视为不支付利息。"故刘某要求谭某某归还借款及利息的请求，无事实和法律依据，不予支持。据此，原审法院依照《民法通则》第90条，《担保法》第71条、第94条的规定，判决刘某于判决生效后15日内将质物价款超过债权数额的79 516.50元支付给谭某某。

上述判决送达后，刘某与谭某某均不服，分别向中国人民解放军成都军区军事法院提起上诉。刘某诉称，一审法院不采信四川大鹏旧机动车鉴定评估有限公司出具的《评估报告》的理由错误：该公司依法进行了年检，具有鉴定资质；两名鉴定人具有国家法定机构颁发的旧机动车鉴定估价师资格证书，且依法进行了注册，二人并未以其鉴定估价师身份同时在两个评估机构执业，其工作单位在成都市旧机动车交易中心，而以其旧机动车鉴定估价师身份执业于四川大鹏旧机动车鉴定评估有限公司，并不违反法律法规禁止性规定。因此该《评估报告》具有法律效力，依法应当采信。即便该《评估报告》不予采信，但原审判决以会计成本价确定本案质物轿车变卖时的价值，没有法律依据，且显失公平。故请求纠正一审判决的上述错误，以《评估报告》认定的价格作为其与谭某某之间结清债务的依据。

谭某某上诉称：一、原判对本案争议轿车价值的认定错误。其于2003年7月2日为该车购买的机动车保险费7 909元应计入车辆价值；以使用1.5年计算车辆折旧率有失公平，该车自己实际只使用1年便被刘某控制，因此应按使用1年计算车辆折旧率。二、刘某未经其同意擅自处分本案轿车的行为侵害了其对该轿车依法享有的所有权，应当承担赔偿责任。故请求判令刘某向其支付轿车价款217 087.73元。

【判决意见概述】

关于刘某处置谭某某“暂时作为抵扣欠款”的轿车是否构成侵权的问题。根据双方于2004年6月17日签订的《协议》以及协议签订当晚谭某某将协议约定的“暂时作为抵扣欠款”的蓝鸟轿车交付刘某的事实，足以表明谭某某以其所有的蓝鸟轿车作为偿还所欠刘某122 700元的质押担保。根据《担保法》第64条第2款规定，该质押合同自谭某某将《协议》约定的蓝鸟轿车交付刘某时已生效。根据《担保法》第71条第2款规定，“债务履行期届满质权人未受清偿的，可以与出质人协议以质物折价，也可以依法拍卖、变卖质物。”据此，在《协议》约定的还款期限2004年10月1日届至后，而谭某某未向刘某清偿债务的情况下，刘某作为质权人，可以与谭某某协商以《协议》约定的质物轿车折价清偿债务，也有权依法拍卖或者依法变卖该质物轿车。刘某选择以变卖质物的方式行使质权，是法律赋予其的处分权。但由于本案的质物系机动车，属于特殊的动产，其变卖必须依照法律规定的程序进行。根据《旧机动车交易管理办法》第3条规定，“旧机动车流通涉及车辆管理、交通安全管理、国有资产管理、社会治安管理、环境保护管理等各个方面，属特殊商品流通，必须在批准的旧机动车交易中心进行。”刘某未通过法定的旧机动车交易中心，将本案质物轿车直接变卖给第三人汤彦，显然违反了上述法律规定。根据《道路交通安全法实施条例》和《机动车登记规定》的相关规定，在以机动车作为质物的质押合同纠纷中，质权人如欲采取“依法变卖质物”的方式行使质权，在不具备该机动车登记证书和行驶证的情况下，只能通过依法提起诉讼或申请仲裁的途径进行。本案中，刘某作为机动车质押合同的质权人，在未取得该机动车登记证书和行驶证的情况下，直接将该机动车变卖给第三人，违反了上述道路交通安全法规关于机动车买卖和所有权转移登记的规定，显然不符合《担保法》第71条第2款规定的“依法变卖”的要求，故其行使质权的方式违法。由于刘某违法行使质权，是引起本案纠纷发生和质物处置价格无法查清的主要原因，刘某应当对此承担不利的法律后果。但鉴于刘某是作为质权人，在债务人不履行债务的情况下，为实现质权而变卖作为质物的轿车的，其变卖的程序虽然违法，但其主观上并不是出于侵占出质人财产的目的，因此不构成侵权行为。

关于本案争议轿车的处置价格。根据《担保法》第 94 条规定，“抵押物、质物、留置物折价或者变卖，应当参照市场价格。”据此，确定本案质物轿车的处置价格，应当以该质物变卖时的市场价格为准。为证明该轿车的处置价格，刘某向法庭提供了四川大鹏旧机动车鉴定评估有限公司出具的《评估报告》，以证明该质物轿车的市场价格为 119 400 元。虽然经二审查明，四川大鹏旧机动车鉴定评估有限公司依法成立并登记在册，具备从事旧机动车鉴定评估的资格，其出具的《评估报告》合法有效，但由于该《评估报告》的鉴定基准日为 2005 年 6 月 29 日，其评估结论只能证明评估基准日及其后 90 天有效期内（即自 2005 年 6 月 29 日起至 2005 年 9 月 29 日止）该轿车的市场价值，而无法客观反映 2004 年 12 月 16 日该轿车的市场价值，因此该《评估报告》不能作为认定本案质物轿车处置价格的依据。由于刘某在本案一、二审中均不能举证证明其变卖该轿车的实际价格，也不能向法庭提交该轿车在 2004 年 12 月 16 日的市场价格，因此刘某应当对本案质物轿车处置价格无法查清承担不利的法律后果。一审法院的计算方法未充分考虑汽车市场的价格变化因素，由此而得出的结论有违公平原则，且不符合《担保法》第 94 条的规定，因此原审法院对本案质物轿车处置价格的认定不当，应予纠正。

二审法院认为，确定旧机动车的处置价格，应当以该车变卖时的重置价格（即同型号新车购置价）为计算基数，以重置价格加车辆购置税和号牌费所构成的重置成本价乘以成新率所得出的价格能够客观反映该车变卖时的市场价格。经调查，该车的重置成本价应为 214 685 元。在不考虑车辆现状和市场价格变动因素的提前下，该类车辆折旧率理论上应按每使用 1 年折旧 1/15 计算。本案质物轿车自购买之日起至变卖时止，已使用 1.5 年，其折旧率理论上应为 10%，但考虑到汽车市场降价因素，综合评价本案质物轿车在 2004 年 12 月 16 日变卖时的车辆状况，本院认为按 20% 折旧比较符合客观实际，故该轿车变卖时的成新率应为 80%。据此，本案质物轿车变卖时的市场价格（处置价格）应为 214 685 × 80% = 171 748 元。关于谭某某诉称其 2003 年 6 月 13 日购买该车自 2004 年 6 月

17 日交刘某占有，其实际使用该车的时间只有 1 年，应按 1 年折旧的主张，二审法院认为，谭某某于 2004 年 6 月 17 日将其轿车交刘某占有，并不是将该车卖予刘某，而是作为偿还欠款的质押担保；汽车作为消费品，购买后其价值会随着时间的增加而不断减少，作为出质人应当承担其质物交付后贬值的风险。根据《担保法》第 70 条规定，“质物有损坏或者价值明显减少的可能，足以危害质权人权利的，质权人可以要求出质人提供相应的担保。出质人不提供的，质权人可以拍卖或者变卖质物，并与出质人协议将拍卖或变卖所得价款用于提前清偿所担保的债权或者向与出质人约定的第三人提存。”可见，出质人是以质物交付后的动态价值（拍卖或变卖时的实际价值）担保质权人债权的实现，而不是以质物交付时的静态价值作为担保。谭某某主张应以其轿车交付刘某占有的时间为限计算该轿车的折旧，实际上等于将质物贬值的风险转嫁给质权人，显然不符合法律设定质押担保的目的，故其要求对该质物轿车按使用 1 年进行折旧的主张不符合法律规定，二审法院不予支持。根据《担保法》第 71 条第 3 款规定，“质物折价或者拍卖、变卖后，其价款超过债权数额的部分归出质人所有，不足部分由债务人清偿。”谭某某以其所有的蓝鸟轿车向刘某质押担保的债务是 122 700 元，故刘某应将该轿车处置价格超过债权数额的差额 49 048 元返还谭某某。

【案例评析】

本案主要涉及质权实现过程中的具体问题。根据法律规定，如果债务人未履行到期债务，债权人可以处分其占有的质押财产。本案中的出质人谭某某以《担保法解释》第 93 条规定为依据，认为刘某作为质权人未经出质人同意，擅自处分本案质物轿车，应当承担侵权赔偿责任，这是对法律的误解。《担保法解释》第 93 条规定的前提条件是“质权存续期间”，而质押担保的债务履行期届满后，债务人仍不履行债务的，则属于我国《担保法》第 71 条规定的“债务履行期届满质权人未受清偿的”情形，在这种情况下，质权人刘某有权依法行使质权。

关于质权的实现方式，各国法人规定不完全相同。在德国，实现质权的方式主要是公开拍卖；在日本，对质物的处分以拍卖为原则；在英美法国家，人们可以事先约定流质条款，即在债务人不能清偿到期债务时，质权人得直接没收质物。我国《物权法》第 219 条第 2 款规定，“债务人不履行到期债务或者发生当事人约定的实现质权的情形，质权人可以与出质人协议以质押财产折价，也可以就拍卖、变卖质押财产所得的价款优先受偿。”依此规定，在我国，质权的实现方式有质物折价与质物出售两种。前者是指由质权人依质物的价格取得质物的所有权，就折价的价款优先受偿。后者则指质权人以拍卖或变卖的方式出卖质物，并就价款优先受偿。

通常情况下，质权人可以自行拍卖、变卖质押财产，而无须请求法院拍卖、变卖。然而，本案中的质物为机动车辆，其所有权转移须遵守《旧机动车交易管理办法》、《道路交通安全法实施条例》和《机动车登记规定》的相关规定，不得自行任意处置。本案中的质权人直接将出质车辆转让给第三人，由此引出质权人应就出售价格系市场价格进行证明的举证责任。本案中先后出现了质权人、出质人、一审法院和二审法院提出的四种市场价格计算办法，由此可见，在确定市场价格方面存在许多切实影响质押双方权益的细节因素。本案的重要启示在于，质权人须根据质押财产的性质依法实现质权。

案例41　台湾第一商业银行抗诉我国台湾地区“高等法院”案

【案例来源】

我国台湾地区的“终审机构”，1963年，台抗字第128号。

【案情简介】

1962年4月6日，债务人富国机器厂，即陈国改向再抗告人借款壹拾伍万元（新台币，以下同），约定清偿期为1962年7月6日。并因担保债权，由债务人提供其所有的寄存于再抗告人台北仓库的十四吋富国牌电扇三百台（三百箱），设定质权，再抗告人为质权人。约定债务人再于1962年9月21日，清偿本金的一部分三万五千元，利息也于当日付清。同时，经再抗告人同意，解除质物电扇壹百台的质权，且其余借款的本金和利息至今未清偿，再抗告人申请“台北地方法院”拍卖质物电扇二百台。

“原审法院”查核卷中所附的借据、担保物提供证、台湾第一商业银行仓单、提取部分担保物申请书暨领收证等文件复印件，认定再抗告人的申请符合法律规定，于是作出了准予拍卖本案中质物电扇二百台（二百箱）的裁定，符合法律规定。

【判决意见概述】

“上诉法院”认为，“原审法院”虽然指出：依据强制执行法律，对于质物的拍卖，并不同于拍卖抵押物有第四条第五款的规定，因此质权人仅能就其债权，依通常诉请判决等方法，取得执行名义。以质物为债务人的财产，而申请对该质物的查封拍卖，并不能就质权取得执行名义，因此将“台北地方法院”准许拍卖质物的裁定废弃，而将再抗告人的申请驳回。但是质权与抵押权，均属于担保物权，抵押权人依“民法”第八百七十三条第一项规定，可以申请“法院”拍卖抵押物，而以“法院”作出许可强制执行的裁定为执行名义。但质权人依“民法”第八百九十三条第一项规定，原本就可以拍卖质物，无须经强制执行，只是当质权人不自行拍卖，而申请“法院”拍卖质物，则“法院”也可作出许可强制执行的裁定，这才是强制执行法第四条第六款所列的执行名义的含义。“原审法院”的见解有误，原裁定无法维持，应予废弃，由“本院”自行作出裁定。

【案例评析】

质权人依“民法”第八百九十三条第一项规定，原本就可以拍卖质物，无须经强制执行，只是当质权人不自行拍卖，而申请“法院”拍卖质物，则“法院”也可作出许可强制执行的裁定，这体现了质权实现方式的多样性。

第四节 质权的消灭

案例 42 永州市某信用合作联社诉欧某某案

【案例来源】

湖南省永州市中级人民法院，(2010) 永中法民三终字第 93 号。

【案情简介】

1999 年 4 月 6 日，欧某某以唐东春的名义在永州市某信用合作联社营业部

（以下简称信用社）开户存款，为一年期整存整取定期储蓄存款，账号为3000128－5号，金额为12万元，开户时没有提供身份证明文件。1999年7月2日，伍新春向信用社申请贷款12万元，信用社要求伍新春提供担保。于是欧某某以账号为3000128－5号、户名为唐东春的12万元存单作为质押担保，借款期限为8个月，欧某某将该存单交给信用社质押。2000年4月6日，该笔存款到期，欧某某将账号为3000128－5号、户名为唐东春的存单予以转存，并领取了利息4 536元，转存后的存单号为3001694－4，户名为唐东春，期限为一年期定期存款，金额12万元；2001年4月6日欧某某同样以唐东春名义转存定期一年并领取存款利息；2002年4月8日又以同样的方式转存，为定期一年，账号为3003973－7，金额12万元；2003年6月3日又以相同的方式转存，为定期一年，并加留储户存款密码；2004年7月15日再次提转，账号为3005739－3；2006年7月31日提转后账号为0000317－8，存款一年；2006年8月14日提前支取转存，账号为910222700015052013，存期一年，凭密码。每次转存、支取均由欧某某领取利息并均由欧某某凭密码转存、支取。2008年8月24日，欧某某要求信用社支付存款，信用社以该存款为唐东春而非欧某某所有，并且该存单已为该社营业部贷款质押担保为由不予退还存款和存单。于是欧某某提起诉讼。

原判认为，本案为储蓄存款合同纠纷，1999年4月6日，银行存款没有实行存款实名制，原告欧某某以唐东春名义存入账号为3000128－5号，金额为12万元的银行定期一年期存款，2000年4月6日原告将存单进行转存，存单账号为3001694－4，金额为12万元的定期一年期存款，并领取了利息，而后该存单多次转存，原告每次均提取利息，本金12万元予以转存。原告将1999年4月6日账号为3000128－5号的定期存款存单质押给被告为他人借款提供担保，虽没有签订质押合同，但质物已交付，被告依法对该存单享有质权。1999年4月6日账号为3000128－5号的定期存款存单到期后，原告将存款进行了转存，被告向原告出具了2000年4月6日账号为3001694－4号的定期存款存单并支付了利息给原告，1999年4月6日账号为3000128－5号的定期存款存单与2000年4月6日账号为3001694－4号的定期存款存单虽同属一人，但存单账号不同，开户时间不同，存单账号、开户时间为该存单区别于其他存单的基本信息，不同存单账号、开户时间的存单应不为同一存单，被告允许原告进行转存并由原告领取利息应当视为原告已经支取了该笔存款，而原告支取存款，即为被告将1999年4月6日账号为3000128－5号的定期存款存单交付给了原告，即被告将质物交付给原告，由于质押财产的交付占有为质权的生效和存续要件，被告返还质押财产（1999年4月6日账号为3000128－5号的定期存款存单）应为放弃质权，被告不能再行要求行使质权。1999年4月6日账号为3000128－5号的定期存款存单由原告办理存款手续，出质时由原告同意，每次转存均由原告办理有关手续并领取利息，且存单密码由原告留存并掌握，可以认定为原告所有。被告应将存单给付原告。

宣判后，信用社不服，主要上诉理由为：一、欧某某的主体资格有待认定，欧某某没有证据证实，唐东春的存单属于本人，该存款与欧某某无关；二、唐东春的存单一直在上诉人处质押，双方的质押关系一直处于延续状态，上诉人并没有放弃质权。请求法院依法改判。被上诉人欧某某辩称，一、信用社明知欧某某以唐东春名义存款转存；二、上诉人长期以来未行使质权，依法不能支持上诉请求。

【判决意见概述】

法院在二审中查明，欧某某从1999年至2007年退休时，系上诉人信用联社营业部的出纳。法院认为，为担保案外人伍新春的债的履行，被上诉人欧某某用本人（以唐东春名义办理）的存单质押在上诉人信用联社。虽然出质人与质押权人没有签订书面合同，欧某某也没有在伍新春与信用联社签订的《抵押贷款担保合同书》上签名，但出质人欧某某向质权人信用联社交付了质物（存单）。根据《担保法》第64条第2款之规定，质押合同自质物移交于质权人占有时生效，因此，双方成立了质押担保法律关系，欧某某在存单质押期间，自2000年4月6日至2007年8月24日，多次对出质存单进行转存，并领取利息，但信用联社拒绝欧某某提取存款本金，且每次转存之后，存单一直质押在信用联社，因此，信用联社并没有放弃质权。《担保法解释》第95条规定，债务履行期届满质权人未受清偿的，质权人可以继续留置质物，并以质物的全部行使权利。出质人清偿所担保的债权后，质权人应当返还质物。本案中，主债务人伍新春未偿还主债务，且下落不明，出质人欧某某也未清偿所担保债务，故，质权人信用联社可以继续留置质物。欧某某关于返还存单的诉讼请求，依法不能支持。

信用联社上诉提出，（一）欧某某不能证实，唐东春的存单属于本人。经查，存款当时金融机构并未实行实名制，欧某某作为信用联社内部职工，虚拟了唐东春名字，并以该名义办理存款，在第一次转存付息时，本人在储户签收一栏，签了本人之名字，在最后一次转存时，使用了本人身份证，并在此期间，以本人名义向信用联社申请退回存款。因此，欧某某一直在行使该存单储户的权利，对此，信用联社也应当知道，该上诉理由不能成立。（二）上诉人长期以来一直行使质权，并未放弃。如前分析，该上诉理由成立。欧某某代理人以《担保法解释》第12条第2款予以抗辩：该款规定，主债务诉讼时效届满后二年内，担保权人主张行使担保权的人，人民法院应予支持，现该期间已过，担保权人没有行使质权，因此，人民法院不能再支持担保权人行使担保权。法院认为，质权人的权利包括了留置质物的权利、收取质物孳息的权利、转质的权利、质物变价的权利等方面，信用联社自质押成立以来，一直在行使留置质物的权利，也即一直在行使担保权，故，欧某某的抗辩理由不能成立。原判将本案定性为存款合同纠纷不当，因本案纠纷源自双方当事人的质押担保关系，应定性为质权纠纷。原判认为，信用联社放弃质权，如前分析，属适用法律错误。据此，依照《民事诉讼法》第153条第1款第（二）项、《担保法》第63条、最高人民法院《担保法解释》第95条第1款的规定，并经法院审判委员会讨论决定，判决撤销原审判决，驳回原审原告欧某某的诉讼请求。

【案例评析】

质权有着强烈的“占有”要求，通常情况下，其设立与存续以质权人占有质物为条件。对于动产质物，要求质权人持续占有质物；对于权利出质则分两种情形，如有权利凭证，要求质权人占有该凭证，若无权利凭证，则要求质押合同双方就该质押在主管机关进行登记。在本案中，存单是原告欧某某对被告信用社享有债权的凭证。信用社是否持续占有欧某某的存单是质权存续与否的重要标准。根据法律规定，质权将于以下情形归于消灭：（1）被担保的债权消灭；（2）质权人返还质物或因其他原因丧失占有且已丧失返还请求权；（3）质物灭失；(4) 质权转让；(5) 质权已获实现；(6) 质权的存续期间届满。

不过，各国民法对质权人返还质物的后果有不同的规定。日本民法规定，质权人不继续占有质物时，其质权并不自动归于无效，而只是不得对抗第三人。德国民法规定，质权人将质物返还出质人或质物所有人时，质权归于消灭。出质人将质权人返还的质物再交给质权人时，一般可认为是质权的重新设定。依照瑞士民法规定，质物因质权人的意见由出质人单独支配时，质权并非消灭，而仅为失效。因此质物重归质权人占有时，质权当然恢复。我国《担保法解释》的第87条规定，“质权人将质物返还于出质人后，以其质权对抗第三人的，人民法院不予支持”。但该司法解释并未明确此种情形下，质权究竟是消灭还是无效。另一方面，质物灭失后，质权也就丧失了所指向的对象。质物全部灭失的，就该质物而发生的质权也随即消灭；如质物部分灭失，不可分的动产质权仍然存续于质物的剩余部分；可分的动产质权，灭失部分发生的质权归于消灭。质物因灭失而获得的赔偿金，应当视为出质财产，因为赔偿金是质物的转化形态，也是担保物权的代位性的具体表现形式，赔偿金应包含侵权损害和保险所获赔偿。

本案中，欧某某的存单虽然几经转存，账号几经改变，但其实质都是欧某某对信用社的12万元的债权的原始凭证。在此意义上，信用社并未丧失对质物的占有，质权依然存续。值得注意的另一个问题是，信用社如何实现质权。本案中的质权虽然已超出诉讼时效，不能再获得法院的支持，但权利本身仍然存在。信用社可以继续占有存单，并要求出质人欧某某承担担保责任。双方可以协议拍卖或变卖质物，并由信用社就出卖所得优先受偿。

第六章

留 置 权

留置权是指，债权人按照合同约定占有债务人的动产，在债务人不按照合同约定的期限履行债务时，债权人依法有权留置该财产，以该财产折价或者以拍卖、变卖该财产的价款优先受偿。在债权人的债权得到完全清偿之前，债权人都有拒绝交付留置财产的权利。留置权的概念最早出现在《德国民法典》中。一般认为，留置权源于罗马法的“恶意抗辩权”，“恶意抗辩权”之后逐渐发展成为“同时履行抗辩权”和“留置权”。但在罗马法中，即使按照最先进的观点，留置权也不具有对债的“物的担保”的功能，债权人也没有就留置物优先受偿的权利。

我国法律将留置权独立设章并将其放在《物权法》第四编“担保物权”之下，采用的是担保物权性质的留置权制度。我国《物权法》第 230 条规定，“债务人不履行到期债务，债权人可以留置已经合法占有的债务人的动产，并有权就该动产优先受偿。”而且，债权人留置的动产，应当与债权属于同一法律关系，但企业之间留置的除外。同时，法律规定或者当事人约定不得留置的动产，不得留置。

我国《担保法》中与留置权相关的规范已基本被《物权法》所替代，因为《担保法》与在后制定的《物权法》存在规定不一致的情形，而《物权法》第 178 条规定，“担保法与本法的规定不一致的，适用本法。”至于其他法律中的留置权规范，《物权法》并没有对它们的效力作出规定，但其中第 8 条规定：“其他相关法律对物权另有特别规定的，依照其规定。”因此，《合同法》、《海商法》、《航空法》和《信托法》规定的留置权可视作该条指称的特别规定。

第一节　留置权的取得

留置权是一种法定担保权，其取得不以当事人的合意为条件，而须依据法律规定。一般而言，留置权的取得须满足三项条件：一是债权人已按合同约定占有债务人的财产；二是该财产与产生债权债务关系的合同有关；三是债务已届清偿期。各国对于留置权取得的具体条件有不同规定。

案例 43　上海某物流有限公司诉上海某 2 物流有限公司案

【案例来源】

上海某物流有限公司诉上海某 2 物流有限公司留置权纠纷案，上海市金山区人民法院，（2009）金民二（商）初字第 1585 号。

【案情简介】

2008 年 3 月 5 日，原、被告签订货物运输合同一份，约定由被告委托原告运输货物，当月运费在次月的 15 日前对帐、隔月的 15 日前付清，被告不按约支付运费的，原告有权扣留货物。合同另对运费、违约责任等作了约定。2009 年 4 月，经双方对帐，确认截止至 2009 年 4 月 16 日，被告共欠原告运费人民币（以下币种同）977 927 元。2009 年 4 月 17 日，被告又委托原告运输钢板，因被告未按约支付运费，原告将该批货物留置。2009 年 5 月 8 日，原告向上海市金山区人民法院提起诉讼，要求被告支付尚欠运费及利息。2009 年 6 月 22 日，法院判令被告于判决生效日起十日内支付原告运费 977 927 元并承担逾期利息，案件受理费 11 789.50 元由被告负担。原告认为该判决漏判原告对留置的货物享有留置权，故向上海市第一中级人民法院提起上诉。2009 年 11 月 2 日，二审法院以原告的上诉请求超出原审诉请范围为由驳回上诉、维持原判。被告拖欠原告运费的事实已由生效判决所确定，故原告依据《合同法》第 315 条、《物权法》第 230 条、第 231 条之规定，诉请法院判令原告对被告委托运输的 355.22 吨货物享有留置权，并就留置货物在1 013 792.85元范围内优先受偿。诉请金额由运费977 927.00元、逾期利息24 076.35元、一审诉讼费11 789.50元构成，其中逾期利息计算方式为：以运费680 000元为本金、自2009年4月18日起算，以运费196 844元为本金、自2009年5月16日起算，以运费101 083元为本金、自2009年6月16日起算，按照年利率4.86%计算至2009年11月2日。

鉴于被告未到庭应诉，法院对原告的陈述及提供的证据进行核对。经审理查明，确认原告所述事实属实。另查明，被告委托原告运输并被留置的355.22吨货物属案外人江阴市某金属材料有限公司等所有。

【判决意见概述】

法院认为，根据法律规定，债务人不履行到期债务，债权人可以留置已经合法占有的债务人的动产，并有权就该动产优先受偿，债权人留置的动产，应当与债权属于同一法律关系，当事人行使留置权必须符合法定的条件。首先，债权人留置的动产须为债务人所有的动产。尽管原告对被告享有的到期债权已经生效判决书确认，但根据本案查明的事实，原告占有并留置的系争货物并非债务人即被告的财产，其实际所有人为案外人江阴市某金属材料有限公司等。原告称其与被告间签订的货物运输合同约定了受托货物所有权均为被告所有，故原告占有系争货物属合法取得且善意。法院认为，鉴于合同具有相对性，而所有权具有对世性，原被告间协议约定的货物所有权权属状况的效力并不能及于合同之外的第三人，更不能对抗真正的货物所有权人，所有权并不能因非原所有权人的约定而发生实际变更，且原告已经向实际所有人江阴市某金属材料有限公司等交付了部分货物，故原告扣留系争钢材缺乏合法前提；其次，债权人留置的动产须与债权属于同一法律关系。原告要求行使留置权对应的债权系原、被告间截止至2009年4月16日尚欠运费及利息，而原告占有所留置的钢材系依据原、被告间针对系争钢材的委托运输关系，即原告留置的财产显然与其主张的债权并非同一法律关系；再次，虽然《物权法》第231条规定企业之间留置并不需要满足同一法律关系，但如企业之间的留置不以债务人对其财产享有所有权为必要条件的话，则所有权人可能遭受的风险无限放大，不利于诚信商业体系的建立，即商事留置权中留置的动产须为债务人所有的动产。综上，原告要求就留置的财产行使留置权的诉请缺乏合法前提，法院难以支持。依照《中华人民共和国物权法》第230条、第231条，《民事诉讼法》第130条之规定，判决驳回原告上海某物流有限公司的诉讼请求。

【案例评析】

我国《物权法》关于留置权的规定与我国台湾地区的规定基本相同（参见案例45），要求：（1）债权人合法占有债务人的动产；（2）债权人占有的动产与债权属于同一法律关系；（3）债务人没有履行到期债务。本案凸显的问题是如何认定"同一法律关系"。我国《物权法》第231条规定，"债权人留置的动产，应当与债权属于同一法律关系，但企业之间留置的除外。"依据该条规定，以下三种情形都可能视为同一法律关系：（1）债权系由该动产本身而生；（2）债权与该动产的返还义务系基于同一法律关系而发生；（3）债权与该动产的返还义务系基于同一事实关系而生。显然，在本案中，原告对被告的债权是由之前运输的货物引致，与本次留置的355.22吨货物没有关系。这不属于上述三种情形中的任何一种。但是，《物权法》第231条明确规定了企业间留置的例外情形。这一规定符合国际立法惯例，即，将商事留置与一般的民事留置区分开来。一般说来，只要标的物的占有是在正常的业务往来关系中获得，那么不论该标的物与债权的产生是否有因果关系，都可以设立留置权。本案中的双方当事人皆为物流公司，符合物权法例外规定的情形，应当在宽泛的意义上认定原告留置的货物与其对被告享有的债权之间存在因果关系。不过，即使放开"同一法律关系"的条件，留置的标的物是否须为债务人所有仍然是一个存在争议的问题。即使将善意取得的情形纳入考虑，也无法将原告留置的实属江阴市某金属材料有限公司的货物扩大理解为被告的货物。因为原告与被告都是物流公司，原告应当很清楚，被告交运的货物一般不会是被告自有的财产。因此，本案中的原告不能取得对拟留置货物的留置权。

第二节　留置权的实现

留置权的实现即指留置权的实行。一般认为，留置权具有二次效力。第一次效力主要指留置权的取得与成立，其于债务已届履行期而债务人未履行义务时生效，主要体现为一种抗辩权。第二次效力则是指留置权的实现，是指留置权人在留置财产后一定期限内，债务人仍不履行债务时可就留置财产变价受偿的权利。该项权利的行使通常要求债权人已给予债务人一定的宽限期，并通知债务人在确定的期限内履行债务，且债务人在宽限期届满时仍未履行债务，也未另行提供担保。在留置财产变卖后，债权人可就变现的价款优先受偿，如有余额，债权人应将余额返还债权人，如无法返还则应提存。如变现的价款不足以偿付债权，债务人仍就未履行的部分承担清偿责任。

案例44 Menkel诉Sun银行案

【案例来源】

John D. Menkel v. Sun Bank and Trust Co.. Bankruptcy No. 85 - 2835 - 8B7. Adv. No. 89 - 14.

【案情简介】

债务人是一家“特许机动车辆经销商”，主要从事机动车辆的租赁业务。债务人的车辆库存由被告Sun Bank贷款资助，该笔融资可由债务人于1983年9月20日开出并交付给被告的一张550 000美元的汇票证明。为了担保此汇票可以得到按时偿付，双方当事人签署了一份名为《经销商库存》的协议，此协议明确约定了担保物的范围不超过债务人所拥有的50辆机动车辆。

1985年1月18日，银行根据《佛罗里达州法》第679.302节的规定，在州务卿处登记了《统一商法典》规定的UCC - 1融资声明。该声明看起来范围广泛，它将担保物一般化地描述为“各种类型和性质的所有机动车辆”。除了登记UCC - 1融资声明以外，借款银行还以其他方式保护其投资。该银行的执行副总裁证实以下事实：第一，该银行保留了所有担保物的原产地证书，并保留了以该银行的名义命名的留置权；第二，资金依据机动车辆的数量进行支付。也就是说，每当债务人卖出一辆机动车，且银行的此笔贷款得到偿付时，该机动车辆的原产地证书才能交付给债务人。法庭还注意到，双方签订的担保协议指出，当作为担保物的债务人的存货因出售或其他原因减少一个单位时，债务人需要及时提供价值相当的担保物进行替代。

1985年9月18日，当债务人向借款银行交付支票后，债务人的清偿责任最终得到了完全履行。同时，借款银行也向债务人交付了其持有的全部机动车辆的原产地证书以及/或者全部权利。数周后，债务人在1985年10月7日登记了第11章规定的诉讼，后于1988年4月7日转为第7章规定的破产案件。破产管理人John D. Menkel于1989年1月5日提起控诉，声称被告并没有在担保物上设立有效的担保利益，因为其违反了《佛罗里达州法》第319.27节的规定。

《佛罗里达州法》第319.27（2）节规定，“以担保协议……或其他类似文件的形式设立在已获佛罗里达州产权证的机动车辆之上的……购买资金的留置权或者债务担保，在本州的任何法院内均不得针对未经告知且支付了对价的债权人或后手买方强制执行，除非该项留置权以宣誓通知的形式向相关政府部门做了备案，并且机动车辆的所有权证书上要注明该留置权。”

原告主张，《佛罗里达州法》第319.27节规定了在佛罗里达州设立担保权益的一般程序。本节要求：第一，登记经过宣誓的留置权通知；第二，在产权证书上注明该留置权的存在。因为被告并未满足《佛罗里达州法》第319.27节的规定，所以被告的担保权益并未设立。由此，根据《破产法》第544节的规定，此项留置权可予撤销。

【判决意见概述】

佛罗里达州的判例法没有解释《佛罗里达州法》和《统一商法典》的有效设立担保利益的要求，也没有关于租赁车辆业务的判例。法院发现，州法第319条和第679条的规定并不是互相排斥的，应当合并理解。《佛罗里达州统一商法典》中关于机动车辆抵押物的担保权益的有效设立的一般规定是正确的切入点。

依据佛罗里达州判例法确定的原则，州法第679条关于登记融资声明以有效设立担保利益的规定是强制性的。然而，如果担保财产隶属于州法第319条的规定，那只有按照该章带有例外的规定。佛罗里达州法第679.302（3）（b）条和第319.27（1）条都有类似关于库存的例外规定。

在法院看来，双方当事人的分歧缘自对州法第319条和第679条的关系的不同解读。法院选择了以州法第679条采用的《统一商法典》内的规定作为分析的起点，即，如果要在动产上有效地设立担保利益，登记融资声明是必经而且必要的程序。根据州法第 679.302（3）（b）条的例外规定，在机动车辆上有效设立担保利益应遵照第 319 条的规定。州法第 319 条并不适用于“担保协议、产权保留合同、附条件买卖协议、动产抵押或者其他涉及特许经销商的机动车辆或移动地面方案库存的类似文件。”州法第 319 条不适用于“担保物为从事某类货物销售之人的待售库存”的案例。也就是说，如果存在这两项例外的话就可以得出有效设立担保利益需要登记融资声明的结论。第一个例外是与本案相关的特许经销商的例外，第二个例外适用于销售存货的销售者。这两个例外主要处理库存的“地面方案”融资问题。两者的不同在于，第 679.302 条适用于出售库存业务的库存融资。第 319.27（1）条排除了所有特许经销商的库存融资。如果任何一项例外成立，那么借款银行通过登记融资声明来设立担保利益的做法就是正确的。

根据这一解释，法院认为，如果债权人想就地面方案的机动车辆设置有效的留置权，应首先考虑适用州法第 679 条的规定。第 679.302（3）（b）条表明，如果担保利益的设立是依据州法第 319 条，那么第 679 条的规定不再适用。在这个关键点上，法院必须判断是否存在第 319 条规定的例外。这个问题的答案是肯定的。其中的一个例外规定与特许经销商相关，如果本案中的债务人属于法律规定的特许经销商，那么担保利益就必须通过登记 UCC－1 融资声明来设立。如果债务人不是特许经销商，那么除非存在第二种例外情形，否则需要根据州法第 319 条的规定设立担保利益。如果抵押物是由此类货物的销售者以存货的方式持有，那么根据州法第 319 条的规定设立担保利益则是没有效果的。反而，应该根据州法第 679 条的一般规则登记 UCC－1 融资声明以有效地设立担保利益。

法院认为这两项例外情况在实际运用过程中，在大多数案例中的情况是相似的，但在特殊的个案中，二者需要区别对待。区分的关键问题在于担保物是否隶属州法第 319.27（1）条的规定。该条规定，任何在机动车辆上设立的留置权、抵押权和其他担保权益必须要根据佛罗里达州的法律在其所有权凭证上注明，但是此项规定并不适用于为特许经销商经营的机动车辆设定担保权益的情况。

所以此项问题就变成了债务人是否是特许经销商的问题。因为州法第 319.27 条不适用于特许经销商签订的担保协议。特许经销商是指根据州法第 319 条的规定的销售者。本案中的被告提出了无可争议的证据证明债务人为机动车辆的特许经销商。因此，法官做出简易判决认定借款银行已经通过填写融资声明有效地设立了担保利益，破产管理人不能主张其留置权无效。

【案例评析】

本案中，原被告双方发生争议的法律问题可以主要归纳为以下四点。第一，在机动车辆上设立留置权的公示义务应该通过何种途径得以履行。本案中的原告认为被告借款银行并没有按照《佛罗里达州法》第319条第27款规定的在佛罗里达州履行一项担保权益的公示义务应遵循的一般程序。第二，原告认为本案中的债务人并不属于《佛罗里达州法》第320条第27款c项规定的机动车辆交易人的范围，因此不能适用《佛罗里达州法》第319条第27款的例外规定。第三，原告认为此项例外规定只能适用于用于买卖的存货而不能适用于用于租赁交易的存货。被告则主张机动车辆的买卖和租赁制之间并没有区别，并且进一步主张“以租赁的方式购买”这一短语的意思即是买卖和销售。第四，原告和被告对债务人是否是机动车辆的特许经销商这一事实问题发生争议。因为特许经销商是适用《佛罗里达州法》第319条第27款的一项例外规定。

关于本案涉及动产担保公示的具体规定，本案事实上涉及了三个法律条文，即《佛罗里达州法》第319、320、679条关于担保利益确立的规则。其中，第679条是关于担保利益设立的一般性规则，该规则与第319条的规定互为补充，后者适用于机动车辆的问题，但又以第320条的规定为例外。总结起来，三条规则存在一个循环关系：一般而言，用第679条的规定，登记UCC－1融资声明即可；但如果是一般的机动车辆的担保利益问题则用第319条，需要以宣誓通知的形式才能设立；又但是，如果属于第320条规定的两大例外情形之一，则又只需登记UCC－1融资声明即可。

本案法官在梳理这些规则的关系之后，准确地判断出本案的关键问题在于债务人是否是特许经销商，担保物是否是特许经销商的待售库存。

针对第一个问题，破产管理人认为债务人并不属于《佛罗里达州法》第320条第27款（1）c项规定的“机动车经销商”。根据第320条第27款（1）c项的规定，“机动车经销商”是指任何以批发或零售方式，从事机动车买卖、交易，或者提供或展示待售机动车的人。任何在12个月以内购买、出售或经销3辆以上机动车的人，或者在12个月以内提供或者展示3辆以上待售机动车的人，应初步推定为从事这类业务的人。“出售”和“销售”这些术语包括租售交易。“机动车经销商”不包括那些为了自己使用或经营使用而处理车辆的买入或卖出者，也不包括将车辆卖给本节规定的特许机动车经销商的租车公司。破产管理人主张债务人并不属于《佛罗里达州法》第320条第27款（1）c项规定的经销商，因为债务人基本不从事机动车出售业务。此外，在债务人的破产计划表中注明的债务人从事的是机动车辆的租赁业务。为了支持自己的此项主张，原告还对第320条第27款字面含义进行了限缩解释，在该节规定中，出售包括租售。

针对第二个问题，原告主张第679.302（3）（b）项的例外规定只适用于待售库存而非待租库存。特别是在担保利益必须通过登记UCC－1融资声明，而不是在机动车产权证上注明留置权才能有效设立时，它仅指由出售机动车的人所有的待售库存。破产管理人特别强调了待售库存和待租库存的区别，并提出以下两项主张：（1）《统一商法典》以及《佛罗里达州法》的起草者的立法意图是区分买卖和租赁两种不同的方式。（2）《佛罗里达州法》应该遵循其字面含义。破产管理人的解释很简单，销售是销售，而租赁则是完全不同的另一回事。相反的，被告主张待售库存和待租库存没有区别，认为佛罗里达州法第319.001（2）项和第320.27（10）（C）项中的“出售”和“销售”包括了“租售”。

遗憾的是，法官的分析多停留于法律层面的探讨，并没有就上述两个更近似于事实问题的问题进行深入讨论，而是直接采信了被告的证人证言，认定本案中的债务人是特许经销商，因而涉案担保利益只需登记UCC－1表格即可设立。

案例45　段某某诉群益公司案

【案例来源】

我国台湾地区“台北地方法院”民事判决，2000年度诉字第二五〇二号。

【案情简介】

鸿普建设股份有限公司（以下简称鸿普公司）于1999年7月3日向群益证券股份有限公司（以下简称群益公司）开立证券信用交易账户，从事股票之融资融券信用交易，并与群益公司签订融资融券契约书。之后，鸿普公司向群益公司融资买进皇普股票共 110 万股，向群益公司融资共计 5 581 000 元，同时将前述股票提供给群益公司以担保融资债务。依据我国台湾地区证券交易所订定之《证券商办理有价证券买卖融资融券业务操作办法》第 23 条之规定，群益公司应于鸿普公司信用账户担保维持率低于 120% 时，通知其于通知送达之日起第 2 个营业日补缴融资自备款差额。如其未于通知期限内补缴差额，依该操作办法第 39 条第 1 项规定，群益公司应于次一营业日处分其担保品。担保品之处分，以群益公司向太平洋证券股份有限公司开设之群益证券公司信用违约专户为之。

1999 年 11 月间，前揭融资买进的股票价格持续下跌，使鸿普公司之账户授信维持率低于 120%，群益公司通知鸿普公司补缴差额亦未获置理，群益公司遂于 1999 年 11 月 3 日依前揭操作办法之规定处分鸿普公司之担保股票计 110 万股。此有太平洋证券股份有限公司合并买卖报告书暨交割凭单可证。扣除证券经纪商手续费、证券交易税、融资利息及抵充部分融资本金后，尚余融资本金 1 537 426 元未获清偿。

由于鸿普公司一直授权第三人段某某代理买卖证券等有关行为，且段某某承诺负连带保证责任，为此，第三人段某某应与鸿普公司就 1 537 426 元之债务负连带清偿责任。于是，群益公司主张，其在 1 537 426 元的范围内，对债务人段某某在群益公司账户内的股票享有留置权。

【判决意见概述】

“法院”认为，根据我国台湾地区“民法”第 928 条的明文规定，在债权人占有属于其债务人的动产，且符合以下要求时可以留置该动产：一、债权已至清偿期者；二、债权之发生，与该动产有牵连之关系者；三、其动产非因侵权行为而占有者。因此，通说均依文义解释，认为留置权之发生除须具备上述三项要件外，还要求债权人所占有之标的必以属于债务人之动产为限，不得强为扩张或违反文义之解释。

由于本案系争股票并不属于债务人鸿普公司所有，而系保证人段某某所有，因此不符合留置权产生的条件。群益公司不得对段某某的股票主张留置权。

【案例评析】

留置权最初起源于罗马法上的恶意抗辩权。该制度的初衷是为了保障在先履行义务者的权利，主要是一种拒绝给付的抗辩权。通常而言，留置权的成立有三方面的要件：一是占有标的物；二是标的物与债权的产生有关；三是债权已届清偿期。其中，标的物是否必须是债务人之物，是一个有争议的问题。

目前，仅有《瑞士民法典》明确规定留置权的标的物不必是债务人所有之物。英国、德国以及我国的法律都没有明确债权人占有的“债务人的财产”是否必须是债务人所有的财产。但大部分国家的学者认为，留置权的标的物不应严格限于债务人所有之物，亦应考虑善意取得的情形。综合而言，以下情形下的标的物都可能成为留置的标的物：（1）属于债务人的物或者债权人有合理理由相信其属于债务人所有的物；（2）债务人经所有人的认可或基于其得处分所有人的物的权利，而交付于债权人的标的物；（3）债权人有合理理由相信交付标的物的人有处分标的物的权利。

结合本案事实来看，即使是宽泛地理解“债务人的财产”，也不能将第三人段某某的股票视为债务人鸿普公司的财产。首先，系争股票在段某某个人名下，群益公司没有任何理由相信这是鸿普公司的财产；其次，系争股票仍存在于段某某在群益公司开立的账户中。段某某的开户行为不能等同于交付。最后，段某某承担的是保证责任，系争股票与债权的产生没有直接关系。因此，群益公司不得要求对段某某股票的留置权。

第七章

定　金

我国《担保法》第89条规定："当事人可以约定一方向对方给付定金作为债权的担保。债务人履行债务后，定金应当抵作价款或者收回。给付定金的一方不履行约定的债务的，无权要求返还定金；收受定金的一方不履行约定的债务的，应当双倍返还定金。"我国《民法通则》中也有相同规定。定金的效力主要体现在定金罚则上。定金罚则在《合同法》中亦有规定，"当事人可以依照《中华人民共和国担保法》约定一方向对方给付定金作为债权的担保。债务人履行债务后，定金应当抵作价款或者收回。给付定金的一方不履行约定的债务的，无权要求返还定金；收受定金的一方不履行约定的债务的，应该双倍返还定金。"

第一节　定金的成立

定金合同是实践性合同，在定金交付时成立、生效。

案例46　吴江市某纺织公司诉德清某服饰公司案

【案例来源】

吴江市某纺织有限公司与德清某服饰有限公司定金合同纠纷上诉案，浙江省湖州市中级人民法院，(2012) 浙湖商终字第405号。

【案情简介】

2011 年 3 月 16 日，吴江市某纺织有限公司（以下称纺织公司）与德清某服饰有限公司（以下称服饰公司）签订一购销合同，合同约定，服饰公司向纺织公司购买雪双皱面料 5 980 米，计价款 77 740 元；购买绒复合丝面料 5 600 米，计价款 93 700 元（含染费 1 300 元）；交货时间为 2011 年 4 月 15 日；同时约定按实际出货结算，总数增减幅不得超过合同签订米数的 2%；质量按需方确认的品质标准执行，颜色按需方确认色卡为准；服饰公司预付货款的 30% 作为定金，纺织公司提供实际米数，服饰公司确认后付清余额，纺织公司发货，同时开具发票；验货标准是每匹检查，如数量无异议，则由需方指定人员在送货单回执上签字确认；合同还就其他事项作了约定。2011 年 3 月 18 日服饰公司通过银行汇款的方式向纺织公司交付了 50 000 元定金；后纺织公司多次寄送样布，但逾期交货，服饰公司于 2011 年 5 月 13 日发函给纺织公司：请务必在星期一把我司已确认的面料发给我司，我司会同时把此笔货款按合同以银行汇票方式折给贵司。2011 年 5 月 15 日，纺织公司发货雪双皱 6 959. 3 米交由服饰公司签收，2011 年 5 月 14 日，服饰公司将该部分货款 99 478. 50 元汇给了纺织公司。此后服饰公司认为有质量问题，将这批货退回了纺织公司，6 月 23 日，纺织公司将这批货再次交付服饰公司，服饰公司虽当场提出质量异议，但还是签收了，为此致函给纺织公司但被拒收。此后，合同约定的绒复合丝面料至今未交付服饰公司。服饰公司多次要求纺织公司交付合格的绒复合丝面料未果，遂向德清县人民法院提起诉讼，请求法院判令解除双方于 2011 年 3 月 16 日签订的购销合同；纺织公司立即返还定金 68 738. 39 元。

纺织公司辩称，（1）服饰公司主张的 5 万元是货款而不是定金；（2）纺织公司所供面料不存在质量问题；（3）涉案合同是一份带款提货合同，服饰公司至今未能履行提货义务，应继续履行合同。

原审法院认为，服饰公司与纺织公司之间的买卖关系合法有效，依法应予以保护，纺织公司未能全面、及时履行交货义务是引起本案纠纷的根本原因，依法应承担相应的民事责任；纺织公司的违约行为，已符合法定的合同解除条件，故服饰公司要求解除双方签订的购销合同的诉请予以支持；纺织公司逾期交货的事实清楚，其违约行为致使服饰公司无法达到合同目的，故对纺织公司继续履行合同的主张，不予支持。根据合同约定的30%定金额应为51 432元，与实际数额略有差异，但根据其汇款时间，以及服饰公司另行全额付清已交付面料，而不予冲抵的行为，足以认定该50 000元为服饰公司实际交付的定金；同时，纺织公司接受不足额的定金，实际上等于接受的定金额即为定金范围，视为变更定金条款，收受定金一方提出异议并拒绝接受的，该定金条款不生效；现纺织公司自收到定金5万元后，至今未提出任何异议，应视为对定金条款的变更，以服饰公司实际交付的5万元为定金额，故纺织公司认为不是定金的主张不予支持。双方约定的定金比例已超过法律规定范围，但服饰公司在诉请中已按照法定的20%比例进行计算，并已按实际履行情况分段计算，符合法律规定，对其主张的返还定金数额予以确认；故服饰公司的上述诉讼请求，合法有据，予以支持。据此，依照《合同法》第60条、第94条、第115条的规定，判决解除双方于2011年3月16日签订的购销合同，并要求纺织公司返还服饰公司定金款人民币68 738.39元。

纺织公司不服一审法院上述判决，提出上诉称，原判认定的事实错误，本案的交货方式为付清全款后交货，未交付合同约定的绒复合丝面料是因为服饰公司至今未按合同约定付清全部货款，并非其逾期交货。

【判决意见概述】

二审法院认为，双方签订的合同包含二批面料，雪双皱和绒复合丝，其中雪双皱已经交付，虽然交付的时间晚于合同约定的时间，服饰公司对面料的质量也有异议，但服饰公司已经接收并付清了该部分的货款。然绒复合丝至今未交付，纺织公司在一审时提交了面料的照片，认为自己已准备好供货，是因为服饰公司未付货款故未发货，而服饰公司提出纺织公司一直没有发货，违反合同约定，时至今日已无法实现合同目的，提出解除合同并双倍退还定金。根据合同约定，双方应按实际出货结算，纺织公司提供实际米数，服饰公司确认后付清余额，纺织公司发货，同时开具发票，然从纺织公司提交的证据看，并没有向服饰公司提供绒复合丝的实际米数，服饰公司自然无法付清余额。从合同约定的验货标准看，也是每匹检查，如数量无异议，则由服饰公司在送货单回执上签字确认。从双方对雪双皱的交易看，纺织公司于2011年5月15日发货，服饰公司签字确认后于2011年5月16日付款。纺织公司既没有将绒复合丝面料在合同约定的时间内交服饰公司查验，也没有通过其他任何途径将准备供货的实际米数告知服饰公司，在服饰公司无法付清余款的情况下，纺织公司以服饰公司未付清余款而拒不发货的理由不能成立。况且单以一审提交的面料照片难以证明其已准备交货。因此，在合同中绒复合丝面料的履行上，纺织公司已经违约。原判适用法律正确，实体处理恰当。因此，驳回上诉，维持原判。

【案例评析】

本案主要涉及定金条款的确认与适用。与一般的担保合同不同的是，定金合同是实践合同，在定金实际交付之时生效。尽管本案合同双方约定以总价款的30%为定金（应为51 432元），但服饰公司实际交付的定金数额为50 000元。由于纺织公司已实际接收了该笔款项，并未提出异议，因此可以视为双方就定金数额的变更达成了一致。本案中的定金金额应以实际交付的数额为准。然而，我国法律对于定金数额有上限控制，要求不能超过主合同标的额的20%。依据《担保法解释》第121条的规定，当事人约定的定金超过主合同标的额的20%的，超过的部分，人民法院不予支持。因此，原告服饰公司在起诉时将定金数额调整为合同标的额的20%。本案法院审理的重点在于探明被告纺织公司是否构成违约，由此确定是否适用定金罚则。依据《担保法》第89条，“收受定金的一方不履行约定的债务的，应当双倍返还定金。”因此，法院两审均判决纺织公司双倍返还合同标的额的20%。

第二节 定金的种类

在传统民法上，依定金的目的和作用的不同，将定金分为以下几类：成约定金，即以定金的交付作为债之成立的要件；证约定金，即以定金的交付作为债之成立的证明；违约定金，即以定金作为债之不履行的赔偿；解约定金，即以定金作为保留解除权的代价；立约定金，即在订立合同前交付的定金，其目的在于保证订立正式合同。

案例47 张某诉绍兴某宴会大酒店案

【案例来源】

张某与绍兴某宴会大酒店有限公司定金合同纠纷上诉案，浙江省绍兴市中级人民法院，（2010）浙绍商终字第823号。

【案情简介】

2010年3月16日，原告张某为办宴庆向被告预定酒席，支付定金6 000元，被告宴会公司向原告出具收款收据1份，此后原、被告没有继续签订餐饮服务合同，被告未退还上述定金，于是原告提起诉讼。

一审法院审理认为，原告张某和被告某宴会大酒店有限公司（以下简称宴会公司）之间的定金合同关系，因双方主体适格，意思表示真实，内容合法，不违反法律、行政法规的强制性规定，应认定合法有效。原、被告对原告向被告交付6 000元定金的事实均予认可，该定金合同发生于双方餐饮服务合同订立之前，属立约定金。故本案焦点在于，原、被告双方没有签订餐饮服务合同的原因。被告提供的证据——越城区分局龙山工商所12315消费者申述案件调解书——虽为复印件，但原告没有根据法庭要求在合理期限内对该调解书内容给予书面核实意见，根据法庭释明，可视为原告对该份调解书载明内容予以认可，故该院对该证据予以认定。该调解书中载明申诉人为崔某（原告之母），被诉方为本案被告，申述内容为"反映其今年3月16日在该酒店预定婚宴酒席，婚宴时间为5月8日，已交押金6 000元，现在因婚事不成故要求退还押金"，反馈内容为"经调解，经营者同意若5月8日有其他客户来接此单，则同意全额退还消费者定金，若无则不退还，消费者表示不同意。"虽然双方最终未能达成调解，但根据该份申诉案件调解书所载明内容，原、被告双方未签订餐饮服务合同原因系基于原告"婚事不成"，原告向工商部门申诉时间为2010年4月6日，距原定宴请时间尚有1个月，若被告不与原告签订合同，此时原告仍可以要求被告继续履行签订餐饮服务合同的义务，故对原告关于双方对服务标准、每桌价格等事项不能达成一致而致使被告未按约签订餐饮服务合同的诉称，该院不予采纳。该院认为，本案中双方当事人约定以交付定金作为订立主合同的担保，原告在给付定金后拒绝订立主合同，应无权要求返还定金。本案所涉定金既已罚没，无需解除定金合同。综上，原告要求解除定金合同并退还定金的请求于法无据，该院不予支持。故依照《担保法解释》第115条之规定，判决驳回原告张某的诉讼请求。

上诉人张某不服原审法院上述民事判决，向绍兴市中级人民法院提起上诉称：（1）上诉人为办宴庆于2010年3月16日支付给被上诉人定金6 000元后，双方对服务标准、每桌价格等事项不能达成一致而致使被上诉人未按约签订餐饮服务合同，属于不可归责于双方的事由，不能适用定金罚则。（2）一审以上诉人未在合理期限内对该调解书内容给予书面核实意见，即视为上诉人对该份调解书载明内容予以认可。但该证据是复印件，双方没有调解结果，也未到场和签字，故该证据不能作为定案根据。以该复印件而认定因上诉人婚事不能结成而取消宴庆，继而认为是上诉人在给付定金后拒绝订立主合同与事实不符。（3）当消费者权益得不到保护时，消费者找工商所申诉是为了更好的解决双方纠纷，为解决纠纷所做出的退让和承诺均不能作为定案根据。（4）根据相关司法解释，当事人双方自愿约定以交付定金作为订立主合同担保的，才符合立约定金的构成要件之一。本案双方未约定该笔定金为立约定金，故本案所涉定金应认定为违约定金。请求二审法院撤销一审判决，支持上诉人的一审诉讼请求。

被上诉人宴会公司辩称：（1）双方之间存在合法有效的定金合同关系，该定金为立约定金，表明当事人双方对主合同的订立已经达成了共识，上诉人在交付定金后单方提出要求取消宴庆，属于违约，其无权要求答辩人退还定金。（2）一审对证据1的认定符合法律规定，被上诉人在一审时已出示该证据的原件，上诉人未提供与本案认定事实相反的证据，故一审认定本案事实并无不当。（3）越城龙山工商所的工作职责之一就是监督检查辖区内经济合同的订立及履行，调解经济合同纠纷，其在调解书中所载明的申诉举报内容是客观真实的情况，不存在先入为主、断章取义的情形。（4）本案是一个定金合同纠纷案件，被上诉人有无损失并不影响对上诉人违约的认定，而且正是婚宴预订的特殊性造成了在预定给上诉人后推辞其他婚宴的预订，已客观上造成了答辩人的巨大损失。故请求二审法院依法驳回上诉，维持原判。

【判决意见概述】

二审法院认定的事实与一审认定的事实一致。二审法院认为，上诉人向被上诉人交付定金并由被上诉人开具相应收款收据的行为，双方意思表示真实，内容亦不违反相应法律法规的规定，应认定合法有效。原审认定该定金性质为立约定金并无不当。绍兴市工商行政管理局越城分局龙山工商所具有调解经济合同纠纷的行政职责，其所出具的12315消费者申诉案件调解书，在二审中经上诉人质证无异议，可以证明双方未签订餐饮服务合同的原因是上诉人的婚事不成所致，因此对于双方未签订餐饮服务合同的结果上诉人存在过错，其民事责任应由上诉人承担。上诉人主张的双方均无过错的上诉理由，不符本案事实。定金是否应当返还，不以合同未订立是否造成损失为依据，而是以确定民事责任一方主体为依据。因此，上诉人主张合同未签订并未给被上诉人造成损失的上诉理由，缺乏相应的法律依据。最终判决驳回上诉，维持原判。

【案例评析】

定金存在多种类型，具体类型的确定需要结合案件的具体情况来确定。在本案中，上诉人在向被上诉人交付定金时，双方尚未签订书面餐饮服务合同，即交付定金的行为发生于餐饮服务合同订立之前，双方并未就餐饮服务合同应当约定的内容达成一致意见，因此该定金应推定是对双方签订餐饮服务合同的担保，属于立约定金。根据《担保法解释》第115条的规定，“当事人约定以交付定金作为订立主合同担保的，给付定金的一方拒绝订立主合同，无权要求返还定金；收受定金的一方拒绝订立合同的，应当双倍返还定金。”案中提到的工商所调解书也显示，导致正式合同不能签订的原因在于上诉人的婚事不成，而不是双方就价格等主合同条款无法达成一致。因此，本案的被上诉人有权扣留定金，上诉人无权要求返还。

案例48　吴某某诉河南省某建筑公司案

【案例来源】

河南省某建筑工程有限公司与吴某某定金合同纠纷上诉案，河南省南阳市中级人民法院，(2011)南民二终字第199号。

【案情简介】

2007年8月25日，河南省某建筑工程有限公司（以下简称建筑公司）给尹某某出具授权委托，尹某某作为建筑公司的代理人负责河南圣富煤业焦电有限公司（以下简称圣富煤业）进厂主干道工程项目洽谈及施工事宜。尹某某的职务是工程师、项目经理。8月26日，圣富煤业与建筑公司签订承包协议，10月16日，双方签订建设工程施工合同；10月16日，尹某某代表建筑公司与吴某某签订内部承包协议，尹某某和吴某某均认可此协议，但建筑公司称此协议系套用建筑公司与尹某某签订的内部承包协议，庭审中询问建筑公司是否对该证据申请鉴定，建筑公司称现在不申请。吴某某与尹某某于2007年10月17日就圣富煤业进厂主干道工程签订“道路工程附加协议”，并向被告尹某某支付了80 000元工程定金，尹某某向吴某某出具了收条。至起诉之日已近两年，工程无任何进展，故吴某某起诉要求建筑公司双倍返还定金。

一审法院认为，尹某某作为建筑公司的代理人，其代理权限为工程项目的洽谈及施工事宜，在建筑公司与圣富煤业签订建设工程施工合同后，尹某某又作为建筑公司的代理人与吴某某签订内部承包协议和道路工程附加协议，两份协议均属项目的洽谈及施工事宜，并未超越其授权范围。同时，建筑公司的授权委托也未禁止将工程转包或分包，建筑公司对此予以否认，认为该协议应视为授权不明，应由被代理人和代理人承担连带责任。建筑公司辩称尹某某系个人行为的理由不予采纳。协议是经济交往中一种重要方式，协议双方应诚实信用地切实履行各自义务，原、被告双方订立道路工程附加协议并支付了工程定金，被告未履行协议约定的义务，系违约行为，应当双倍返还定金。被告尹某某的辩解理由不予采纳。由于工程并未进展，转包行为是否合法，内部承包协议是否有效，并不影响定金的返还，吴某某具有诉讼主体资格。

原审根据《民法通则》第63条、第65条第3款、《合同法》第115条之规定，判令被告河南省某建筑工程有限公司自判决生效之日起十日内支付原告吴某某160 000元。

建筑公司不服一审判决，向南阳市中级人民法院上诉称，吴某某是内乡二建公司业务经理，不是适格主体。尹某某与吴某某签订的合同超越了权限。被上诉人吴某某答辩称，建筑公司全权委托尹某某负责工程项目洽谈及施工事宜，尹某某应依约履行已签订的合同。一审被告尹某某答辩称，吴某某不具备签订工程合同资格，本案不存在是否违约问题，工程什么时间开工处于不确定状态，不存在定金双倍返还的问题。

【判决意见概述】

二审法院查明的事实与原审查明的事实相同。二审法院认为，上诉人建筑公司授权委托原审被告尹某某代理与圣富煤业工程项目的洽谈及施工事宜，基于上诉人与圣富煤业的建设工程施工合同，尹某某作为上诉人的代理人又与吴某某签订了内部承包协议和道路工程附加协议。尹某某在收取吴某某80 000元定金后，并未依约履行协议的主要义务，致使工程未能按期施工，协议无法履行，对此尹某某应承担违约责任，双倍返还定金。上诉人认为尹某某与吴某某签订协议超越了代理权限，但上诉人出具的授权委托书并未载明不可将工程转包，对该委托授权不明，上诉人建筑公司和原审被告尹某某应承担连带清偿责任。综上，二审法院依照《民法通则》第63条、第65条第3款、《合同法》第115条、《民事诉讼法》第153条第1款第（二）项之规定，判决撤销宛城区人民法院（2010）宛民初字第237号民事判决；改判上诉人河南省合立建筑工程有限公司自判决生效之日起十日内支付被上诉人吴某某160 000元，并由原审被告尹某某承担连带清偿责任。

【案例评析】

各国立法对于定金的性质有着不同规定，总体说来，可以分为以下五种：（1）立约定金，指为保证订立正式合同而交付的定金；（2）成约定金，指以定金的交付作为合同成立的要件；（3）证约定金，指为证明合同成立而交付的定金。例如德国法上的定金就仅限于证约定金；（4）违约定金，指以违约赔偿为目的的定金；（5）解约定金，指当事人一方保留解除合同权利而付出的对价。例如，《法国民法典》第1589条、第1590条规定了，如果一方当事人想解除买卖合同关系，就需以放弃定金作为代价。

根据我国《担保法》第89条，《担保法解释》第115、116、117条的规定，定金可以是以上五种定金的任何一种或几种。至于具体类型的确定，则取决于双方当事人的约定。从本案来看，双方是在签订了主合同——内部承包协议和道路工程附加协议之后交付的定金，可见，该定金是为双方履行主合同义务进行担保。然而，建筑公司在签定主合同两年后尚未开工，导致协议无法履行，合同的根本目的落空。建筑公司的行为已构成根本违约，因此应当承担定金保证责任，双倍返还定金。

第三节 定金的效力

定金的约束力主要体现在定金罚则的适用上。定金罚则的适用以当事人有过错为条件，这意味着：其一，如果合同不能履行非因当事人的过错，而是因为不可抗力或其他免责原因导致当事人不履行合同的，则不能适用定金罚则。其二，不履行合同的结果，不论是自己或是第三人的故意过错造成的，还是过失过错造成的，违约方首先应按定金罚则承担责任，再以自己所受的损失向第三人追偿；其三，由于双方过错导致合同不能履行的，则不能适用定金罚则。如果由于双方的过错导致合同不能履行仍然适用定金罚则的话，这就等于一方不履行合同就不能取回定金，另一方则要双倍返还定金。当然，如果其中一方属于重大违约，另一方属于轻微违约，这时是否适用定金罚则就需要考虑将一方当事人的轻微违约视为履约行为是否符合诚实信用的原则。如果能把这种轻微违约行为视为履约行为的话，可以适用定金罚则。反之，则不能适用。从立法例上看，我国立法上规定的定金罚则与日本法相同，日本法上明定为解约定金。德国法上的定金除当事人有特约外，不视为解约定金，其定金罚则与我国的规定完全不同。

案例49 韩某某诉上海电子商城公司案

【案例来源】

上海电子商城有限公司定金合同纠纷案，上海市第二中级人民法院，(2011)沪二中民二（民）终字第2562号。

【案情简介】

2011年6月22日，韩某某与上海电子商城有限公司（以下简称电子商城）

签订一份《定金合同》，约定韩某某向电子商城预订上海市嘉定区临洮路某弄上海电子商城某号某室房屋（以下简称系争房屋），面积71.04平方米，单价每平方米人民币（以下币种均为人民币）12 528.15元。韩某某同意签订该合同并支付了定金30 000元。预订期为7天，韩某某应于2011年6月29日前至电子商城处签订《上海市商品房出售合同》。在预订期限内，除该合同约定的情形外，电子商城拒绝签订商品房出售合同的，双倍返还已收取的定金；韩某某拒绝签订商品房出售合同的，无权要求电子商城返还已收取的定金。双方在签订商品房出售合同时，因面积误差处理、房屋交付、房屋质量、违约责任、争议解决方式等条款，存在分歧，不能协商一致，韩某某拒绝签订商品房出售合同的，电子商城应全额返还韩某某已支付的定金。合同另对其他事项作了约定。同时，电子商城对系争房屋所在的创业家园的销售广告上载明创业家园是上海电子商城推出的最具有投资和居住价值的商住房。2011年6月29日，韩某某支付了定金30 000元。之后，韩某某认为系争房屋并非如电子商城广告上所写的是商住房，而是纯商业房，不能居住。为此双方进行协商，因未达成一致意见，最终双方未签订正式的《商品房买卖合同》。

2011年9月，韩某某诉至原审法院，要求解除韩某某与电子商城于2011年6月22日签订的定金合同，并要求电子商城返还定金30 000元。

原审法院经审理后认为，韩某某、电子商城签订的定金合同系双方当事人的真实意思表示，且不违反法律、行政法规的强制性规定，合法有效，法院予以确认。电子商城在销售广告中载明系争房屋系商住房，也有住宅、公寓等词语，易引起商业用房还是住宅用房的概念性混淆。客观上也造成韩某某对系争房屋的性能与用途与电子商城产生了不同认识。鉴于此双方未能就签约事宜协商一致。韩某某、电子商城双方均不存在违约行为，不适用定金罚则的有关规定。现因不可归责于当事人双方的事由导致商品房买卖合同未能订立，电子商城应返还韩某某定金30 000元。故对韩某某之诉讼请求，法院予以支持。

原审判决后，电子商城不服，向上海市第二中级人民法院提起上诉称，韩某某在签订定金合同后，无正当事由却未在约定期限内与电子商城签订商品房买卖合同，故构成违约。电子商城发布的广告上有“超低办公成本，水电煤气一应俱全”的措辞，且有“办公房 E 户型”等文字，并注明“本图文以政府最后批文为准”。因此，正常人不会因为同一份广告上出现“商住房”字样，就认定房屋用途。事实上，韩某某在签订定金合同之前，已完全了解系争房屋的用途为“办公”。另外，即使韩某某对于房屋用途存在认识错误，也不属于定金合同第七条、第八条返还定金的约定。双方也未在预定的签约期限内就签订商品房买卖合同进行协商，原审法院对此认定错误。综上，请求撤销原判，驳回韩某某的原审诉请。

被上诉人韩某某辩称，由于电子商城的不诚信行为，导致韩某某与其签订了定金合同。认为原审判决事实认定清楚，适用法律正确，请求驳回上诉，维持原判。

【判决意见概述】

二审法院经审理查明，一审查明事实属实，二审法院予以确认。二审法院认为，本案双方争议焦点为是否应适用定金罚则。法律规定，公民、法人在从事民事活动中应遵循诚实信用原则。电子商城针对销售房屋发布广告、宣传资料时，用词应当客观、真实、准确、一致，尤其是对房屋的性质、用途、功能的描述更应如此，避免购房者产生歧义。本案中，电子商城发布的广告中存有“商住房”字样，但系争房屋事实上为办公用途，并非商住房。依照社会一般公众的普遍认知，该份广告的确容易造成购房者对该房屋用途的误解。二审法院认为，在此情况下，韩某某要求解除与电子商城签订的定金合同，并返还定金 3 万元，合情合理，本案不适用定金罚则的有关法律规定。电子商城的上诉理由，依据不足，二审法院不予采信。据此，依照《民事诉讼法》第 153 条第 1 款第（一）项之规定，判决驳回上诉、维持原判。

【案例评析】

定金的担保效力主要体现在定金罚则的适用上。当一方当事人不履行债务时，另一方当事人可以取得对方交付的定金或者要求对方双倍返还已方交付的定金。通常认为，只要存在定金条款且主合同有效，并且确有主合同一方不履行债务的事实，就可以适用定金罚则。《担保法解释》第 120 条第 1 款规定，“因为当事人一方迟延履行或者其他违约行为，致使合同目的不能实现，可以适用定金罚则。”依据这一解释，我国法律界一般认为只有根本违约才能导致定金罚则的适用。

本案的争议点在于，韩某某拒绝签订商品房出售合同的行为，是否构成违约？本案的定金合同约定，在预订期限内，除该合同约定的情形外，电子商城拒绝签订商品房出售合同的，双倍返还已收取的定金；韩某某拒绝签订商品房出售合同的，无权要求电子商城返还已收取的定金。双方在签订商品房出售合同时，因面积误差处理、房屋交付、房屋质量、违约责任、争议解决方式等条款，存在分歧，不能协商一致，韩某某拒绝签订商品房出售合同的，电子商城应全额返还韩某某已支付的定金。从合同约定来看，如果韩某某不是基于"面积误差处理、房屋交付、房屋质量、违约责任、争议解决方式等"问题而拒签合同就会构成违约。显然，有关房屋性质的问题不在正当解约理由之列。那么韩某某的行为是否存在法定免责事由？《担保法解释》第122条规定，"因不可抗力、意外事件致使主合同不能履行的，不适用定金罚则。因合同关系以外第三人的过错，致使主合同不能履行的，适用定金罚则。受定金处罚的一方当事人可以向第三人追偿。"由此可见，法定免责事由仅限于不可抗力与意外事件。本案的主审法官已确认，电子商城在宣传广告中使用的"商住房"字样容易误导公众。但没有进一步分析，广告陈述与定金合同条款是何关系？该过失是否导致电子商城承担违约责任，从而应当双倍返还定金？或者，该过失是否可以成为韩某某拒绝签订购房合同的正当理由？笔者以为，两案法官在这些问题上都没有进行必要的查证与分析。要就前述问题给出令人信服的答案，还必须就合同条款、宣传资料等进行深入分析。总之，定金罚则的适用并不仅仅基于一方不履行义务的简单事实，还需要考察一方不履行义务的原因。

案例50 王某某诉东万某公司案

【案例来源】

东万某公司与王某某定金合同纠纷上诉案，上海市第一中级人民法院，(2011) 沪一中民二（民）终字第1259号。

【案情简介】

王某某通过上海中原某公司知晓东万某公司（以下简称东万公司）有房屋

出售，虽然知晓涉案房屋带有两个车位，但仅表示要买一个车位。王某某在2009年11月15日与东万公司的代理销售商戴维斯公司签订定金协议，约定王某某购买东万公司所有的涉案房屋及附带31号车位，房屋总价为（人民币，下同）2 161.064 5万元，车位总价为40万元，在签署定金协议时王某某应支付定金50万元，如王某某以银行转账或汇款方式支付定金于东万公司指定的戴维斯公司账户内，则戴维斯公司收妥定金之日视为东万公司收妥定金之标志；双方同意在定金协议签订并生效后十五个日历天内到出售方指定的地点就前述标的物签署买卖合同及补充协议，并办理相关的公证手续。如王某某拒绝签订买卖合同，则王某某不再享有该定金协议项下的保留购买权利，定金协议自动终止，东万公司无需另行书面通知即有权立即没收全部定金，并有权无须通知王某某而将单元或车位转卖他人。王某某在该定金协议上署名后，该定金协议由戴维斯公司转交东万公司，东万公司在2009年11月27日签章确认。

2009年11月16日，王某某向戴维斯公司支付定金50万元。在洽谈买卖合同签约相关事宜时，因涉案房屋带有两个车位，王某某只需要购买其中一个，而现行交易过户的政策规定车位不能单独制作产证，必须附记在房屋的产权证上，故涉案房屋及一个车位如要顺利出售，必须将另一个车位先行或同时出售。王某某认为戴维斯公司要求其购买2个车位，其不同意，致买卖合同未能签署。东万公司表示是王某某不肯签订买卖合同，所以以两个车位作为借口。

2009年12月8日，王某某向戴维斯公司出具申请书，称“上述房屋带一个车位，且在签定（订）定金合同壹拾伍日内签定（订）《上海市房地产买卖合同》。但实际上述房屋带有两个车位，与原定金合同约定内容不符，从而无法按约定时间签定（订）合同，故申请退定金”。2009年12月23日，戴维斯公司的工作人员张某致函王某某，称“我司已收悉阁下于12月8日提交的退定申请。鉴于阁下的要求，我司已协助将阁下的意愿提交业主方，申请退还阁下已支付的人民币伍拾万元定金。由于业主方为境外注册公司，并且有多个股东，整个申请程序牵涉面较多，需要较多时间，目前申请已提交至业主方香港总部。”并称“业主方一旦有明确答复，我们将立即通知阁下……华山丽苑销售经理张某”。该回函下部有手书笔迹，“本人同意在2010年1月1日之前给予明确退款时间答复。张某”。东万公司表示该手书部分的确为张某所写，但认为仅是向王某某明确退款与否的答复时间，而非答复何时退款，况且张某未获得可以退款之授权。

东万公司陈述，2009 年 12 月底，超过了定金协议约定的签约日，其向戴维斯公司询问签约情况，才知晓王某某要求退还定金之请求，东万公司表示不同意；后经戴维斯公司从中协调，东万公司表示如果王某某购买涉案房屋及两个车位（可以给王某某一定折扣），王某某之前交纳的定金可以不予没收，并将据此制作的合同草本交给了王某某，但王某某不同意，未能签署买卖合同。

一审法院认为，双方就涉案房屋订立的定金协议系双方当事人的真实意思表示，且不违反法律、行政法规的强制性规定，应为有效，双方均应恪守履行。定金协议签订后，王某某支付了定金 50 万元。但由于涉案房屋带有两个车位，根据我国目前的规定，车位无法单独制作产权证，因此如果东万公司出售涉案房屋及一个车位，则需在此之前或与此同时将另一个车位出售给小区业主。因另一个车位的出售成为涉案房屋及车位协议能够顺利履行的条件，王某某陈述东万公司的销售代理要求其同时购买另一个车位，以顺利完成交易，亦属可能；况且戴维斯公司的销售经理张某也表示同意退款，具体时间另行答复。鉴于戴维斯公司是东万公司的销售代理，戴维斯公司在销售范围内的行为及后果应归属于东万公司，因此原审法院认为王某某在东万公司改变交易标的物的前提下拒绝签署买卖合同并要求东万公司退还定金，东万公司也予以同意的情况下要求退还定金的诉讼请求于法有据，应予支持。一审法院依照《合同法》第 115 条之规定，于 2011 年 4 月 8 日作出判决：东万某公司应于判决生效之日起十日内返还王某某定金人民币 50 万元。如果未按判决指定的期间履行给付金钱义务，应当依照《民事诉讼法》第 229 条之规定，加倍支付迟延履行期间的债务利息。

判决后，东万公司不服，上诉至上海市第一中级人民法院，诉称王某某并无证据证明系东万公司要求其购买两个车位导致双方无法签订买卖合同，故王某某应承担不利的法律后果，原审认定存在错误。故东万公司请求撤销原审判决，改判为驳回王某某的原审诉讼请求。

【判决意见概述】

二审法院经审理查明，原审法院认定的事实无误，依法予以确认。二审法院认为，本案的争议焦点在于认定双方当事人未签订买卖合同的原因。双方签订的《华山丽苑公寓定金协议》明确约定，王某某购买东万公司所有的涉案房屋以及地下B1层31号车位。由此可见，王某某要求购买的仅系房屋及一个车位。该定金协议同时明确，双方在定金协议签订并生效后十五个日历天内到出售方指定的地点就前述标的物签署买卖合同及补充协议。东万公司在王某某签字后于2009年11月27日签署，故定金协议自该日起生效。王某某在约定签约期限内即2009年12月8日向东万公司的销售代理发函，提出因涉案房屋存在两个车位，导致双方无法签订买卖合同。东万公司提出，其从未要求王某某一定要购买两个车位，仅要求王某某按照定金协议约定签订买卖合同，故实系王某某违约。但二审法院认为，首先，东万公司对其主张并无证据予以证明；其次，从事后东万公司提供给王某某的买卖合同及补充条款分析，其要求王某某应购买系争房屋以及附带的两个车位；再次，即使东万公司所言非虚，在同一房屋附带两个车位情形下，王某某如仅取得系争房屋以及一个车位，则另一个车位的买卖也会对其产生一定影响。正是基于该种考虑，王某某不予以签订买卖合同也具有合理性。在此情形下，东万公司以王某某违约为由没收其已支付的定金于法无据。综上所述，原审所作判决并无不当，本院应予维持。上诉人东万公司的上诉请求，缺乏依据，本院不予支持。据此，二审法院判决驳回上诉，维持原判。

【案例评析】

本案与案例49的案情十分相似，都是拟购房人在交付购房定金之后拒签购房合同。本案的拒签原因是开发商要求多购一个车位，而前案的原因则是开发商误导了购房人对房屋性质的理解。与前案法官不同的是，本案法官重点关注了拟购房人拒绝签约的原因。亦即，法官并不停留在一方不履行义务的表象上，而是深入探究不履行义务的深层原因。通过对比定金协议和拟签订的购房合同的条款，法院准确地认定，导致拟购房人拒签购房合同的原因在于开发商要求拟购房人解决另一车位的出售问题。然而，从目前的司法实践来看，尽管一方的行为导致了另一方拒绝履约，但法院以至于当事人通常都不要求追究前者的责任，而仅要求定金的返还。

案例51　叶某某诉WONGKAIKHUEN案

【案例来源】

叶某某等与WONGKAIKHUEN定金合同纠纷上诉案，上海市第二中级人民法院，（2010）沪二中民二（民）终字第2454号。

【案情简介】

上海市斜土东路158弄某号203室房屋（以下简称系争房屋）系WONGKAIKHUEN（中文名黄某某，以下称黄某某）名下的产权房。2010年4月11日，叶某某、王某某（买受方、乙方）与黄某某（出卖方、甲方）在上海锐丰房地产投资顾问有限公司（居间方、丙方，以下简称锐丰公司）的居间下签订《房地产买卖居间协议》（以下简称居间协议）一份，约定：乙方委托丙方居间购买系争房屋（建筑面积120平方米），乙方为表示购房诚意向丙方支付意向金人民币（以下币种均为人民币）2万元；买卖房屋价款为300万元，首期房价款135万元，第二期房价款为163万元，该期房款按照银行贷款或转按揭方式支付，若乙方贷款或转按揭申请未经审核通过或未全额审核通过，则乙方应于送件当日补足并支付甲方；乙方另行自留2万元尾款，待甲乙双方交房当日，由乙方直接给付甲方；如甲方签订本协议，则乙方同意意向金转为定金，由丙方转付甲方，待甲方签订本协议后五日内，乙方应补足定金至10万元，待甲乙双方签订买卖合同后，乙方同意全部定金转为部分首期房价款；甲、乙双方同意在签订本协议后三十一日内共同赴丙方处签订买卖合同或类似合同；若甲方未履行本条所述事项，则应向乙方双倍返还定金，若乙方未能履行本条所述事项，则已支付甲方的定金不予返还。

2010年4月11日、4月12日，叶某某、王某某分别向黄某某交付购房定金2万元、8万元，黄某某分别向叶某某、王某某出具定金收据予以确认。

2010年5月16日，黄某某向叶某某、王某某发出《催告函》，内容主要为：按照双方之间的居间协议第六条的约定，贵方应于2010年5月12日之前与我方签订《上海市房地产买卖合同》或类似合同，但贵方在该协议约定的期限内并未与我方签订《上海市房地产买卖合同》或类似合同，致使该房地产交易至今无法正常进行；为此，我方郑重催告贵方务必于2010年5月19日前前往居间方与我方按照该协议约定的买卖条件签订《上海市房地产买卖合同》或类似合同；我方给予贵方上述宽限，并不代表我方放弃解除该协议并追究贵方违约责任的权利，而仅仅是我方给予贵方的一个履约机会，若贵方仍不配合，则该催告函期限届满日视为我方解除该协议之日，我方不再另行通知。届时我方将没收贵方已交付我方的定金10万元，且我方将另行处置该房地产。

2010年5月21日，叶某某向黄某某发出《通告函》，内容主要为：我方由居间方代为办理该房地产的贷款申请（首付40%，贷款60%），后因2010年4月14日国家颁布新政（国务院常务会议要求，对贷款购买第二套住房的家庭，首付款不得低于50%），导致贵方与我方预先约定的付款及贷款事宜无法实现，我方无法在期限内签订合约；因此，我方特郑重要求贵方务必于2010年5月26日之前前往居间方并退还我方交付贵方的定金10万元，否则将追究贵方相关法律责任。

2010年7月12日，叶某某、王某某诉至上海市黄浦区人民法院，请求判令黄某某返还10万元。

一审法院认为，叶某某、王某某与黄某某及居间方锐丰公司签订的居间协议依法成立，当事人订立该定金条款表意真实，内容合法。依照定金条款约定，双方同意在签订协议后三十一日内共同至居间方锐丰公司签订买卖合同。但叶某某、王某某以国家颁布房产新政导致其购房负担加重，约定的付款条件无法履行为由拒绝签订房屋买卖合同。法院认为，叶某某、王某某关于国家房产贷款政策的变化属情势变更，以此作为拒签合同的理由不能成立。因叶某某、王某某不履约的行为，导致房屋买卖合同未能签订，其后果应由叶某某、王某某承担。根据定金罚则，叶某某、王某某构成违约，无权要求黄某某返还定金。根据《中华人民共和国合同法》第60条第1款、第115条的规定，叶某某、王某某要求黄某某返还定金10万元的主张，经审查不符合该规定的要求，依法不应支持。因而判决驳回叶某某、王某某要求黄某某返还定金10万元的诉讼请求。

叶某某、王某某不服原审判决，向上海市第二中级人民法院提起上诉称，由于新政策的出台导致叶某某、王某某无法从银行取得贷款，该情况是叶某某、王某某无法事先合理预料到的，当属情势变更的情形；虽然协议中约定了叶某某、王某某不能取得贷款，应当补足房款，但应当是指由于叶某某、王某某的过错造成的不能贷款或贷款不足的情形，而不是指因事后出台不可预料的新政策的情况；叶某某、王某某对于没有签订正式买卖合同没有过错，黄某某理应返还定金，原审法院适用法律存在偏差，所作判决错误，要求撤销原审判决，依法改判支持叶某某、王某某原审中的诉讼请求。被上诉人黄某某辩称，新政策的出台不属于情势变更，叶某某、王某某对于贷款政策的变化应有预期，请求维持原判。

【判决意见概述】

二审法院经审理认定一审查明的事实无误，可予确认。二审法院认为，叶某某、王某某与黄某某及居间方签订的居间协议系各方真实意思表示，属合法有效，当事人各方均应按照约定全面履行自身的义务。根据协议约定，第二期房价款按照银行贷款支付，若叶某某、王某某贷款申请未经审核通过或未全额审核通过，则叶某某、王某某应于送件当日补足并支付黄某某，该约定应视为双方当事人在签订居间协议时对贷款可能出现的风险已有预料，并约定了相应的解决方式。虽然新政策的出台并非当事人事先可以预料，但新政策出台所导致的结果并未超出当事人的预见范围。在这样的情况下，叶某某、王某某认为贷款政策变化属情势变更，买卖合同不能签订不应归责于叶某某、王某某，相应理由难以成立，本院不予采纳。由于居间协议约定，在签订居间协议后三十一日内共同赴居间方签订买卖合同或类似合同，若叶某某、王某某未能履行，则已支付的定金不予返还。现叶某某、王某某不能按约定签订房屋买卖合同，已构成违约。叶某某、王某某的上诉请求缺乏相应依据，法院难以支持。因此判决驳回上诉，维持原判。

【案例评析】

本案再次涉及房屋交易过程中的定金问题。与前两个案例不同的是，本案需要判断国家政策的变化是否构成解约理由。《担保法解释》第 122 条规定，“因不可抗力、意外事件致使主合同不能履行的，不适用定金罚则。因合同关系以外第三人的过错，致使主合同不能履行的，适用定金罚则。受定金处罚的一方当事人可以向第三人追偿。”如果本案中的房产政策变更构成意外事件，那么拟购房人有权主张定金的返还。

我国民法上尚无意外事件的统一定义，一般用以指无法预料的特殊事件。本案中的房产政策调整确属常人难以预料的事件。但这些意外发生的事件要成为定金合同的免责事由，还必须存在事由与结果之间的因果关系。即，只有当意外事件的发生必然导致主合同不能履行时，才能成为免责事由。房屋买卖合同是一种标的额相对较大、与买卖双方有切身利益关系的合同；当事人在订立居间合同时对合同内容应有较为全面的认识，对自身合同义务的履行和风险有较为充分的预见。因此，作为付款义务人的房屋买受人对合同订立后可能出现的各种履行障碍，应该有充分、合理的预见，并对可能出现的履行障碍有相应的解决方案。一般情况下，贷款成数和利率的变化不会当然导致房屋买受人不能继续履行合同，房屋买受人也可以通过其他途径筹措资金履行付款义务。尤其是，本案中叶某某、王某某与黄某某在居间合同中特别约定，贷款申请未经审核通过或未全额审核通过，则买受方应于送件当日补足并支付出卖方。这说明拟购房人对于贷款额不足有一定的准备，贷款政策的变化不应该成为解除合同的原因。

第八章

特殊的担保形式

法律的生命始终在于经验。变动不拘的现实生活会带来法律制度的变革与创新，各具特色的社会文化也会形成独具特色的法律制度。这些规律在担保法领域体现得尤为明显，本章试图总结一些虽然不是在各国普遍存在，但对我国担保法的完善具有借鉴意义的担保制度。本章所称的特殊的担保形式主要由两种构成：一是与传统的权利限制型担保物权相对的权利移转型担保物权，如让与担保、所有权保留的担保；二是仅见于个别国家，由该国法律机构创造的担保制度，如德国的承揽人的法定质权，法国的实物保证制度。

近代以前，在罗马法、日耳曼法、斯堪的纳维亚法、英美法、日本法中，权利（所有权）移转型担保物权可以说是最早存在的担保物权形态，同时也曾是普遍存在的担保物权形态。在近现代以前，法律制度层面的担保物权呈现出从权利移转型担保物权到权利限制型担保物权转变的发展趋势。随着权利限制型担保物权的兴起与发展，这种将担保物权等同于所有权法律构造逐渐衰落。在近现代担保法发展初期，权利移转型担保甚至是被禁止的。但随着权利限制型担保物权的弊端的显现，沉寂已久的权利移转（保留）型担保物权开始在大陆法系复苏并盛行。可以说，在近现代担保法中，权利限制型担保物权是担保物权的最初形态和主要构成方式，权利移转（保留）型担保则是作为权利限制型担保物权的补充与完善而出现的。

权利移转（保留）型担保物权主要包括买卖式担保、让与担保和所有权保留。前两类权利移转（保留）型担保物权被称为广义上的让与担保而让与担保被称为固有意义上的让与担保或狭义上的让与担保。

英美法似乎至今仍在权利移转型担保和权利限制型担保之间徘徊。在传统上，英美法的按揭（Mortgage）以移转权利为特色。不过，自20世纪20年代中期以来，按揭正在淡化并失去其移转权利的特色，但仍处于含混之中。①

第一节 让与担保

让与担保是指债务人或第三人为担保债务的履行，将担保物的权利移转给担保权人，若债务获得清偿，标的物则返还给债务人或第三人；若债务未获清偿，担保权人可以就担保物优先受偿。与买卖式担保相比，让与担保是一种先于主债权发生或与主债权同时发生的担保物权。让与担保有附条件的让与担保和信托的让与担保之分。前者指的是当事人约定以债务人不履行债务为停止条件，而将担保物的所有权移转给债权人；或者约定以债务人履行债务为解除条件，而将担保物的“所有权”移转给债权人。后者指的是为担保债权实现的目的，债务人或第三人将其担保物的“所有权”移转给债权人，若债务人履行债务，债权人应当将担保物返还给债务人或第三人，如果债务人不履行债务，债权人有权就该担保物优先受偿。②

案例52 Mbank公司诉Raytheon公司案

【案例来源】

Mbank Alamo Nat'l Asso. v. Raytheon Co. United States Court of Appeals for the Fifth Circuit October 31, 1989 Nos. 88－5576, 88－5590.

【案情简介】

Mbank Alamo Nat'l Asso.（以下简称MBank公司）、DuPont公司与Howe X-ray公司（以下简称Howe公司）达成了一系列的担保协议。在1983年1月10日

① 徐同远．担保物权论：体系构成与范畴变迁．北京：中国法制出版社，2012：167～177.

② 徐同远．担保物权论：体系构成与范畴变迁．北京：中国法制出版社，2012：132～133.

之前，根据这些协议，MBank 公司、DuPont 公司就 Howe 公司现在和将来的应收账款享有完全的留置权。此外，MBank 公司还对 Howe 公司现在和日后获得的库存享有完全的担保权益。

自 1983 年 1 月开始，X 射线设备制造商 Raytheon 公司与作为其分销商的 Howe 公司达成了一系列的交易。Raytheon 公司承诺在 Howe 公司与其产品的消费者达成买卖、运送、安装 Raytheon 公司特定设备的合同时，负责将 X 射线设备运输给 Howe 公司。作为交换，Howe 公司同意将一些特定的应收账款转让给 Raytheon 公司。随后，Raytheon 公司就 Howe 公司的特定应收账款登记了融资声明。1983 年 7 月至 1984 年 12 月，Raytheon 公司收账 850 000 美元。

至 1984 年 11 月，Howe 公司已违反了其对 MBank 公司和 DuPont 公司的义务。MBank 公司与 DuPont 公司依照他们的担保权益，要求 Raytheon 公司返还其已经清收的应收账款。Raytheon 公司予以拒绝，声称其对应收账款享有价款担保权益，而此权益优先于 MBank 公司与 DuPont 公司的担保权益。此外，Raytheon 公司还声称，即使它对这些应收账款不享有价款担保权益，MBank 公司也已经放弃了其对这些账款的担保权益。

MBank 公司和 DuPont 公司于是对 Raytheon 公司提起返还之诉，称 Raytheon 公司收回了部分应收账款，而 MBank 公司以及 DuPont 公司对该部分应收账款享有优先于 Raytheon 公司的担保权。Raytheon 公司辩称其对该部分应收账款享有购买价款担保权。初审法院认为 Raytheon 公司对这些应收账款并没有购买价款担保权，只有普通担保权，且该权利的优先级低于 MBank 公司和 DuPont 公司对该应收账款享有的担保权。地区法院同意了 MBank 公司和 DuPont 公司要求简易判决的动议，并判决 MBank 公司、DuPont 公司胜诉。

Raytheon 公司对地区法院判定其不享有价款担保权益的判决进行了上诉。Raytheon 公司认为，如果他们对价款担保权益条款的解读排除了 Raytheon 公司与 Howe 公司的交易，那么根据法不溯及既往的原则，此判决不能适用于本案。此外，Raytheon 公司对地区法院做出的，认为其没有提供充分证据证明 MBank 公司放弃了担保权益从而应当驳回简易判决的判决也提出了上诉。

【判决意见概述】

Raytheon 公司认为地区法院的错误在于没有根据《统一商法典》第 9.312（d）

条的规定，将 Raytheon 公司对于应收账款的优先权视为价款担保权益。《统一商法典》第 9. 312（d）条规定，“在同一担保物或其收益上设有多个相冲突的担保权益时，如果价款担保权益在债务人收到担保物之时或之后 20 天内有效设立，那么在该担保物而非库存上设立的价款担保权益优先。”

作为一个门槛问题，Raytheon 公司必须证明其符合价款担保权益的法律定义。Raytheon 公司辩称，根据美国《统一商法典》第 9. 107（2）条的规定，它符合法律关于价款担保权益的要求。美国《统一商法典》第 9. 107（2）条规定，“如果一个人通过预付或课以义务的方式给予债务人价值，以使其能够获得担保物的权利或是使用担保物并且该价值也确实是如此使用的，”那么他享有的担保权益就是价款担保权益。

上诉法院认为，Howe 公司的业务主要涉及销售存货，其中包括 Raytheon 公司的 X 射线机器。应收账款产生于机器的销售。MBank 公司和 DuPont 公司基于他们认为存货的销售会使账户增值的期望而接受应收账款作为担保权益。如果接受 Raytheon 公司关于他在 Howe 公司的应收账款中有价款担保权益存在的抗辩，那就应该给予 Raytheon 公司优先权，而这直接违背了美国《统一商法典》起草者的意图。此外，Raytheon 公司还将借此回避美国《统一商法典》第 9. 312（c）2 条中关于通知的要求。

不止如此，Raytheon 公司有其他手段确保收回货款。除了在满足美国《统一商法典》第 9. 312（c）2 条的要求获得价款担保权益以外，它可以与 MBank 公司、DuPont 公司达成关于销售 X 射线机器的特别账款的从属协议，它还可以将机器卖给 Howe 公司的客户，直接收取货款。如果 Raytheon 公司遵循了上述程序之一，它都不会破坏商法典规定的通告和申报要求。由于本次交易超出了价款担保权益条款的规定，上诉法院拒绝扩大特殊保护的范围，给予其价款担保权益，认为这样做才是维护了商法典内在的目的，为商业交易提供了可预测性。由于 Raytheon 公司对 Howe 公司的应收账款不享有价款担保权益（价款担保权益），所以理应适用申请在先原则。Raytheon 公司缔约在后，所以其权益理应排在 MBank 公司和 DuPont 公司之后。

此外，上诉法院认为虽然 Raytheon 公司的证据表明 MBank 公司知道关于应收账款的转让，但是单独的转让不会影响 MBank 公司的权利，因为任何的转让都要从属于 MBank 公司的担保权益。直到 Raytheon 公司清收应收账款前，MBank 公司的权益没有受到侵害。在提出 MBank 公司是否打算放弃应收账款的担保权益这个问题之前，Raytheon 公司至少要有证据表明 MBank 公司知道 Raytheon 公司在清收账款。然而 Raytheon 公司并没有这么做。

基于以上分析，上诉法院认为地区法院对于要求简易判决动议的支持是正确的，维持原判，MBank 公司和 DuPont 公司胜诉。

【案例评析】

本案涉及一种较为特殊的担保形式——价款担保权益（Purchase Money Security Interest）。一般规则是，已经登记设立的担保利益按登记顺序实现。但是，价款担保权益例外。价款担保权益的主要目的就是为了保护消费者。价款担保权益包括两种形式：（1）在财产交易中，买方当事人不能足额支付对价，卖方可以用交易的财产作为收回对价的担保，一旦买方当事人不能清偿债务，担保债权人就可以以该财产的价值来实现自己的债权。（2）在财产交易中，买方当事人通过向银行或者其他实体贷款来支付财产的对价，银行或者其他实体以该财产作为贷款的担保，在买方当事人不能还款时，银行或者其他实体可以以该财产的价值来实现自己的债权。

为了满足美国《统一商法典》第 9.107（2）条提出的要求，Raytheon 公司必须证明：（1）它给予了 Howe 公司价值；（2）这些价值使 Howe 公司在应收账款中获得了权利；（3）应收账款在法律定义下有资格作为担保物。

任何足以支撑一个简单合同的对价都可以满足第一项价值要求。假设 Raytheon 公司给予价值的方式是通过延长 Howe 公司的信贷以换取 Howe 公司分配给他应收账款的承诺，那么 Raytheon 公司就不能满足其他两个要求了。

要创造一个价款担保权益，价值必须以一种能够让债务人获得担保物利益的方式给予。当债务人用延期的信贷资金购买某一特定物件时，价款担保权益的设立才算完成。而且，美国《统一商法典》中规定的价款担保权益的最大特点就是它优先于任何先前设立的担保权益。一般说来，存在竞争性的多个担保权益之间的优先顺位是以它们设立的时间先后顺序为依据的，先设立的担保权益优先于后设立的担保权益。但是，价款担保权益优先于任何先前设立的担保权益。所以，价款担保权益被称为是“超级担保权益”。价款担保权益中的担保财产与债务之间的关系是十分明显的，债务人以债权人所转让的财产作为担保物，对双方都是有利的，因此，大宗交易中经常采用这种形式，有时法律对此也会做出很大的让步。例如，美国《统一商法典》第九篇在价款担保权益的完善上规定了更大的灵活性，并且在一些情况下享有更大的优先权。不过，虽然价款担保权益要比其他种类的担保权益受到较多的保护，但这种区别不应被夸大，毕竟它仅仅是一种经过当事人双方许可的担保，要受众多担保规则的制约。而本案例就是一个法院拒绝对价款担保权益适用范围做扩大解释的典型。法院在分析了立法者立法目的的同时，基于被告 Raytheon 有多种途径可以保护其担保权益却没有使用的事实，认为在这种情况下对其给予价款担保权益是不适当的，也不符合公约保护交易可预见性的本质要求。我们认为，法院这种具体问题具体分析，不拘泥于法条本身的做法是正确的。

本案中的担保物是应收账款。为了使它的权益看起来更像是价款担保权益，Raytheon 公司声称其交易具有以下特点：Raytheon 公司通过延长其设备上的信贷使得 Howe 公司可以与客户达成随后的销售合同，Howe 公司由此基于设备的特别预付和交付而获得了合同账款的权利，随后发展为对担保物应收账款的权利。然而，Raytheon 公司不能生硬地迫使此次交易去满足价款担保权益的要求。从本质上来说，Raytheon 公司主张其以赊销的方式将先进的 X 射线设备给 Howe 公司，这使得 Howe 公司可以从消费者处获得应收账款。然而这种做法与我们对商业实践的看法并不一致。尽管如 Raytheon 公司所说，通过为他们的采购预付资金从而在应收账款上创造一个价款担保权益在理论上是可能的，然而这种可能性不能通过预付 X 射线机器实现。我们将这个交易分为两步，Raytheon 公司将机器赊销给 Howe 公司让它零售，当这些机器销售出去的时候，Howe 公司将应收账款转让给 Raytheon 公司。通过这种预付信贷的方式，Howe 公司获得了机器上的权益而不是应收账款上的权益。因此，Raytheon 公司的预付信贷并没有使 Howe 公司获得应收账款上的（法典里规定的担保物意义上的）权益。

依据此次交易的特点，Raytheon 公司试图以一种《统一商法典》的起草者未曾想到的方式从价款担保权益的优先权中获得利益。当曾经贷款给债务人的债权人不愿预付额外的资金时，价款担保权益给负担沉重的债务人提供了一个获得信贷以购买特定物品的途径。通过给予价款担保权益持有人在特定购买物品上的优先权益，可以给那些提供预付资金和信贷的债权人一些激励。然而，法典明确限制了价款担保权益持有人的优先权益的范围。

然而 Raytheon 公司认为，价款担保权益背后的政策事实上是支持对 Howe 公司的应收账款享有优先权的。它指出，Howe 公司除了 Raytheon 公司之外没有其他的资金来源，而 MBank 公司和 DuPont 公司都受益于这些资金。Raytheon 公司延长了 Howe 公司的信贷，帮助 Howe 公司维持生意从而可以继续还债。Raytheon 公司还辩称，如果商法典把他们这样的债权人的担保权益限缩为仅只是还款承诺，那么对于借款困难的债务人而言十分宝贵的信贷资源，即设于库存之上的价款担保权益将会枯竭。因为面对债务人先前的应收账款留置权时，该项价款担保权益的违约风险太大。

美国《统一商法典》本身就驳斥了 Raytheon 的这种抗辩。商法典起草者明显知道，限制价款担保权益持有人对于账款的优先地位，会导致库存融资人不太愿意提供信贷。然而，法典起草者并没有拓展价款担保权益的保护范围，而只是指出，许多库存融资方都很满意他们就库存享有的第一顺位担保权益，他们认识到当存货出售后，其他人会对账款融资，而且存货的优先权不会转移到应收账款上。起草者对上述问题的认识以及账款融资的法律支持表明起草者并没有过分考虑融资资源会枯竭的问题。

由上，价款担保权益是一项特殊的制度设计，旨在保护就特定物品的采购提供融资的债权人。但这种保护是有限度的，不能优于库存融资人已经登记的担保权益。

第二节　转移所有权的担保

担保物权有权利移转（保留）型担保物权和权利限制型担保物权之分。前者指的是将担保物（归属意义上的）“所有权”（包括对债权的“所有权”、对“专利权”的所有权）移转给债权人（或保留在债权人手中），担保物权人就担保物取得的是所有权。后者指的是在他人拥有所有权的物上设立的有限制的担保物权。①

案例53 Bay银行诉City公司案

【案例来源】

Christoph Teichmann, Daniela Mattheus, Zivilrechtliche Anwaltsfälle in Studium und Examen, Verlag C. H. Beck, 2007, S. 153 – 174.

【案件事实】

Bay股份有限公司（以下简称BAY股份公司）是汽车生产商，它既通过自己的分销店也通过众多的专营商（Vertragshändler）销售这些汽车。City Autohaus GmbH（简称City公司）是这些专营商中的一员。BAY股份公司向City公司出售并且供应汽车，City公司再以自己的名义出售给最终的买主。由于市场正面临普遍而巨大的价格竞争，且City公司遭遇了与此相关联的流动资金、偿付能力瓶颈，因此，Ctiy公司无力再像以往那样立即支付汽车的买价。City公司希望能在收到顾客支付的价款后再向BAY股份公司进行支付。BAY股份公司拒不接受任何的延期支付，但是想给予City公司这种可能性：由BAY股份公司所属的康采恩集团下的BAY银行为City公司提供贷款以支付价款，从而填补City公司的资金缺口。在汽车交付给City公司之后，BAY银行直接将买卖价款额度的贷款数额支付给BAY股份公司。City公司将会以转售得到的钱清偿贷款。

【问题】

在City公司面临破产的情形下，BAY股份公司和BAY银行如何在继续履行原合同的同时，通过变更担保条款来最大限度地保障自己的权益，即，能够优先于其他破产债权人优先受偿？

【解析】

在讨论如何保护BAY股份公司和BAY银行的权益之前，首先需要明确二者

---

① 徐同远．担保物权论：体系构成与范畴变迁．北京：中国法制出版社，2012：167.

享有哪些权益。

就 BAY 股份公司而言，其依据《德国民法典》第 433 条第 2 款对 City 公司享有买卖价款请求权。随着 BAY 股份公司与 City 公司订立了特定车辆的买卖合同，依据《德国民法典》第 433 条第 2 款，BAY 股份公司对 City 公司享有支付买卖价款请求权，同时它有义务将车辆交付给 City 公司并移转所有权。当 City 公司向 BAY 股份公司履行了所负担的给付——此处是支付买价，BAY 股份公司的支付请求权即告消灭（《德国民法典》第 362 条第 1 款）。按照 BAY 股份公司的观念，买卖价款数额应该在向 City 公司供应车辆之后直接由 BAY 银行向 BAY 股份公司付清；对此，BAY 股份公司应当对于 BAY 银行享有请求权。随着 BAY 银行向 BAY 股份公司支付买卖价款，BAY 股份公司对 City 公司享有的买卖价款请求权将因此消灭。

就 BAY 银行而言，其依据《德国民法典》第 488 条第 1 款第 2 项第 2 种情形享有对于 City 公司的借贷偿还请求权。本案中，BAY 银行与 City 公司间存在一个额度为向 BAY 股份公司支付的买价数额的借贷合同；《德国民法典》第 488 条意义上的借贷关系应当随 BAY 银行向 BAY 股份公司付清账款而产生。基于这一关系，按照《德国民法典》第 488 条第 1 款第 2 种情形，BAY 银行对于 City 公司享有偿还请求权。如果 City 公司破产时，该贷款尚未偿付，BAY 银行就会成为破产债权人。按照债权人平等对待原则，BAY 银行将和其他债权人共同从破产财产中予以清偿，从而面临损失风险。

由上可见，如果本案中的交易流程顺利进行，BAY 股份公司的买卖价款请求权将会从 BAY 银行那获得全额的履行。在这方面，City 公司的破产不影响 BAY 股份公司。而 BAY 银行则不同，它完全受到 City 公司破产的影响，其借贷偿还请求权只能作为破产债权加以主张。因此，仅有 BAY 银行需要变更借贷合同中的担保条款。

为了担保 BAY 银行对 City 公司享有的借贷偿还请求权，原则上可加以考虑的有不同的担保手段：首先是人的担保，以保证作为其最重要的情形，以及物的担保，如质权、所有权移转担保和所有权保留。以下不妨一一分析。

首先，选择保证的可能性与可行性。依据《德国民法典》第765条以下的规定，以保证来担保BAY银行对City公司享有的借贷偿还请求权是可能的。在保证合同的框架下，保证人将在City公司支付不能时，就City公司的债务对债权人BAY银行负有义务。在此可以作为保证人纳入考虑的是City公司的股东，以自己私人财产承担责任。这样的担保至少在法律上适合于减少BAY银行的损失风险。但疑问是，BAY银行是否能通过股东的保证实现担保：因为有限责任公司的（创始）股东恰恰想借助选择有限责任公司这种法律形式限制自己个人的责任风险，而不是以其全部私人财产为经济活动承担责任。为公司债务承担保证将会强加给股东资金上的风险，而这种风险正是设立公司时想要避免的。因此，有限责任公司的股东通常不打算为公司的借款承担保证。即使从BAY银行的视角看，保证也不是最优的担保形式，因为若是主张请求权时保证人没有财产，保证在经济上就没有价值可言。因此，保证这个担保手段不适合保护BAY银行的利益。

其次，选择质权的可能性与可行性。依据德国法律规定，在动产上设定质权后，债权人可以主张在个别强制执行（Einzelzwangsvollstreckung）时优先受偿（《民事诉讼法》第805条）并且在出质债务人破产时直接从出质的标的中单独受偿（《破产法》第50条）。在本案中，BAY银行可能在City公司破产时直接从出质的汽车的变价收入中受偿。因此，质权作为担保手段适合在City公司破产时保护BAY银行及其债权。但是按照德国民法的规定，约定的质权通过合意和交付成立。按照公开原则，动产质权需要质权人占有出质标的。因此，City公司必须在从BAY股份公司处获得汽车后立即交付给BAY银行。这对于City公司和BAY银行都是不实用的。因为City公司亟需将出质的汽车转售。City公司不能指望自己的顾客去BAY银行那里去看车。另外，BAY银行也不太可能愿意保管City公司的汽车。考虑到实践中的困难，这样的规制因此对于BAY银行是不合适的担保手段。

最后，重点分析所有权移转担保的可能性与可行性。所有权移转担保原则上是以和质权同样的方式限定BAY银行的风险。按照《破产法》第51条编号1，BAY银行将会作为担保的所有权人享有独立于破产管理人以及破产财产的从汽车变价收入中受偿的请求权。与质权不同的是，担保提供人继续占有和使用担保物，同时担保权人的损失风险通过所有权人地位得以保障。因此，BAY 银行通过其所有权人地位得到了物权担保；而 City 公司仍可以在自己的地方展售汽车。这对 City 公司和 BAY 银行都有利益；因为只有在 City 公司维持营业和销售兴旺时，City 公司才有能力清偿在 BAY 银行处的借贷债务。

有问题的是，在 BAY 银行成为所有权人的情形下，作为占有人的 City 公司能否使买方取得所有权。显然，City 公司无权移转所有权。但是 BAY 银行可能会按照《德国民法典》第 185 条第 1 款、第 182 条第 1 款概括授权 City 公司将所有权移转于最终顾客。这种许可在实践中十分常见，对于 BAY 银行来说却并非没有风险。因为随着所有权移转于最终买主，银行就失去了对于担保物的所有权；BAY 银行并不能单纯基于 City 公司和其顾客之间的买卖合同享有对于价款的请求权。因为这一买价请求权并不能自动地取代汽车上的所有权。此处需要一种约定性规制，要求 City 公司先行将其未来的价款请求权让与给 BAY 银行。将担保性所有权扩张至转售收入也被称为“延长的担保性所有权”。

这样预先让与价款请求权带有法律上的风险：它会与之前有效的买卖价款债权发生冲突。在此范围内，原则上时间上更早的让与优先。可以想象的是，City 公司为了担保贷款约定，有可能长期以来已将销售产生的债权概括让与其主要开户银行。在这种情形下，BAY 银行及其后顺位的债权转让在原则上会落空。

必须注意的是，当概括让与和债务人的供应商的延长的所有权保留同时发生时，概括让与须符合特别的要件。在本案中，并不存在这一危险，因为针对为担保进行所有权移转的汽车不存在供应商之债权：BAY 银行已经将贷款总和转交 BAY 股份公司。

另需考虑的问题是，City 公司在预先转让债权后，不再有权利收账。为使 City 公司避免披露债权让与，并使正常的交易成为可能，BAY 银行最好授权 City 公司收取已让与的债权到一个在 BAY 银行所开的账户上（《德国民法典》第 185 条第 1 款）。

综上，为了在 City 公司破产时为 BAY 银行提供保护，需要做出以下特别约定，以对 BAY 股份公司和 City 公司之间涉及担保约定要素的买卖合同加以补充：

（1）BAY银行在BAY股份公司的同意下，进入City公司与BAY股份公司间的各个合同。BAY股份公司将汽车交付给City公司，但汽车的所有权则应当由BAY股份公司直接移转给BAY银行，该所有权可用于担保BAY银行贷给City公司的贷款。（2）BAY银行准许City公司保留为维护其正当利益所许可的撤回，只要能继续拥有所约定的担保，City公司可在符合规定的业务活动的框架下处分担保物。（3）City公司使用处分权能，以收入替代担保物。相应地，City公司就此将其目前的和未来的因出卖担保物而产生的全部债权转让给BAY银行。BAY银行接受这些让与。BAY银行授权City公司收取已经让与的债权。

第三节　所有权保留

所有权保留买卖是一种特殊的交易方式。就功能而言，它是以保留所有权的形式来促使相对方履行付款或其他约定义务。所有权保留制度的这一特点，为观察所有权保留的法律性质提供了两种视角：一是以所有权移转过程为视角；二是以债的担保为视角。

所有权保留制度最早可以追溯到罗马法。在罗马法上，所有权保留最初是法定的，即法定所有权保留。罗马法对法定所有权保留的规定最早见于《十二表法》。《十二表法》第七表第11条规定：除非买受人付清价款或以其他方式提供担保，买受人不能取得已经出卖并交付的物的所有权。优士丁尼在《法学阶梯》中对该规则予以了确认，并认为这是万民法即自然法的要求。《十二表法》所确立的法定所有权保留规则，或许是作为《十二表法》废除即时交易的弥补措施或替代措施而出现的。罗马法为出卖人提供的一种补救手段是：在价金未支付之前，买受人通过容假占有或租赁让其以容假占有人或承租人的身份利用物品，但对物品不享有所有权，所有权保留在出卖人手中。这种手段被欧洲共同法的著述者称为“所有权保留简约”，这大概是现代法上所有权保留的雏形。[①]

---

① 徐同远．担保物权论：体系构成与范畴变迁．北京：中国法制出版社，2012：188～190.

在13世纪以后，以罗马法为主体的欧洲共同法中，所有权保留同样得到承认。在德国制定民法典的过程中，所有权保留最初没有受到重视。德国民法典第一草案对所有权保留未有明文规定，《德国民法典》对所有权保留的规定是德国民法典第二次起草委员在1898年增加的。尽管如此，德国所有权保留的发展还是主要归功于《德国民法典》颁布之后的判例和学说的努力。在法国，所有权保留也得到了法律的认可。“所有权保留”以前仅限于《法国商法典》所规定的所有权保留制度。现在其实质性规定都已被《法国民法典》所整合。《法国民法典》第2367条指出，所有权保留条款“暂缓一项合同的转移效力直到构成对价的债务履行完毕”。据此，所有权保留条款可以出现在任何一种合同当中，而且该条款本身不需要确立任何与该权利有关的具体日期。但是，所有权只能用于担保与它本身转移构成对价的债权。在日本，其所有权保留制度同样经由判例和学说的发展而不断完善。在日本法历史上，首先是由判例发现所有权保留的做法，其包含着将买卖物品的所有权作为担保的因素，之后经由判例与学说的发展而日益完善。

在美国，所有权保留买卖兴起于19世纪末期。作为对所有权保留买卖实践的回应，美国法学会于1911年制定了《统一附条件买卖法》，供美国各州采纳。但随着1952年《统一商法典》的制定，美国法律一改以往担保类型固定的传统，将所有权保留和其他的动产担保交易形式融入统一的“担保利益（security interest）”中。这一立法摒弃了普通法和制定法上的动产抵押、附条件买卖、信托收据、质权、应收账目的让与、现场仓库等各种担保种类的名称和形式。而用“担保利益”这一概念来表述上述各种物的担保，运用“附着”（attachment）这一概念来界定担保权益在当事人间的有效性，并通过担保权益的确立程序来界定担保权益在当事人间的有效性。通过对担保权益确立程序的设计，巧妙地解决了担保权益对第三人的效力及其优先顺序，从而最大限度地统一了物的担保立法。①

---

① 余能斌、侯向磊．保留所有权买卖比较研究．法学研究，2000（05）：74～76．

案例 54　BAY 股份有限公司诉 City 公司案

【案例来源】

Christoph Teichmann, Daniela Mattheus, Zivilrechtliche Anwaltsfälle in Studium und Examen, Verlag C. H. Beck, 2007, S. 153 – 174.

【案件事实】

BAY 股份有限公司是汽车生产商，它既通过自己的分销店也通过众多的专营商（Vertragshändler）销售这些汽车。City Autohaus GmbH（简称 City 公司）是这些专营商中的一员。此外，BAY 股份公司也提供替换零部件给 City 公司在新车生意之外经营的维修厂。BAY 股份公司就此给予 City 公司 90 天的清偿期限。在此期间，替换零部件通常是在 City 公司处修理车辆时用上，并由送修车辆的顾客付款。

【问题】

在 City 公司濒临破产的情形下，BAY 股份公司如何在继续履行原合同的同时，通过变更担保条款来保障自己的权益，即，能够优先于其他破产债权人优先受偿?

【解析】

随着 BAY 股份公司和 City 公司缔结关于供应替换零件的买卖合同，BAY 股份公司即获得了依据《德国民法典》第 433 条第 2 款产生的对于 City 公司的支付买卖价款的请求权。通常而言，替换零件一旦被交付，City 公司即应付款。但根据合同，BAY 股份公司将付款期限延长为供应替换零件后 90 天内。一旦 City 公司破产，BAY 股份公司很有可能面临无法收回价款的局面。

首先可以明确，可能适用于本案的担保形式有四种：保证、质权、所有权移转担保和所有权保留。

前两种很容易排除。因为保证一般是由公司股东做出，本来就想利用公司形式限制个人责任的股东通常不会愿意，而质权要求仍由 BAY 股份公司占有替换零件，这显然不现实。

第三种也很难操作。理论上，City公司可以依据《德国民法典》第929条、第930条关于所有权移转的规定，将替换零件出于担保目的移转给BAY股份公司。在这种情形下，BAY股份公司可以作为担保性的所有权人，在City公司破产时要求优先受偿。不过，为了使BAY股份公司重又取得担保所有权，City公司必须首先从BAY股份公司那获得替换零件的所有权。这会导致，在BAY股份公司将所有权移转给City公司和City公司以担保形式将所有权移转给BAY股份公司期间，BAY股份公司至少会面临毫无保护的"法学上的瞬间"，即在所有权转给City公司之后与City公司以担保形式将所有权转回BAY股份公司之前。这一无保护期间可能发生两种风险，一是担保物还有可能被设定法定质权；二是City公司在此期间破产，而BAY股份公司尚未获得价款，于是只能成为普通的破产债权人。由于上述过渡期无法消除，移转所有权的担保形式也不是最佳选择。

最后惟一可行的是设定所有权保留，即，BAY股份公司可以与City公司约定保留供应的替换零件所有权直到全部支付各个买卖价款债权。在这一担保形式下，尽管货物已经交付给了买受人，但是附有支付全部买卖价款的延缓条件（《德国民法典》第449条）。买受人迟延支付买卖价款的，附保留的出卖人可以在《德国民法典》第323条第1款的指定期间之后解除，然后主张其基于《德国民法典》第985条的返还请求权。在此情形，买受人不再能基于买卖合同有权占有。这个简单的所有权保留授予出卖人权利，在买受人破产时取回（Aussonderung）其所有权（《破产法》第47条）。取回意味着将在所有权保留下供应的标的从破产财产中分离出来以及返还于附保留的出卖人。BAY股份公司作为出卖人有基于《德国民法典》第985条的返还请求权，这只有在City公司没有权利占有附保留的货物（《德国民法典》第986条第1款）时才能成功实施。

这样的占有的权利产生于作为基础的、但双方尚未履行的买卖合同。随着破产管理人表示拒绝履行买卖合同（《破产法》第103第1款、第107条第2款），出卖人有权取回并且按照《破产法》第47条结合《德国民法典》第985条向破产管理人请求返还保留物。因此，简单的所有权保留看起来是一个维护BAY股份公司利益的合适的、合同上可以塑造的担保手段。它保护BAY股份公司免于在 City 公司破产时和没有破产时不愿和不能支付的风险。

需要注意的是，只有当 BAY 股份公司在主张返还时还拥有其替换零件的所有权时，所有这些才当然适用。根据本案的交易特点，如果交易顺利进行，City 公司必然将替换零件装配到其顾客的汽车上并予转售。在这一过程中，虽然不会出现法定的所有权转移，但是顾客极有可能基于善意取得替换零件的所有权。City 公司可能作为无权利人在善意取得的框架中依据《德国民法典》第 932 条、第 929 条第 1 句进行处分，只要取得人不知或者因为不是重大的过错而不知货物并非 City 公司所有。若 City 公司的顾客知道 BAY 股份公司的所有权保留，则依《德国民法典》第 932 条善意取得被排除。通常顾客并不知道其合同相对人与其供货商之间的业务关系的内容。另外，依据《德国商法典》第 366 条第 1 款，买受人关于 City 公司有处分权限的善意（gut Glauben）会受到保护。顾客在处分权限的存在方面没有调查义务；在取得高额的投资和消费品时大多数认可这样的调查义务。在这种情形也不存在替换零件的脱手。因此，BAY 股份公司通常将会在 City 公司向顾客交付汽车时失去其替换零件上的担保所有权，并且因此同时也依照《破产法》第 47 条失去其取回权。

BAY 股份公司和 City 公司之间的所谓延长的所有权保留约定可能会保护 BAY 股份公司免受损失的风险。在延长所有权保留的情况下，尽管出卖人允许买受人转售货物，但为了担保，买受人预先让与其对于第二个买受人的买卖价款债权。因此担保延伸至替代物——由转售而生的顾客债权。City 公司的贷款债权人的一个概括让与，若是在此范围内引发冲突的，依照《德国民法典》第 138 条将会不生效力，因为德国司法实践给予供应商（本案中的 BAY 股份公司）延长的所有权保留以特权。另外，为了不强制 City 公司披露债权转让并带来相关不利情况，BAY 股份公司必须授权 City 公司收取债权。因此，City 公司可能有权处分以及收取其顾客的买卖价款，以便将价款转交给 BAY 股份公司。BAY 股份公司将会因此在转售替换零件时也能获得担保，因为其担保延伸到作为替代的买卖价款上。

即使在 City 公司破产的情形下，BAY 股份公司也将得到足够的担保：首先，City 公司的破产管理人享有《破产法》第 103 条、第 107 条规定的选择权。若替换零件尚未装配，并且管理人拒绝履行买卖合同，那么 BAY 股份公司作为所有权人享有《破产法》第 47 条规定的取回权。若管理人选择履行合同，则 BAY 股份公司作为财产债权人依照《破产法》第 53 条优先从破产财产中受偿并且可能会获得全部的买卖价款。在替换零件装配和出售之后，约定的担保性的报酬让与使 BAY 股份公司有权从破产财产中单独受偿（《破产法》第 51 条编号 1、第 50 条第 1 款）。适用《破产法》第 51 条编号 1 的正当理由在于，存在一个与正常的担保性债权转让或者担保性所有权类似的实际情况。

由上，延长的所有权保留是最有利于保障本案中的卖方——BAY 股份公司的担保形式。BAY 股份公司可以在原有合同中增加以下条款：（1）BAY 股份公司保留供应的标的上的所有权直到支付买卖价款。（2）City 公司有权在正常的商业活动中转卖替换零件；并将已经发生的所有债权转让给 BAY 股份公司，而这些债权是从转售或者其他针对其顾客或者针对第三人的费用中产生的。（3）City 公司从 BAY 股份公司处获得收取买卖价款债权的权利。

案例 55　黄某诉华电机器股份有限公司台北分公司案

【案例来源】

黄某诉华电机器股份有限公司台北分公司请求返还货品上诉案，我国台湾地区“终审机构”，1973 年，台上字第 1559 号。

【案情简介】

1971 年 4 月 31 日，上诉人黄某向被上诉人华电机器股份有限公司台北分公司以附条件买卖方式购买冷气机及冷塔各乙台，约定总价款为新台币（下同）九万二千元，分为三期支付，并订明上诉人不依约定付清价金时，该公司可以不按法定手续，直接将出售标的物取回。但上诉人未依约付款，迄今仍欠华电机器股份有限公司台北分公司六万零五十元，内含电力设备费九千零五十元。被上诉人屡次讨要，上诉人黄某都不归还。华电机器股份有限公司台北分公司遂向“法院”提起诉讼，请求判令：上诉人返还上述机器；如不能返还时，上诉人应给付六万零五十元之货款。上诉人则以附条件买卖已改为现金买卖，价金按九折计算，且已全部付清为抗辩。

“原审法院”认为，虽然根据证人施公英的证言与上诉人自己所陈不符的情形，可以认定上诉人的抗辩，并非真实存在。同时，被上诉人已提出合约书为证据，证明其主张的事实。该合约书载明，上诉人未付清价金前，被上诉人仍可以将上诉人占有的标的物取回。现上诉人仅支付了定金二万元，价金二万元，其余价款则不能证明已经付清。因此，被上诉人以此请求取回标的物，符合合同约定，而将第一审判决支持被上诉人的抗辩，判予维持。

【判决意见概述】

“上诉法院”认定“原审法院”审查不全，废弃原判决，发回我国台湾地区“高等法院”重审。

“上诉法院”认为，附条件买卖在标的物所有权移转于买受人前，买受人如有不依约定偿还价款之情形，依据“动产担保交易法”第二十八条第一项第一款之规定，出卖人固得行使其取回权。但取回权之行使，依其第三十条规定，应准用其第十七条第二项、第三项及第十八条至第二十二条所定程序为之，此项程序固为保护出卖人而设，实亦兼顾买受人之利益，其中如出卖人应于三日前通知，否则，买受人于标的物被取回后十日内尚得履行契约请求回赎，或于标的物再出卖后请求价款之偿还（参照第二十九条）等，尤属买受人之权利，非谓出卖人可随时取回，及取回后可置买受人一切利益于不顾。买受人即使于契约约定抛弃法律所规定的权利，依第十四条规定，其约定亦属无效。

本案中附条件买卖合约的第九条约定：“甲方未依第七条之约定付清货款前，乙方仍保有装置于甲方所在地之全部冷气机及设备之所有权，甲方愿意乙方毋须履行法定手续而径将标的物随时取回。”等，其中最后一句是否就属于买受人（债务人）以契约约定抛弃同法所定权利的情形？该约定是否有无效的原因？以上却是原审法院完全没有审查的，仅凭上述理由作出不利于上诉人的判决，并不恰当。

本案上诉理由成立，依“民事诉讼法”第四百七十七条第一项，第四百七十八条第一项，原判决废弃，发回我国台湾地区“高等法院”重审。

【案例评析】

附条件买卖是较为常见的所有权保留担保的形式。附条件买卖合同，是指在

（通常是分期付款）买卖合同中，买受人虽可以占有、使用标的物，但在双方当事人约定的特定条件成就之前，出卖人仍保留标的物的所有权，待条件成就之后，再将所有权转给买受人的制度，所以有时也称为“所有权保留制度”。关于附条件买卖的性质问题，历史上有各种学说，如“附停止条件所有权转移说”、“部分所有权移转说”、“特殊质押关系说”，但目前通说为“担保权说”，出卖人享有担保性所有权，在债务不履行或担保利益可能受到侵害的时候，出卖人可以基于其保留的所有权直接取回标的物；当债权不能实现时，出卖人可依照约定将标的物收归己有或另行出卖、优先受偿。

在标的物所有权移转于买受人前，附条件买卖买受人如有不依约定偿还价款的情形，依据我国台湾地区“动产担保交易法”的规定，出卖人可以行使其取回权，但取回之前及取回之后的其他权利的行使，应依法定程序。此项程序虽然本是为了保护出卖人而设定的，实际上也兼顾了买受人的利益。因此，该程序的设立并不意味着出卖人可随时取回及取回后可置买受人一切利益于不顾。买受人即使在合同中约定抛弃该法所规定的权利，也不能排除该法定程序的适用。

需要注意的是，涉及分期付款的附条件买卖有时容易与按揭制度混淆，但两者其实是完全不同的担保制度。首先，在附条件买卖中，标的物的所有权在买方付清全部价款前，归卖方所有，但在按揭中，所有权归买方所有；其次，在附条件买卖中，当买方不能完全偿付价款时，卖方有取回权；而在按揭担保中，在买方不履行债务时，卖方首先应是采取拍卖或其他的方式变价，只有在按揭财产不能变价时，才可由法院将按揭财产判归卖方。

第四节　承揽人的质权

优先受偿权是法定受偿权的一种，是法律规定的某种权利人优先于其他权利人实现其权利的权利。在各国具有不同的表现形式和具体称谓。例如，法国民法中的优先权是一种债权的优先受偿权。《法国民法典》第 2095 条规定，依据债权的性质，给予某一债权人先于其他债权人，甚至先于抵押权人清偿的权利。《法国民法典》中没有留置权的规定，在法国许多应适用留置权的情形通过优先受偿权加以调整，从而使优先权具有较广泛的调整领域，成为民法中的一项重要制度。德国民法中优先权不是一项独立的权利，而是特种债权的特殊效力，即优先清偿效力。这与法国民法中优先权的担保物权性质截然不同。① 在制度的构架上，德国民法没有专门规定优先权的制度，只规定一系列法定质权。本节案例介绍的承揽人的质权就是一例。《德国民法典》第647条规定了承揽人的法定质权，第704条规定了旅店主人的法定质权等，其法定质权就是留置权。德国民法上承揽人的质权与我国承揽人的留置权实质上是相同的。

案例56 Sparbank诉W案

【案例来源】

Manfred Wolf，Sachenrecht，Marina Wellenhofer-Klein，2011，S. 230－231.

【案情简介】

A从Sparbank处获得贷款购车。为了担保该笔贷款的偿付，所购车辆的所有权被转移给Sparbank以作担保。按照担保合同，A负有自费独立维修车辆的义务。担保合同还规定，如果出现迟延支付的情形，A会丧失占有的权利，并有义务将所购车辆返还给Sparbank。A在拿到车后发生事故，导致轻微物损。于是，A把车送到W的维修店进行必要的维修。由于A的经济状况恶化并且没有能力支付W的账单，他不再去W处取车。同时，A也停止向Sparbank偿还贷款。鉴于此，Sparbank向W主张返还涉案车辆。W认为，他基于自己的承揽人质权有占有的权利，直到账单被清偿为止。

【问题】

本案中的W是否享有承揽人质权？如果是，该质权是否可以优先于Sparbank基于所有权的返还请求权？如果不是，W享有何种权利？

【解析】

本题旨在考察承揽人质权成立的条件、质权与留置权的差别等多个知识点。

① 刘士国．论债权优先受偿权．法学，2005（06）：114.

首先需要明确的是，依据本案事实，Sparbank 享有抵押车辆的所有权。依据《德国民法典》第 985 条的规定，Sparbank 作为车辆的所有权人，有权要求占有人返还车辆。在此前提下，需要判断作为维修者的 W 享有何种权利？该种权利能否对抗 Sparbank 的所有权？

依据本案事实，W 享有的权利有两种可能：法定质权或留置权。根据德国民法的规定，质权可以区分为法定质权和意定质权，前者由法律规定，后者由合同双方协定。法定质权是一种担保物权，是从属于债权的物上变卖权。它赋予先履行义务者占有对方交付的动产，并在对方不履行义务时从动产中获得清偿的权利。与留置权所具有的抗辩效力相比，法定质权显然能够提供更有力的保护。不过，《德国民法典》中的法定质权仅限于本案可能涉及的承揽人质权这一种情形，《德国商法典》则规定了仓储人、经纪人、搬运工、承运人等多种法定质权。

依据《德国民法典》第 647 条的规定，“承揽人依据其因合同而产生的债权，对由其完成或修理的、为完成工作或出于修理目的而处于其占有之下的定做人的动产，享有质权。”如果 W 能够依据该条规定获得承揽人质权，那么根据《德国民法典》第 986 条第 1 款的规定，“占有人或者作为其权利来源的间接占有人有权占有时，占有人可以拒绝将物返还。”即，如果 W 享有承揽人质权，那么其可以对抗 Sparbank 的所有人权利。

因此，我们应重点分析 W 是否能够获得承揽人质权。可以确定的是，本案事实符合《德国民法典》第 631 条有关承揽合同的规定，“根据承揽合同，承揽人负有完成约定工作的义务，定做人负有支付约定报酬的义务。”作为维修者的 W 无疑是承揽人，送修的 A 则是定做人。然而，《德国民法典》第 647 条涉及的必须是定做人的物。由于送修车辆的所有权属于 Sparbank，原则上不产生 W 的承揽人质权，除非：（1）可以将 Sparbank 视为共同定做人；或者（2）W 可以善意取得承揽人质权。

首先来看第（1）项条件是否成立。本案中的担保合同规定，A 负有自费独立维修车辆的义务。该条规定是否赋予 A 将车辆出质的权利？毫无疑问，A 本人没有将车辆进行出质的权利。但《德国民法典》第 183 条、第 185 条第 1 款就无权利人的处分行为进行了规定，如果得到权利人的事先同意或事后追认，该处分行为即为有效法律行为。结合案情可知，本案中的权利人 Sparbank 事后肯定不会承认，那么事前是否存在同意呢？Sparbank 要求 A 独自付费修理车辆，是否意味着同意 A 将车辆出质？答案是否定的。送修行为不能与出质行为等同。Sparbank 要求 A 承担修理费用，恰好能说明 Sparbank 不想与修理事宜发生关联。

其次需要考察第（2）项条件能否成立，即，法定质权是否适用善意取得。《德国民法典》第 1207 条规定，物不属于出质人的，对设定质权适用第 932 条、第 934 条、第 935 条关于无权利占有人取得所有权的规定。然而，此处的质权仅指意定质权。那么，是否可以就第 1207 条进行类推适用呢？支持类推的一个佐证是，《德国商法典》第 366 条第 3 款明确地规定了这样的善意取得。但答案仍然是否定的。因为与民法相比，商法是特别法，特别法的规范不宜普遍化。《德国民法典》有意地缺省了这样的条款，正说明立法者并不希望将法定质权扩大化。

总之，法定质权的成立以定作人的有效的交付行为为前提。即使是在善意取得的前提下，仍然要求存在可以作为质权设立基础的交付的法律行为。本案中为了修理的目的而进行的交付，与设定质权时的交付不具可比性，因此不能作为成立法定质权的依据。

既然不能取得可以对抗所有权的质权，W 的维修费用如何保障？W 应该如何救济自己的权利？依据《德国民法典》第 1 000 条的规定，“占有人在应向自己偿付的费用得到清偿前，有权拒绝将物返还。”该条赋予了承揽人留置权。该权利是一种拒绝履行权，它的效力基本与同时履行抗辩权相同。也就是说，W 对涉案车辆没有实际处分的权利，但 W 并不否定 Sparbank 的请求权，而是在其维修费用未获清偿时享有抗辩的权利。

第五节　独立担保

独立担保制度来源于国际惯例，常见于国际贸易投资领域，能为担保权人提供有力的保障。它是指担保人对受益人作出的保证当受益人提交符合承保书条款规定的简单索款请求或附有其他单据文件的索款请求时，即向其支付一定金额的独立承诺。在国际惯例中，独立担保包括独立保证（又称独立保函或见索即付保函）和备用信用证两种形式。

在国际经济贸易谈判中，为了避免出现发生纠纷后因为程序复杂或有种种抗辩事由而导致权益得不到保障的情形，债权人往往会要求债务人向债权人提供独立于基础交易的保证责任。一旦债权人认为债务人违约而按照担保文件的约定向担保人提出付款请求时，担保人即应付款，而不得主张依基础交易合同产生的抗辩。此即，独立担保。在实践中，担保人多为银行或保险公司。独立担保的具体表现形式在美国为备用信用证，在大陆法国家则多为独立保函。独立担保制度为担保权人提供了很好的保障。在合同未能很好地履行的情况下，担保权人会得到立即的赔偿，而无需等待仲裁等盲目且冗长的过程。

一般认为，英美国家的银行业是最早使用并承认独立担保的，尽管其成文法并没有规定，但判例却体现了这一点。英国判例把独立担保与跟单信用证做比较，丹宁法官在判决中认为，这种履约担保几乎是见票即付本票。在 19 世纪，德国的法学理论就已经创造并实施了独立担保制度，《德国民法典》第 621 条、第 675 条关于承揽合同的规定以及法典授予当事人的意思自主的规定都是其依据。不可否认的是，德国与法国等传统民法法系国家一直对独立担保持有偏见。直到 20 世纪 70 年代，受英美法系的影响以及国际经济贸易的需要，德国和法国的司法界才承认独立担保。瑞士同样没有关于担保合同的成文法，但其判例也承认独立担保的效力，认为独立担保合同是一种非从属性的、独立的合同。按照该合同，担保人应对合同约定的结果即当事人所担心出现的某些事态所产生的后果承担责任。[①]

案例 57　Creusot-Loire 公司诉巴黎银行案

【案例来源】

Banque de Paris et des Pays-bas c. Creusot-Loire-Entreprises et autres, D. 1983. 365, note Vasseur, Clunet 1983. 811, note Jacquemont, RTD com. 1983. 446,

---

① 沈达明．法国德国担保法．北京：中国法制出版社，2000：68.

obs. Cabrillac et Teyssié.

【案情简介】

Creusot-Loire 公司（以下简称 Loire 公司）承担了一项在伊拉克建立炼钢厂的土木工程建设项目。Loire 公司之后将一部分工程任务转包给了位于阿曼苏丹国首都马斯喀特的 SDSL 集团（Siegfried 公司）。这份分包合同通过 1976 年 8 月 12 日的“7 号协议”得到了修正。按照合同约定，Loire 公司承担了该项目的统筹工作，并按照合同约定的方式承担必需费用，即每月从账户中扣除相应资金并在合同履行完毕之后冻结该账户。1976 年 8 月 12 日，巴黎银行为 Siegfried 公司向 Loire 公司递交了一份保证文书，约定“在 110 750 000 法郎的限额内，根据保证的约定以及 7 号协议里面的内容，一经（Loire 公司）要求则（巴黎银行）必须立即以全部数额履行。”而 Nasib 和阿曼进出口贸易公司（以下简称阿曼公司）则需要向巴黎银行承担反担保责任。后来，分包人 Siegfried 公司无法完成其承担的工程，而且该账户的冻结使 Loire 公司遭受了巨大的损失。鉴于 Siegfried 公司无力履行债务，依据 1976 年 8 月 12 日的保证的内容，Loire 公司向巴黎银行要求 110 750 000 法郎的赔偿。

巴黎银行以分包人 Siegfried 公司不同意承担责任为由拒绝承担担保责任。巴黎银行认为，修改的分包合同与法国 1975 年 12 月 31 日颁布的有关分包的法令相冲突，这意味着 Loire 公司的债权乃至于整个分包合同都是无效的。

该争议被提交仲裁，巴黎商事仲裁法庭判决要求巴黎银行承担担保责任，并负责由此造成的损害赔偿。巴黎法院支持了仲裁庭的裁决，并将损害赔偿的金额认定为 60 万到 100 万法郎。巴黎银行不服，提起上诉。

【判决意见概述】

在巴黎银行看来，由第三方不参与的合同产生的，要求第三方清偿债务的责任的保证必须由保证合同加以规定，且第三方对于债务人享有追索权。而且，保证不能担保不正当的债务。上诉法院也认为，“无论基于何种理由，保证合同的无效自然引起保证的无效。”但是，上诉法院认定巴黎银行和 Loire 公司之间的关系不构成保证，而是构成独立担保，是“见索即付的保证”。这种独立担保关系禁止巴黎银行以分包合同无效作为对抗 Loire 公司的理由，因此，巴黎银行应当承担保证责任。法院还认为，银行拒绝履行要求其清偿债务的判决并不完全基于正规理由，而是基于拖延支付的目的，且是出于恶意，并有滥用义务的问题。因此，银行应当承担损害赔偿责任。

【案例评析】

本案涉及独立担保制度。美国、法国、德国、意大利等国都已将独立担保制度列入国内法，我国目前还没有明文规定这一担保形式。

本案中的保证书是独立担保的典型形式——由银行出具的见索即付保证。原则上，提供独立担保的银行会无条件的支付。独立担保制度为担保权人提供了很好的保障。在合同未能很好的履行的情况下，担保权人会得到立即的赔偿，而无需等待仲裁等盲目且冗长的过程。

与普通的担保形式相比，独立担保的优势十分明显。虽然独立担保也是为了担保主合同而订立，但一旦独立担保设立，该担保就具有了独立性。业经有效设立的担保合同将独立于基础合同，担保人也由此丧失基于基础合同而享有的对于意外情况的抗辩权。在本案中，巴黎银行做出的保证是否是独立保证就成为它是否需要承担担保责任的关键。

通常认为，只有当保证合同中明确做出了独立担保的意思表示，才能认定为独立担保。表达该意思的条款有很多，但其核心内容必须要有“一经债权人提出请求，保证人即应当依约履行支付义务”等字样。本案中的保证书里明确约定，“一经（Loire 公司）要求则（巴黎银行）必须立即以全部数额履行。”该意思表示十分明确，已构成独立担保。因此，巴黎银行不得以基础合同——本案中的分包合同为由进行抗辩。总体而言，独立担保人承担着十分严格的担保责任，不能享有普通保证人的抗辩权。惟一例外的情形就是《法国民法典》第 2321 条第 2 款的规定，“当受益人以欺诈或与请求人合谋欺诈的方式滥用担保时，担保人不承担担保责任。”

第六节 实物保证

实物保证是法国担保法中较为特殊的一项制度。关于实物保证的性质，法国学界存在三种观点。其中最为经典的一种理论是“一元论”。该理论认为，实物保证是一种担保他人债务的实物担保，且其不能适用能影响作为担保关系参与者的他人的、人身性的支付义务。而事实上，《法国民法典》第2077条明确规定了：“质押可由第三人为债务人设立。”同时《法国民法典》第1020条中提出了“遗赠物可以作为为第三人的债务而设立的抵押的标的”的理论。

与此相对应的是，有一些分析者主张“二元论”。这种理论认为实物保证不仅仅是“为他人设立实物担保”，其中也隐含了担保人的人身担保的性质。保证的构成要件是以一种人身性的方式保证财产的价值。特别是在合同未明示的情况下，这种理论适用于对保证的范围的确定。这也是所谓的以人身性为特征的“混合的”实物保证的学说。

最后一种理论介于前两种理论之间，认为实物保证与人身保证一样，是为他人设立的担保，可以在保证的范围内规制一些借款。同样的，实物保证仍然是一种实物担保，因此其不能解决实物保证人设立的保证的人身化的问题。

以上三种理论各自催生了与其相对应的司法制度。对于在已作出的判决当中讨论的问题，为了了解为他人设立的担保的规则，当这一担保是设立在共有财产之上时，我们有必要对其做一些详尽的描述。

如果我们对“实物保证”这一名称进行分析，就需要回到《法国民法典》第1424条的适用范围当中进行探讨。该条规定：“夫妻中任何一方不得在未经对方同意的情况下将共有财产中的不动产、公司财产和经营让与或委托代理，因其符合公序良俗且其转让的有形财产不能公示。”这就导致了这样一个结果：如若担保的标的是从属于该规定的范围之内且夫妻双方的同意是设立这样一种担保的必要要件时，其不能适用于与之相反的情况。如果我们必须在之前的理论中做出选择，就需要参考《法国民法典》第1415条的内容：“除非其不是与另一个相关方以明示的同意的方式订立的，夫妻任何一方不得在其财产和收入上以保证或借款的方式设立担保。”也是因为此，无论财产的性质如何，夫妻双方的同意对于在共同财产上设立的实物担保是必需的。

案例58　Boudaud夫人诉法国巴黎银行案

【案例来源】

Mme. Boudaud c. BNP Paribas, Bull. ch. mixte, n 7, D. 2006. 61, note Avena-Robardet, 729, avis J. Sainte-rose, note L. Aynès, Pan. 1414, obs. Lemouland et Vigneau, Pan. 2855, obs. Crocq, JCP 2005 Ⅱ. 10183, note Ph. Simler, LPA 2006, n 16, p. 7, note D. Houtcieff, Defrénois 2006. 1600, obs. Champenois, RDC 2006. 454, obs. M. Grimaldi, 458, obs, P. Crocq et 357, obs. B. Vareille, RTD com. 2006. 465, obs. D. Legeais.

【案情简介】

Boudaud先生结婚时约定财产为夫妻共同财产。在1997年时，Boudaud先生在法国巴黎银行以家庭财产作为标的，为其女婿经营的公司的借款设立了抵押担保。在对这家公司进行债务清偿时，银行方面主张自己的债权并要求Boudaud先生履行自己的抵押担保义务。根据《民法典》第1415条的规定，Boudaud夫人以银行在该抵押成立时只有其配偶的签字而未取得其同意为由要求撤销该抵押。利摩日初审法院驳回了她的请求。根据2003年6月25日的判决，利摩日上诉法院支持了初审法院的判决，理由如下：“《民法典》第1415条有关保证的内容不适用于抵押，最高法院关于实物保证的概念包含了实物保证的品质不仅仅指经由实物担保强化效力的保证人的人身保证；故Boudaud先生设立的抵押不可被简单的归类在适用《民法典》第1415条内容的保证的范畴之内。”

于是原告方上诉到最高法院，请求最高法院裁定为债务人设立的有第三方参与的抵押属于适用《法国民法典》第1415条的保证的范畴。

【判决意见概述】

法国最高法院首先考虑了之前的判决意见（2003年6月25日，利摩日）中关于事实的认定：Boudaud夫妇结婚时约定财产为夫妻共同财产，但Boudoud先生在未获得 Boudoud 夫人的同意的情况下，为保证第三人的合同之债而以家庭共有财产中的非物质财产部分向巴黎银行设立了一个挪押。现在，其妻 Boudaud 夫人以银行在设立该抵押时只有 Boudoud 先生的签字而未取得其同意为由要求撤销该抵押。Boudaud 夫人对驳回其请求的判决进行了上诉，而其上诉意见主张为第三人为债务人而设立的挪押应属于适用《法国民法典》第 1415 条的实物保证。Boudoud 夫人认为，在之前的判决中，上诉法院没有将 Boudaud 先生为偿还公司债务而向银行设立的抵押归入《法国民法典》第 1415 条规定的实物保证，这是错误的，她认为上诉法院违反了上述的法律条款。

但法国最高法院认为，鉴于担保第三人债务的实物保证不能适用于履行他人债务的个人保证，其因此不能构成一项保证。上诉法院据此认为《法国民法典》第 1415 条不能适用于 Boudaud 先生设立的抵押并无不当。基于此，Boudoud 夫人的上诉意见不能成立，法国最高法院最终驳回该上诉。

【案例评析】

在本案中，将财产凭证用于挪押的不是债务人本人，而是其岳父。为了体现这一实物担保是为了他人而设立的，法国学界通常称其为“实物保证”。而事实上，对于保证人来说，实物担保的构成要件是用以担保他人的债务而非其自身的债务。从这个名称可以看出最高法院在其判决中的剖析产生了一定争议。

首先来看为他人设立的实物保证。在对这种情形进行了学理上的分析之后，我们会分析其在司法适用上的优势。在 90 年代末，法国学界曾这么描述实物保证，它“更像是一种不可见的角色：我们经常能遇到它，却从不提起它。”而在 20 世纪末到 21 世纪初那段时间，这一问题很反常的被扩大了。一开始，法国最高法院不愿意承认实物保证的人身性且坚持我们在本节开篇介绍的第一种理论。更准确地说，在 2000 年 2 月 1 日的判决之中，最高法院有这样的叙述：“为保证第三人债务的清偿而设立的实物保证是实物担保而不是个人保证”；最高法院据此推断债权人不应承担对担保人的告知义务（这种告知义务是为企业保证人的利益而在货币财政法中规定的）。在 2000 年 2 月 29 日的判决中，最高法院更进一步的表示：“为保证第三人债务的清偿而设立的实物保证是一种实物担保”，并明确表示“这种实物保证的范围应限制于担保财产的价值之内。”尽管在这种情况下，问题并未凸显出来，看起来似乎在婚姻关系当中，在某一共同财产上设立的实物保证属于《法国民法典》第1424条内容规制的范围。

然而，在这个问题上，一系列的法院判例的出炉似乎确定了处理方法的范围，并随后成为了官方的意见。通过一系列的判例，第一民事法庭事实上确认了配偶单方面同意的，设立在共同财产之上的实物保证属于《法国民法典》第1415条规定的范围。这些判例的表述足以让大家认为实物保证不是为他人设立的实物担保，而是保证人为担保其自身的保证而添加的实物担保，毫无疑问这使得问题变得更为模糊。

在这种情况下，我们有必要提及第一民事法庭做出的两个判决的重要性，尤其是其在2002年5月13日做出的判决。终审法院的法官引用了《法国民法典》第1415条的内容，因“民法典第1415条有关保证的内容不适用于挪押”，最高法院拒绝了上诉人的上诉意见。据此，夫妻某一方设立的实物保证是无效的。但是第二个判决补充道，“在夫妻某一方同意在共同财产之上设立保证，且没有其他的书面同意的情况下，保证人不享有抗辩权。其应承担其财产之上以及其以担保财产的数额和价值为限的收入的债务的清偿。”换句话说，上述论述抛弃了传统的认为实物保证限于抵押财产的价值的理论，最高法院表达了一种混合的理论，也就是实物保证的人身化理论。为他人设立的实物担保同时包含了担保人在担保财产的价值上设立的人身性保证。因此实物担保是没有效力的，而人身性保证则具有效力。

这一理论在数月之后由第一民事法庭再次予以确认并在商事法庭的判决中被再次提及，我们可以理解为长久以来有关实物保证的法律性质的问题已然得到了解决，即支持了本节开篇介绍的“二元论”，也就是人身化的理论。然而，根据综合法庭于2005年12月2日作出的判决，最高法院抛弃了这种综合性的理论，重新采用了传统的理论。事实上，最高法院认为：担保第三人债务的实物担保不能适用于履行他人债务的个人保证并由此不能构成一项保证，上诉法院因此认为《法国民法典》第1415条不能适用于共同共有的非物质财产的挪押。这也就意味着最高法院对其余两种希望能对传统理论进行更新的理论直接予以驳斥：首先，担保第三人债务的实物担保不自然导致人身性保证的产生；其次，该担保并非一种能产生人身保证的保证关系。

这一回应在 2002 年 5 月 15 日的批评中得到了体现。这一批评强调，最高法院发现的人身保证不应仅仅适用于主要的规则。那么怎么判定为了担保他人的债务而设立的抵押表明了承担人身保证责任呢？为什么质押或抵押在其为担保第三人债务时比担保本人债务时具有更多的效力呢？事实上，为担保第三人债务设立的实物担保的组成要件本身就表明了其风险仅限于担保物。而其构成实物担保的同时，也在其财产上构成了一种实物性的法律关系，可以说是在财产上产生了一种“负担”。或根据另一种理论，这些理论的共性在于它们都认为可以通过抛弃或转让担保物的所有权来不承担实物性的义务是可能的。从实物担保的组成推断出人身性保证的存在是一种破坏法律的一致性的做法，而这种一致性是担保原来希望达到的。可是，如果我们进一步进行分析就会出现疑问，如果其不是保证，怎么解释为他人设立实物担保的构成需要符合法律上关于保证制度的要件的规定且特别是其中有《法国民法典》第 2028 条、第 2029 条、第 2033 条和第 2037 条规定的清偿后追索权的规定？答案就在于立法者对于其性质的回答并不恰当且将其“归类到一个更广泛的为他人设立的担保的范围内”。最后还需注意这一理论对于共同共有关系的威胁。由于实物担保的标的范围是第 1424 条规定的财产以外的财产，在这种情况下，由夫妻一方设立的实物担保会在无抵偿物的前提下使共有财产面临减少的危险。2006 年 5 月 23 日的命令通过加入第 1422 条第 2 款的内容修正了这一缺陷，“夫妻中任何一方不得在未经对方同意的情况下以为第三人债务提供担保的方式影响共同财产。”

特别是在质押的情形中，判例中的意见很大程度上是受了 2006 年 5 月 23 日的命令的影响。新民法典第 2334 条事实上是这样规定的：“质押可由第三人设立。在这种情况下，债权人只对担保影响范围内的财产享有权利。”而这个规定的影响就在于先前关于“实物保证”的规定不可以再适用于为他人设立的实物担保。

附　录

1.《美国统一商法典》第九篇（节选）

《美国统一商法典》第九篇对美国的主要担保法律制度进行了规定。本篇共有五章，内容分别涉及“简称、适用范围和定义”、“担保协议的有效性和担保协议当事方的权利”、“第三方的权利；确立和不确立的担保权益；优先顺序”、“登记”和“违约”。编者从中节选了与本书案例密切相关的主要条款。

第一章　简称、适用范围和定义

第 9—101 条　简称（略）

第 9—102 条　本篇的原则和适用范围

1. 除涉及被排除之交易的第 9—104 条另有规定外，本篇适用于：

a. 任何意图在动产或不动产附着物上，包括在货物、所有权凭证、票据、一般无形财产、动产契据或帐债上设立担保权益的交易，而不论交易采取何种形式；以及

b. 任何帐债或动产契据的买卖。

2. 本篇适用于通过合同设立的担保权益，包括通过质押、让与、动产抵押、动产信托、信托契书、代办人留置权、设备信托、附条件销售、信托收据等各类合同所设立的担保权益，以及通过其它保留留置权或所有权的合同所设立的担保权益；本篇还适用于意图设立担保权益和租赁或寄售。除第 9—310 条另有规定

外，本篇不适用于法定留置权。

3. 本篇对担保债务中担保权益的适用，不因该债务本身是由另一项本篇范围之外的交易或权益所担保而受影响。

第 9—103 条 州际交易中担保权益的确立（略）

第 9—104 条 不属本篇范围内的交易（略）

第 9—105 条 定义和定义索引（略）

第 9—106 条 定义："帐债"；"一般无形财产"

"帐债"指任何对售出或租出之货物或对提供之服务收取付款的权利，只要此种权利未由票据或动产契据作为证明，而不论其是否已通过履行义务而赚取。"一般无形财产"指除货物、帐债、动产契据、所有权凭证、票据和金钱以外的任何动产（包括诉权物）。使用或租用船舶之租约项下或合同项下已赚取或尚未赚取的收款权利，以及租约或合同带来的所有附带权利，均为帐债。

第 9—107 条 定义："价款担保权益"

在下列范围内，担保权益为"价款担保权益"：

a. 担保权益系由担保物之卖方取得或保留，以担保其价款的全部或部分；或

b. 如果任何人以提供贷款或承担债务的方式支付对价，使债务人取得对担保物的权利或能够使用担保物，则只要事实上对价确系用于此种目的，该人取得的担保权益即为"价款担保权益"。

第 9—108 条 某些情况下在后取得的担保物不作为在先债务的担保（略）

第 9—109 条 货物的分类；"消费品"；"设备"；"农产品"；"库存"

1. "消费品"指主要供个人或家庭使用或为此种使用而购买的货物；

2. "设备"指主要为商业活动（包括农业或任何专业行业）或由作为债务人的非盈利组织或政府机构所使用或为此种使用而购买的货物，也指除库存、农产品或消费品以外的所有其它货物；

3. "农产品"指农作物、牲畜和农业生产中使用或生产的用品；未经制造的农作物和牲畜的产品（例如皮棉、生羊毛、蜂蜜、牛奶和鸡蛋）；以及那些由从事养殖、育肥、放牧或其它农业生产活动之债务人占有的物品。作为农产品的

货物不得同时作为设备或库存。

4. “库存”指为了出售、出租或为了依服务合同予以提供或已作此种提供而由任何人持有的货物，以及作为原材料、半成品和业务活动中使用或消耗之材料的货物。任何人的库存不得同时被视为设备。

第 9—110 条 充分陈述的标准

为本篇之目的，对动产或不动产的任何陈述，如果能合理地说明其所陈述的对象，即被视为充分，而不论该陈述是否具体。

第 9—111 条 大宗转让法的适用（略）

第 9—112 条 债务人不是担保物所有人时的规定

除非另有协议，如果担保权人知道债务人不是担保物的所有人，则担保物所有人即有权依据第 9—502 条第 2 款或第 9—504 条第 1 款从担保权人处获得担保物的任何剩余部分，且不对债务或转售担保物后的不足部分承担责任，且享有同债务人相等的下列权利：

a. 有权获取第 9—208 条规定的报告；

b. 有权获取担保权人依据第 9—505 条提出的以保留担保物抵偿债务的建议，并有权拒绝该建议；

c. 有权根据第 9—506 条赎回担保物；

d. 有权根据第 9—507 条第 1 款获得法院禁令或其它救济；

e. 有权根据第 9—208 条第 2 款就其受到的损失取得赔偿。

第 9—113 条 买卖篇引起的担保权益（略）

第 9—114 条 寄售（略）

第二章 担保协议的有效性和担保协议当事方的权利

第 9—201 条 担保协议有效性的一般原则

除本法另有规定外，在当事方之间以及在对抗债权人和担保物购买人时，担保协议的效力依其条款而定。本篇任何部分均不使任何根据约束高利贷、小额贷款、零售分期购买和类似活动的法律或条例为非法的收费或作法成为有效，也不使此种法律或条例扩展适用于其本来不适用的交易。

第 9—202 条 担保物所有权无需考虑（略）

第 9—203 条 担保权益的附着和强制执行；收益；形式要求（略）

第 9—204 条 后得财产；未来贷款（略）

第 9—205 条 允许不经报告而使用或处置担保物

即使债务人有权自由使用、混合或处置担保物之部分或全部（包括退回的或收回的货物），或有权自由就帐债或动产契据作收款或作妥协，或有权自由接受退回的货物或收回货物，或有权自由使用、混合或处置收益，或即使担保权人未要求债务人清偿收益或更新担保物，担保权益也不因此而无效，亦不构成对债权人的欺诈。如果担保权人或货物保管人被要求通过占有担保物对担保权益进行确立，该种要求不因本条的规定而降低。

第 9—206 条 不对受让与人作抗辩主张的协议；担保协议对买卖担保的修改（略）

第 9—207 条 担保权人占有担保物时的权利和义务

1. 担保权人必须对所占有的担保物在占有和保存时行使合理注意。当担保物为票据或动产契据时，除非另有协议，合理注意包括采取必要步骤，以保留对抗前手当事方的权利。

2. 除非另有协议，当担保物由担保权人占有时，

a. 占有、保存、使用或营用担保物所产生的费用（包括任何保险费、税收或其它费用），应由债务人承担，并以担保物作担保；

b. 如果担保物意外灭失或损坏，有效保险以外的不足部分由债务人承担；

c. 担保权人可将从担保物中收获的除金钱外的任何增值或利润作为附加担保物；但以此种方式收获的金钱，只要未转付给债务人，即应用于减少所担保的债务；

d. 担保权人必须使担保物保持可分辨的状态，但种类性担保物可以混合；

e. 担保权人可在不损害债务人赎回担保物之权利的条件下将担保物质押给他人。

3. 如果担保权人未能履行前款规定的义务，他应对所造成的损失承担责任，但不因此而丧失担保权益。

4. 担保权人可为保存担保物或其价值，或根据有适当管辖权的法院的命令，使用或营用担保物，也可以按担保协议规定的方式和范围使用或营用除消费品外的担保物。

第 9—208 条　债务报告和担保物清单

1. 债务人可签署一项报告，注明他认为到某一日期为止的未偿债务总额，并可将报告送给担保权人，要求其认可或修改该报告后再退还给债务人。如果担保物系由担保权人保存的担保协议或其它记录所确定，债务人可同样要求担保权人认可或修改债务人送交的担保物清单。

2. 担保权人收到上述要求后，必须在两星期内遵照执行，寄送出书面的修改或认可书。如果担保权人对债务人所拥有的某特定种类担保物之全部享有担保权益，他可仅在回复中指出此种事实，而不必认可或修改分件列出的此种担保物清单。如果担保权人无合理理由而未遵守上述要求，他应对债务人因此而受到的损失承担责任；并且，如果债务人在其要求中适当地善意地提供了其债务报告或担保物清单或同时提供两者，担保权人在对抗由于其未遵守上述要求而获误解的人时，只能就报告中所列之债务主张担保权益。如果担保权人在收到债务人上述要求时已不再对债务或担保物拥有权益，他必须说明他所知的该权益之继承人的姓名和地址。如果未能作出说明，他应对债务人因此而受到的损失承担责任。继承人在收到债务人的要求之前，不受本条的约束。

3. 债务人有权每 6 个月免费作出一次上述报告。对于每一次额外的报告，担保权人可要求债务人支付不超过 10 美元的费用。

第三章　第三方的权利；确立与未确立担保权益；优先顺序

第 9—301 条　享有优于未确立担保权益之权利的人；“留置权债权人”的权利

1. 除本条第 2 款另有规定外，未确立担保权益次于下述人的权利；

a. 依据第 9—312 条享有优先权的人；

b. 担保权益获得确立之前成为留置权债权人的人；

c. 涉及货物、票据、所有权凭证和动产契据时，非兼为担保权人的大宗转让受让人或其他非正常业务中的买方，或正常业务中的农产品买方；但此种人必须在担保权益确立前支付对价和取得担保物的交付，并且不了解该担保权益；

d. 涉及帐债和一般无形财产时，非兼为担保权人的受让人；但他必须在担保权益确立前支付对价，并且不了解该担保权益。

2. 涉及价款担保权益时，如果担保权人在债务人占有担保物后10日内作出登记，他即享有优于大宗转让受让人或留置权债权人的权利，只要该受让人或留置权债权人的权利是在担保权益发生附着至作出登记这段时间内发生的。

3. “留置权债权人”指通过查封、扣押或类似方法对有关财产取得留置权的债权人，也包括为全体债权人利益所作财产总让与中的受让与人（从让与作出时起算）、破产程序中的受托人（从破产申请提出时起算）或衡平法中的财产接收人（从任命时起算）。

4. 担保权益确立后成为留置权债权人的人，其权利仅次于为下列贷款作担保的担保权益：他成为留置权债权人之前或其后45日内所提供的贷款；不知其留置权时所提供的贷款；依据不知其留置权时作出之承诺所提供的贷款。

第9—302条　通过登记对担保权益进行确立；本篇登记条款所不适用的担保权益（略）

第9—303条　担保权益获得确立的条件；确立的连续性

1. 在担保权益附着于担保物且涉及确立之各项必要步骤均已完成之后，担保权益即获确立。此种步骤规定在第9—302条，第9—304条、第9—305条和第9—306条中。如果此种步骤在担保权益附着之前已完成，则担保权益在附着发生时获得确立。

2. 如果担保权益先以本篇允许的其它方式获得确立，又以本篇规定的方式获得确立，则只要其间未有不确立的间断期，该担保权益在本篇范围内应被视为始终处于确立状态。

第9—304条　票据、所有权凭证和所有权凭证所代表之货物中的担保权益的确立；通过任意性登记对担保权益进行确立；不登记或不转移占有时担保权益的临时性确立

1. 动产契据或流通所有权凭证中的担保权益可以通过登记获得确立。金钱

或票据（构成动产契据之组成部分的票据除外）中的担保权益只能通过担保权人占有金钱或票据而获得确立，除非本条第 4 款和第 5 款及涉及收益的第 9—306 条第 2 款和第 3 款另有规定。

2. 如果代表货物流通的所有权凭证的开单人占有货物。则在其占有期间，货物中担保权益的确立系通过确立所有权凭证中的担保权益而获得。在上述期间内，货物中的担保权益即使以其它方式获得确立，也不能对抗所有权凭证中的确立担保权益。

3. 如果货物由未曾签发代表货物流通的所有权凭证的货物保管人占有，则货物中的担保权益通过签发向担保权人交货的所有权凭证而获得确立；或在货物保管人收到有关担保权人之权益的通知后获得确立；或通过就货物作出登记而获得确立。

4. 票据或流通所有权凭证中的担保权益，在发生附着后的 21 天内，即使不作登记或占有，亦为确立担保权益，只要该担保权益系根据书面担保协议通过支付新对价而设立。

5. 如果担保权人对票据或流通所有权凭证，或对由未曾签发代表货物流通的所有权凭证之货物保管人占有的货物，享有确立担保权益，此种担保权益可不经登记而保持 21 天的确立状态，只要该担保权人：

a. 系为最终出售或交换，或系为装载、卸载、存储、运输、转运、制造、加工之目的使债务人得到货物或代表货物的所有权凭证，或系因准备出售或交换而以其它方式处置货物或所有权凭证；但是货物或所有权凭证中，冲突的担保权益的优先顺序应根据第 9—312 条第 3 款确定；或

b. 系为最终出售或交换，或系为提示、收款、延展或登记转让之目的向债务人交付票据。

6. 在本条第 4 款和第 5 款所规定的 21 天期限届满后，只有遵守本篇有关规定，才能使担保权益获得确立。

第 9—305 条　担保权人不经登记而通过占有使担保权益获得确立

担保权人可以通过占有信用证和信用证通知书（第 5—116 条第 2 款第 a 项）、货物、票据、金钱、流通所有权凭证或动产契据而确立其中的担保权益。

除由流通所有权凭证代表的货物以外，如果此种担保物被货物保管人所持有，担保权人应被视为从货物保管人收到有关担保权人对货物之权益的通知时起取得对担保物的占有。以占有方式获得确立的担保权益，只从占有发生时起获得确立，而不具有溯及力；并且，除本篇另有规定外，只有继续保持占有，担保权益才能保持确立。在担保权人占有担保物之前或占有结束之后，担保权益可按本篇规定的其它方式获得确立。

第 9—306 条　“收益”，担保物被处置时担保权人的权利（略）

第 9—307 条　对货物买方的保护

1. 正常业务中的买方（第 1—201 条第 9 款），只要非系自从事农业经营的人处买进农产品的买方，他在取得货物后不受其卖方所设立的担保权益的影响，即使该担保权益是确立的，并且买方亦知其存在。

2. 涉及消费品时，如果买方不知存在担保权益，且支付了对价，且货物系为个人或家庭使用，则他取得货物后，不受其中担保权益的影响，即使该担保权益是确立的；除非在购买发生之前，担保权人已就此种货物登记了融资报告。

3. 如果买方不是正常业务中的买方（本条第 1 款），则只有担保权益系担保权人在了解该项购买后或购买发生 45 日后（以先发生者为准）所提供之未来贷款时，买方才可不受担保权益的影响；但是，如果贷款是依据在不了解购买事项的情况下和在 45 天期限届满前作出的承诺而提供的，则担保权益仍然有效。

第 9—308 条　购买动产契据和票据（略）

第 9—309 条　对票据和所有权凭证购买人的保护（略）

第 9—310 条　法定留置权的优先地位

如果任何人在正常业务中就设有担保权益的货物提供服务或提供原材料，且制定法或法律原则规定该人可以就此种服务或材料对所占有的货物享有留置权，则此种留置权具有可对抗前存确立担保权益的优先权，除非规定此种留置权的是制定法且该法明确作出其它规定。

第 9—311 条　债务人权利的可转让性：司法程序

债务人对担保物的权利，可以自愿或非自愿地（通过出售、设立担保权益、查封、扣押或其它司法程序）被转让，即使担保协议含有禁止转让或规定转让构成违约的条款。

第 9—312 条　同一担保物上冲突的担保权益之间的优先顺序（略）

第 9—313 条　不动产附着物中担保权益的优先顺序（略）

第 9—314 条　添附物（略）

第 9—315 条　货物被混合后或加工后的优先顺序

1. 如果货物中的担保权益是确立的，但其后该货物或货物某部分成为某产品或大宗货物的组成部分，则该担保权益仍继续存在于该产品或大宗货物中，只要：

a. 经过制造、加工、装配或混合，已无法从产品或大宗货物中分辨出该货物；或

b. 原始货物的融资报告同时包括了经过制造、加工、装配或混合而使原始货物融汇其中的产品。

涉及本款第 b 项所适用的情况时，不能依据第 9—314 条对经过制造、加工或装配而融汇进入产品的那部分原始货物中的担保权益作单独的主张。

2. 如果按本条第 1 款规定，有一项以上的担保权益附着于产品或大宗货物，各项担保权益依据它们原始附着之货物的成本在整体产品或大宗货物的成本中所占的比例享有权利。

第 9—316 条　优先权的降位

本篇任何部分均不限制有权获得优先的人通过协议降低自己的优先地位。

第 9—317 条　担保权人不对债务人的合同承担责任

担保权人不单纯因为享有担保权益或作出允许债务人处置或使用担保物的授权而对债务人因作为或不作为而引起的合同责任或侵权责任承担责任。

第 9—318 条　对抗受让与人的抗辩；作出让与通知后合同仍可被修改；禁止让与的条款无效；让与的说明与证明（略）

第四章　登　　记

第 9—401 条　登记地点；错误登记；担保物的移动

1. 为使担保权益获得确立而进行登记的适当地点如下：

a. 如果担保物为待砍伐树木，或为矿物或类似物质（包括石油和天然气），或为第9—103条第5款规定的帐债；或如果融资报告系通过不动产附着物登记（第9—313条）而登记，且担保物是已成为或将成为不动产附着物的货物，那么，应在注册不动产抵押的地点进行登记；

b. 在所有其它情况下，应在〔州务卿〕办公处进行登记。

2. 只要登记系以善意进行，即使登记地点不适当，或未在本篇所要求的所有地点进行登记，该登记仍可就符合本篇要求的那部分登记所涉及的担保物发生效力，并且，只要任何人了解融资报告的内容，在对抗该人时，登记亦可就所涉及的担保物发生效力。

3. 在本州适当地点作出的登记，不因债务人住所地或营业地随后变更或担保物所在地或使用地随后变更（视何者决定原始登记地点而定）而失效。

4. 应根据第9—103条所规定的原则来确定是否有必要在本州内进行登记。

5. 不论前述各款如何规定，如果涉及传输企业的担保物，包括传输企业的不动产附着物，则对担保物中担保权益进行确立的适当登记地点为〔州务卿〕办公处，除非第9—302条第3款另有规定。此种登记对其所涉及的已成为或将成为不动产附着物的担保物构成不动产附着物登记（第9—313条）。

6. 为本条之目的，一个组织如果有一处营业地，该营业地即为住所地；如果有一处以上的营业地，主要行政办公地为住所地。

第9—402条 融资报告的形式要求；融资报告的修改；不动产抵押书作为融资报告（略）

第9—403条 登记；登记的有效期限；过期登记的效力；登记官员的职责

1. 将融资报告提交登记并交付登记费或由登记官员接受融资报告，即构成本篇规定的登记。

2. 除本条第6款另有规定外，登记后的融资报告自登记之日起5年内有效。5年期满后，登记的融资报告即告失效，除非在5年期满之前登记延期报告。如果通过登记而获确立的担保权益在债务人的破产诉讼开始时已经存在，则在破产诉讼结束前和其后60天内担保权益继续保持确立，或在5年期限届满之前担保权益保持确立，以后发生者为准。过期后，担保权益即失去确立性，除非它可不经登记而获确立。如果担保权益由于过期而失去确立性，则在对抗过期前成为购买人或留置权债权人的人时，它应被视为自始即不确立。

3. 延期报告可由担保权人在本条第 2 款所规定的 5 年期限届满前 6 个月内进行登记。此种延期报告必须由担保权人签名，并应说明原始报告的登记序号，并说明原始报告尚未失效。延期报告如果不是由注册的担保权人签名，就必须另外附有由注册的担保权人签名的分离书面让与报告，并且让与报告必须符合第 9—405 条第 2 款的要求，包括支付必需的费用。如果及时登记延期报告，原始报告的有效期将从无延期报告时原登记本将依本条第 2 款规定失效之日起再延长 5 年。为延续原始报告的有效性，可按同样方式不断登记延期报告。除非法律对公共档案的处理另有规定，登记官员可以将过期失效的报告从档案中移出，并在存有微缩胶卷或其它照相记录时可立即将报告销毁，否则，可在过期失效 1 年后将报告销毁。登记官员在保存档案时，应通过作出适当安排或通过其它方式，使融资报告和延期报告或其它有关的报告能保存在一起，以便他在实际销毁超过 5 年期限的融资报告时，那些通过延期报告得到延长的报告或那些根据本条第 6 款仍然有效的报告将得以保存。

4. （略）

5. （略）

6. （略）

7. （略）

第 9—404 条　终止报告

1. 如果在（……）日或其后登记涉及消费品的融资报告，那么，一旦所有的担保债务均已获清偿，并且不存在提供贷款，承担债务或以其它方式支付对价的承诺，担保权人必须在 1 个月内或在债务人提出书面要求 10 日内，向每一个曾接受融资报告登记的登记官员登记终止报告。报告应说明原融资报告的登记序号，说明担保权人已不再享有融资报告中所规定的担保权益。在其它情况下，一旦所有的担保债务均已获清偿，并且不存在提供贷款、承担债务或以其它方式支付对价的承诺，担保权人必须在收到债务人的书面要求后，代表每一个曾接受融资报告登记的登记官员向债务人发送出终止报告。报告应说明原融资报告的登记序号，说明担保权人已不再享有融资报告所规定的担保权益。如果终止报告不是由注册的担保权人签名，则必须附有由注册的担保权人签名的分离书面让与报告，且此种让与报告应符合第 9—405 条第 2 款的规定，包括支付必需的费用。如果有关的担保权人未能在收到适当要求后 10 日内登记此种终止报告，他应向债务人赔偿 100 美元，再加上债务人因此而受到的任何损失。

2.（略）

3.（略）

第 9—405 条 担保权益的让与；登记官员的职责；手续费

1. 融资报告所涉及之担保物中的担保权益的让与，可在融资报告中予以注明，并应说明受让与人的姓名和地址；也可以把让与书或其副本附在融资报告前面或后面，以此作为对让与的注明。登记官员收到所提交的此种融资报告后，应作出与第 9—403 条第 4 款中同样的注明。对加注此种让与的融资报告进行登记、制作索引和提供登记情况的统一收费标准为（……）美元，只要该报告符合〔州务卿〕所规定的标准格式，否则，为（……）美元。

2. 担保权人可通过在原融资报告登记处另行登记书面让与报告而在注册中让与融资报告项下的全部或部分权利。让与报告应由注册的担保权人签名，并应说明注册的担保权人和债务人的姓名、融资报告的登记序号和登记日期、受让与人的姓名和地址、以及被让与的担保物。如果让与书符合要求，其副本可以作为上述让与报告。登记官员收到所提交的此种另行作出的让与报告后，应在其上注明登记的日期和时间。他还应在融资报告上和索引上注明此种让与。如果涉及不动产附着物登记，或涉及待砍伐树木的登记，或涉及矿物或类似物质（包括石油和天然气）的登记，或涉及第 9—103 条第 5 款规定的帐债的登记，登记官员应将让与人视为供方，将该项让与以让与人的姓名排列在索引中；当本州法律规定抵押之让与的索引应按受让与人的姓名排列时，他应将融资报告的让与按受让人的姓名编入索引。为此种另行登记的让与报告进行登记、制作索引和提供登记情况的统一收费标准为（……）美元，只要该报告符合〔州务卿〕规定的标准格式，否则，为（……）美元。如果让与报告涉及的索引姓名不止一个，每增加一个姓名，另行收费（……）美元。不管本款如何规定，为对可以有效作为不动产附着物登记的抵押书（第9—402条第6款）所涉及之不动产附着物中之担保权益从注册中予以让与，只能依据本法以外之州法所规定的方式通过抵押的让与而取得。

3. 根据本条对让与作出登记或予以注明后，受让与人即成为注册的担保权人。

第9—406条　担保物的释解；登记官员的职责；手续费（略）

第9—407条　从登记官员处索取材料（略）

第9—408条　涉及寄售货物或租赁货物的融资报告（略）

第五章　违约（略）

2.《德国民法典》第三编第七、八章（节选）

德国的担保法律制度主要见于《德国民法典》与《德国商法典》，其中又以《德国民法典》为主。《德国民法典》的章节结构在历史上曾有调整，但担保物权的规定一直由第1113条至第1296条承载。编者节选了这些条文中与本书案例重点相关者。

第七章　抵押权、土地债务、定期土地债务

第一节　抵　押　权

第1113条　【概念】

（1）土地可以此种方式设定负担，使因设定负担而受利益的人享有由土地支付一定金额以清偿其债权的权利（抵押权）。

（2）抵押权也可以为将来的或者附条件的债权而设定。

第1114条　【在一部分上设定】

除《土地登记簿法》第3条第6款所列举的情形外，只有当土地的一部分为共同所有权人中之一人的应有份额时，始得设定土地负担。

第1115条　【抵押权的登记】

(1) 在登记抵押权时，应在土地登记簿中载明债权人、债权金额；债权为附利息的，应载明其利息；应支付其他从给付的，应载明其金额；此外，为说明债权，可以引用登记许可证书。

(2) 在对其章程已由主管行政机关公布的信贷机构的贷款的抵押权进行登记时，为说明除利息以外的其他按章程应支付的从给付，只引用章程即可。

第 1116 条 【证书抵押权和登记抵押权】

(1) 关于抵押权应给予抵押权证书。

(2) 可以免除给予抵押权证书，也可以事后免除。在免除时需有债权人和所有权人达成的协议，并应在土地登记簿中登记注册；于此准用第 873 条第 2 款和第 876 条，第 878 条的规定。

(3) 可以撤销免除给予证书；其撤销方式与免除方式相同。

第 1117 条 【证书抵押权的取得】

(1) 如果未免除给予抵押权证书，债权人仅在土地所有权人向其移交证书时，始取得抵押权。对上述移交适用第 929 条第 2 句和第 930 条，第 931 条的规定。

(2) 可以通过约定债权人从土地登记局接受证书代替移交证书。

(3) 债权人已占有证书的，应推定证书已移交。

第 1118 条 【从债权的责任】

根据抵押权，土地也对债权的法定利息以及预告解约通知费用和就土地取得清偿为目的的权利追诉费用，负其责任。

第 1119 条至第 1122 条 （略）

第 1123 条 【扩及于使用租赁关系和用益租赁关系】

(1) 土地已被使用出租或者用益出租的，抵押权扩及于使用租赁债权或者用益租赁债权。

(2) 在债权到期的范围内，如果事先未进行有利于抵押债权人的扣押，债权在到期一年后，免除其责任。使用租金或者用益租金应事先支付的，责任的免除不扩及于除扣押当时的历定月以后的时间；如果扣押是在当月的第十五日以后进行的，责任的免除也扩及于下一个历定月的使用租金或者用益租金。

第 1124 条　【对使用租金或者用益租金的事先处分】

（1）为抵押债权人的利益而对使用租金或者用益租金进行扣押之前，使用租金或者用益租金已被收取或者在扣押前已被以其他方式处分的，此种处分仍对抵押债权人有效。处分是为了向第三人转让债权的，债权的责任消灭；第三人取得对债权的某项权利的，其顺位优先于抵押权。

（2）如果上述处分涉及抵押当时的历定月以后时间的使用租金或者用益租金，该处分对抵押债权人无效；但扣押是在当月的第十五日以后进行的，如果其处分涉及下一个历定月的使用租金或者用益租金，其处分仍为有效。

（3）只出让土地而不转让债权的，与向第三人转让债权相同。

第 1125 条　【对使用租金或者用益租金的抵销】

如果催收使用租金或者用益租金对抵押债权人无效，使用承租人或者用益承租人不得以其对使用出租人或者用益出租人所享有的债权，向抵押债权人主张抵销。

第 1126 条　【扩及于定期给付】

要求定期给付的权利与土地所有权相结合的，抵押权扩及于对此给付的请求权。于此准用第 1123 条第 2 款第 1 句，第 1124 条第 1 款、第 3 款和第 1125 条的规定。在扣押前，对扣押后三个月始到期的给付请求权进行处分的，对抵押债权人无效。

第 1127 条至第 1133 条　（略）

第 1134 条　【停止侵扰之诉】

（1）所有权人或者第三人以此种方式侵扰土地，使土地有危害抵押权担保的毁损之虞的，债权人可以提起停止侵扰之诉。

（2）如果侵扰出自所有权人，经债权人申请，法院应命令采取防止侵扰所必需的措施。因所有权人未对第三人的侵扰或者对其他损害采取必要的预防措施，致有毁损之虞的，亦同。

第 1135 条　【从物的毁损】

抵押权所扩及的从物受到毁损或者违反通常经营方法从土地上移走的，等同于第 1133 条，第 1134 条意义上的土地的毁损。

第 1136 条 【法律行为的处分限制】

根据约定，所有权人对债权人负有土地不转让或者不再设定权利的义务的，该约定无效。

第 1137 条 【所有权人的抗辩】

（1）所有权人对抵押权可以主张负个人责任的债务人对债权人享有的抗辩权以及根据第 770 条的规定由保证人享有的抗辩权。负个人责任的债务人死亡的，所有权人不得援引继承人对债务仅负有限责任而提出抗辩。

（2）所有权人并非负个人责任的债务人的，其抗辩权并不因其放弃抗辩权而消灭。

第 1138 条 【土地登记簿的公认作用】

在关于债权及所有权人根据第 1137 条的规定享有的抗辩权方面，第 891 条至第 899 条的规定也适用于抵押权。

第 1139 条 【抵押贷款登记的异议】

为贷款设定抵押权时，在免除给予抵押权证书的范围内，为登记一项基于未提供贷款为原因的异议，在所有权人在登记后一个月之前设定抵押权的范围内，只需所有权人向土地登记局提出申请即可。异议在此一个月内登记的，其效力与登记抵押当时即登记异议的效力相同。

第 1140 条 【抵押权证书和土地登记簿中的不正确性】

抵押权证书或者证书上的批评显示土地登记簿的内容明显不正确时，不得援用第 892 条、第 893 条的规定。抵押权证书或者证书上的批评显示对土地登记簿的正确性有异议的，与登记入土地登记簿的异议具有相同效力。

第 1141 条 【抵押权的预告解约通知】

（1）债权是否到期取决于预告解约通知的，该预告解约通知仅在由债权人向所有权人表示或者由所有权人向债权人表示时，始为有效。为债权人的利益，土地登记簿中作为所有权人登记的人即视为所有权人。

（2）所有权人在国内无住所，或者存在有第 132 条第二款规定的条件的，经债权人申请，土地所在地的初级法院应为所有权人指定一名代理人，使得债权人能够向该代理人发出预告解约通知。

第 1142 条 【所有权人的清偿权】

（1）如果债权对所有权人已到期或者负个人责任的债务人有权给付时，所有权人也有权向债权人清偿。

（2）清偿也可以通过提存或者抵销来完成。

第 1143 条 【债权的转让】

（1）所有权人并非负个人责任的债务人的，在所有权人向债权人清偿的范围内，债权移转于所有权人。于此准用第 774 条第 1 款关于保证人的规定。

（2）债权上存在有总合抵押权的，适用第 1173 条的规定。

第 1144 条 【证书的交付】

所有权人凭对债权人的清偿可以要求交付为更正土地登记簿或者注销抵押权所必需的抵押权证书和其他证书。

第 1145 条至第 1148 条 （略）

第 1149 条 【不允许的清偿约定】

如果债权对所有权人尚未到期，所有权人不得授予债权人为清偿目的而要求转让土地所有权的权利，或者以强制执行方式以外的其他方式出让土地的权利。

第 1150 条至第 1152 条 （略）

第 1153 条 【抵押权和债权的转让】

（1）债权一经转让，抵押权也一并转让给新所有权人。

（2）债权不得不随抵押权一并转让，抵押权不得不随债权一并转让。

第 1154 条 【债权的让与】

（1）让与债权需以书面形式给予让与的意思表示，并交付抵押权证书；于此适用第 1117 条的规定。经新债权人要求，原债权人应由自己负担费用，由公证机构对让与的意思表示加以认证。

（2）可以通过在土地登记簿中登记让与来代替让与的意思的书面形式。

（3）免除给予抵押权证书的，对于债权的让与，准用第 873 条、第 878 条的规定。

第 1155 条至第 1160 条 （略）

第 1161 条 【主张债权】

所有权人为负个人责任的债务人时，第 1160 条的规定也适用于对债权的主张。

第 1162 条 【抵押权证书的公示催告】（略）

第 1163 条 【所有权人抵押权】

（1）为债权设定抵押权而债权未能成立时，抵押权属于所有权人。债权消灭时，所有权人取得抵押权。

（2）未免除给予抵押权证书的抵押权，在证书移转于债权人之前，属于所有权人。

第 1164 条 【抵押权移转于债务人】

（1）负个人责任的债务人向债权人清偿的，在负个人责任的债务人可以要求所有权人或者所有权人的前任权利人偿还的范围内，抵押权移转于负个人责任的债务人。仅应向债务人偿还一部分的，在抵押权已移转于所有权人的范围内，所有权人可以在不损害债务人利益的情况下，主张抵押权。

（2）债权和债务同归于一人时，等同于已向债权人清偿。

第 1165 条 【债务人免除债务】

债权人放弃抵押权或者根据第 1183 条的规定废除抵押权或者将顺位优先权让与另一项权利时，负个人责任的债务人在即使未受上述处分也可以根据第 1164 条的规定就抵押权求偿的范围内，免除其债务。

第 1166 条、第 1167 条（略）

第 1168 条 【放弃抵押权】

（1）债权人放弃抵押权的，由所有权人取得。

（2）放弃应向土地登记簿或者所有权人作出意思表示，并应在土地登记簿中登记注册。于此准用第 875 条第 2 款和第 876 条、第 878 条的规定。

（3）债权人仅就一部分债权放弃抵押权的，所有权人享有第 1145 条规定的权利。

第 1169 条 【干扰权利的抗辩】

所有权人享有永久排除主张抵押权的抗辩权的，可以要求债权人放弃抵押权。

第 1170 条 【排除不明债权人】

（1）债权人不明的，如果自土地登记簿中最后有关抵押权的登记已经过十年，而且所有权人在此期限内未曾以第 208 条规定的中断时效的方式对债权人的权利予以承认的，可以通过公示催告程序排除债权人的权利。对债权有历定支付时间的，在支付日届至前，该期限不开始计算。

（2）除权判决一经公布，所有权人即取得抵押权。已给予债权人的抵押权证书丧失其效力。

第 1171 条　【因提存而排除】

（1）即使所有权人有权向债权人清偿或者有权发出预告解约通知，并且为债权人提存其金额而申明放弃取回权，仍可以通过公示催告程序排除不明债权人的权利。仅在土地登记簿中已登记利率时，始有必要提存利息；发布除权判决前一个历定季度以前期间的利息，不需要提存。

（2）除权判决一经发布，债权人视为已受清偿，但以根据关于提存的规定事先未将清偿进行登记的为限。已给予债权人的抵押权证书丧失其效力。

（3）如果债权人事先未向提存所申报，债权人对提存金额存在的权利，因除权判决发布后三十年内不行使而消灭；提存人即使已放弃取回权，仍有权取回提存物。

第 1172 条至第 1178 条　（略）

第 1179 条　【注销的预告登记】

抵押权与所有权同归于一人时，所有权人对他人负有注销抵押权的义务的，如果因办理预告登记而受利益的人

1. 享有抵押权、土地债务或者土地上定期金债务之外的另一相同顺位或者后顺位的权利，或者

2. 享有对让与另一项此种权利或者转让土地所有权的请求权，为担保注销的请求权，可以在土地登记簿中作预告登记；请求权亦可以是将来的或者附条件的请求权。

第 1179a 条　【对他人权利的注销请求权】

（1）一项前顺位或者相同顺位的抵押权，在债权人的抵押权进行登记的当时与所有权同归于一人，或者此种混同在后来发生时，抵押权的债权人可以要求所有权人注销前顺位或者相同顺位的抵押权。如果所有权在根据本款第 1 句的规

定受利益的抵押权进行登记后，因特定继受而移转于他人时，各所有权人因在其所有期间发生混同而负有注销义务。注销请求权的担保方式与为担保请求权与优先抵押权同时在土地登记簿作预告登记的方式相同。

（2）第 1163 条第 1 款第 1 句规定的抵押权与所有权同归于一人的，仅在发生应担保的债权不再产生时，始得根据本条第 1 款的规定要求注销该项抵押权；但从此刻起，注销请求权也因事先已存在的混同而存在。因第 1163 条第 2 款规定的抵押权与所有权发生混同，本条第 1 款规定的请求权不成立。

（3）如果受利益的抵押权具备第 1163 条规定的条件，而所有权人或者其前任权利人的权利未登记入土地登记簿，则注销请求权属于已登记的债权人或者其前任权利人。

（4）抵押权的顺位后移的，对因变更顺位而成为此抵押权的前顺位或者相同顺位的抵押权，根据以变更顺位登记的时刻代替顺位后移的权利的登记时刻的标准，准用本条第 1 款至第 3 款的规定。

（5）根据上述规定享有注销请求权的抵押权的债权人，可以约定排除此项请求权，作为该抵押权的内容；排除限于一定的混同情形。上述排除应将对全部或者部分不属于注销请求权的抵押权的说明载入土地登记簿；如果不是对一切混同情形都约定排除，为详细说明登记情况，可以引用登记许可证。撤销排除的，并不因此产生仅在撤销前产生的混同的注销请求权。

第 1179b 条 【固有权利的注销请求权】

（1）在土地登记簿中作为抵押权的债权人登记的人，或者根据第 1155 条的标准证明为债权人的人，如果在抵押权进行登记时抵押权与所有权同归于一人或者后来发生此种混同时，可以要求所有权人注销该抵押权。

（2）于此准用第 1179a 条第 1 款第 2 句、第 3 句和第 2 款、第 5 款的规定。

第 1180 条 【债权的更换】

（1）设定抵押权的债权可以其他债权代替。此项变更需有债权人与所有权人之间达成的协议，并应在土地登记簿中登记注册；于此准用第 873 条第 2 款和第 876 条、第 878 条的规定。

（2）代替原债权的债权不属于原抵押权债权的，应征得原抵押债权人的同意；此项同意应向土地登记局或者因同意而受利益的人表示。于此准用第 875 条第 2 款和第 876 条的规定。

第 1181 条　【因就土地取得清偿而消灭】

（1）债权人就土地取得清偿的，其抵押权消灭。

（2）债权人就设定总合抵押权的土地中的一块土地取得清偿的，其余各土地也免除抵押权。

（3）就抵押权所及的标的物取得清偿的，等同于就土地取得清偿。

第 1182 条至第 1189 条　（略）

第 1190 条　【最高额抵押权】

（1）抵押权可以此种方式设定，即只规定土地应负担的最高额，此外则只保留债权的确定。该最高额须在土地登记簿中登记注册。

（2）债权附利息的，利息应计入最高额内。

（3）抵押权即使未在土地登记簿中载明为担保抵押权，仍视为担保抵押权。

（4）此项债权可以根据关于债权转让的一般规定进行转让。根据上述规定转让债权的，其抵押权并不一并转让。

第二节　土地债务和定期金债务

第一小节　土地债务

第 1191 条　【概念】

（1）土地可以此种方式设定权利，使因设定权利而受利益的人享有由土地支付一定金额的权利（土地债务）。

（2）前项权利也可以就土地支付上述金额的利息以及其他从给付的方式加以设定。

第 1192 条　【可适用的规定】

（1）如果没有关于土地债务不得以债权存在为条件的其他规定，对于土地债务准用关于抵押权的规定。

（2）对于土地债务的利息，适用关于抵押权债权的利息的规定。

第 1193 条至第 1195 条　（略）

第 1196 条　【所有权人土地债务】

（1）土地债务也可以为所有权人设定。

（2）设定土地债务，应由所有权人向土地登记局作出应将其土地债务登记人土地登记簿的意思表示，并进行登记；于此准用第 878 条的规定。

（3）第 1179a 条或者第 1179b 条规定的注销土地债务的请求权，仅存在于土地债务属于所有权人以外的他人之后，土地债务和所有权同归于一人的情形中。

第 1197 条 【偏离于他主土地债务】

（1）所有权人同时为债权人的，不得为了取得清偿而进行强制执行。

（2）仅在土地经他人申请，为了强制管理而被扣押，且仅在强制管理期间，所有权人始享有利息。

第 1198 条 【允许的变更】

抵押权可以变更为土地债务，土地债务可以变更为抵押权。无需征得相同顺位或者后顺位的权利人的同意。

第二小节　定期金债务

第 1199 条 【概念；赎回金额】

（1）土地可以就土地定期支付一定金额的方式设定权利（定期金债务）。

（2）设定定期金债务时须确定金额，使定期金债务因支付该金额而得到清偿。此项赎回金额须在土地登记簿中载明。

第 1200 条 【可适用的规定】（略）

第 1201 条 【赎回权】

（1）所有权人享有赎回权。

（2）要求赎回的权利不得给予债权人。在第 1133 条规定的情况下，债权人有权要求就土地支付赎回金额。

第 1202 条、第 1203 条 （略）

第八章　动产质权和权利质权

第一节　动　产　质　权

第 1204 条 【概念】

（1）为担保债权，动产可以使债权人有权就物受清偿的方式设定权利（质权）。

（2）质权也可以为将来的或者附条件的债权而设定。

第 1205 条　【设定】

（1）设定质权时，所有权人需将物移交于债权人，并由双方当事人就债权人应享有质权达成协议。债权人已占有其物的，只需有关质权成立的协议即可。

（2）所有权人可以将间接占有的物移转于质权人，并将质权的设定通知占有人来代替将所有权人间接占有的物移交。

第 1206 条、第 1207 条　（略）

第 1208 条　【善意取得的优先】

物上设定有第三人权利的，质权优先于该权利，但质权人在取得质权的当时为非出于善意的除外。于此准用第 932 条第 1 款第 2 句，第 935 条和第 936 条的规定。

第 1209 条　【质权的顺位】

质权即使是为将来的或者附条件的债权而设定，其顺位仍以设定的时间为准。

第 1210 条　【质物的担保范围】

（1）质权所担保的为当时状态的债权，特别是也担保利息和违约金。负个人责任的债务人并非质物的所有权人的，不因债务人在质权设定后所采取的法律行为而扩大责任。

（2）质物所担保的为质权人偿还费用请求权、应偿还债权人的预告解约通知费用和权利追诉费以及质物出卖的费用。

第 1211 条　【出质人的抗辩权】

（1）出质人可以向质权人主张属于负个人责任的债务人对债权的抗辩权，以及根据第 770 条的规定属于保证人的抗辩权。负个人责任的债务人死亡的，出质人不得援引继承人对债务仅负有限责任而提出抗辩。

（2）出质人并非负个人责任的债务人的，出质人不因负个人责任的债务人放弃抗辩权而丧失抗辩权。

第 1212 条至第 1215 条　（略）

第 1216 条　【偿还费用】

质权人为质物支出费用的，出质人的偿还义务根据关于无因管理的规定加以确定。质权人有权取回其为质物所设置的设备。

第1217条、第1219条 （略）

第1220条 【拍卖警告】

（1）仅在向出质人发出拍卖警告后，始得将质物拍卖；如果质物正在腐败，而迟延拍卖会引起危险时，可以不发出警告。在价值减少的情况下，除警告外，质权人还应在为出质人提供其他担保规定了一个适当期限，且该期限已届满时，始得进行拍卖。

（2）质权人应将拍卖的情况立即通知出卖人，怠于通知的，质权人应负损害赔偿义务。

（3）不能发出警告、不能规定期限或者拍卖后不能进行通知的，可予以免除。

第1221条 【任意出卖】

质物有交易所价格或者市场价格的，质权人可以任意通过具有国家授权的商业经纪人，或者通过有公开拍卖权限的人，按市价出卖。

第1222条至第1228条 （略）

第1229条 【到期没收质物协议的禁止】

按照出卖权发生前达成的协议，约定在质权人未受清偿或者未及时受清偿时，质物的所有权即归于或者移转于质权的，该协议无效。

第1230条至第1240条 （略）

第1241条 【通知所有权人】

质权人应将质物出卖及其结果立即通知所有权人，但不能通知的除外。

第1242条 【合法出让的效力】

（1）因合法出让质物，受让人取得的权利与从所有权人处取得该物的权利相同。质权人拍定该物的，亦同。

（2）存在于物上的质权，即使已为受让人所明知，仍归于消灭。上述规定同样适用于用益权，但用益权的顺位优先于一切其他质权的除外。

第1243条 【违法出让】（略）

第1244条 【善意取得】

出让人并不享有质权或者并不具备合法出让的要件而将该物作为质物出让的，如果其出让系根据第 1233 条第 2 款的规定进行，或者已遵守第 1235 条或者第 1240 条第 2 款的规定的，均准用第 932 条至第 934 条、第 936 条的规定。

第 1245 条　【偏离规定的约定】

（1）所有权人和质权人可以约定偏离第 1234 条至第 1240 条的规定的质物出卖方式。第三人对质物享有权利而该权利可因出让而消灭的，质物出卖时应征得该第三人的同意。同意应向因同意而受利益的人表示；此项同意不得撤回。

（2）在出卖权发生前，不得放弃遵守第 1235 条、第 1237 条第 1 句和第 1240 条的规定。

第 1246 条　【出于公平原因而偏离规定】（略）

第 1247 条　【质物出卖价金】

质物出卖价金作为清偿归于质权人的，债权视为已由所有权人清偿。除此以外，以价金代替质物。

第 1248 条　【所有权推定】

质物出卖时，为有利于质权人，出质人视为所有权人，但质权人明知出质人并非所有权人的除外。

第 1249 条　【代偿权】

因质物出让而有可能丧失质物的权利的人，在债务人有权给付时，可以直接向质权人给付。于此准用第 268 条第 2 款、第 3 款的规定。

第 1250 条　【债权转让】

（1）质权随债权转让而移转于新债权人。质权不得脱离债权而转让。

（2）如果在债权转让时，有禁止质权转让的情况，其质权消灭。

第 1251 条　【质权转让的效力】

（1）新质权人可以向原质权人要求交付质物。

（2）一经取得占有，新质权人即取代原质权人参加到对出质人应承担的与质权相结合的义务中来。如果新质权人不履行其义务，原质权人就新质权人应负的赔偿责任，与放弃先诉抗辩权的保证人的责任相同。如果债权因法律规定移转于新质权人，或者基于法定义务转让于新质权人时，不发生质权人的责任。

第 1252 条至第 1254 条　（略）

第 1255 条 【质权的废除】

（1）以法律行为废除质权时，只需质权人向出质人或者所有权人作出其放弃质权的意思表示即可。

（2）质权上已设定第三人的权利的，应征得该第三人的同意。此项同意应向因同意而受利益的人表示；此项同意不得撤回。

第 1256 条 【质权和所有权的竞合】

（1）质权与所有权同归于一人时，质权消灭。在质权所担保的债权上设定第三人的权利的，质权消灭。

（2）所有权人对质权的存续有合法利益的，质权不消灭。

第 1257 条 【法定质权】（略）

第 1258 条 【在共同所有权人的应有份额上设定质权】

（1）质权存在于共同所有权人中之一人的应有份额上的，关于物的管理和物的使用方式，质权人行使根据各共同所有权人的共有关系所产生的权利。

（2）在质权人出卖权发生前，只能由共同所有权人和债权人共同要求废除共有关系。在出卖权发生后，质权人无需取得共同所有权人的同意，即可以要求废除共有关系；共同所有权人对永久或者暂时排除要求废除共同关系的权利或者确定预告解约通知期限定有协议的，质权人不受该协议的约束。

（3）废除共有关系时，质权人享有代替应有份额的标的物上的质权。

（4）质权人出卖其应有份额的权利不受影响。

第 1259 条至第 1272 条 （已废除）

第二节 权 利 质 权

第 1273 条 【原则】

（1）质权的标的也可以为权利。

（2）关于权利质权，除第 1274 条至第 1296 条另有其他规定外，准用关于动产质权的规定。不得适用第 1208 条至第 1213 条第 2 款的规定。

第 1274 条 【设定】

（1）权利质权根据关于权利转让的规定加以设定。为转让权利而需要交付物时，适用第 1205 条、第 1206 条的规定。

（2）不得转让的权利，不得设定权利质权。

第 1275 条至第 1279 条　（略）

第 1280 条　【向债务人通知】

出质有转让合同即可移转的债权的，仅在债权人将质权的设定通知债务人时，始为有效。

第 1281 条、第 1282 条　（略）

第 1283 条　【预告解约通知】

（1）出质的债权是否到期，取决于预告解约通知的，债权人仅在质权人有权收取收益时，始应在征得质权人的同意后发出预告解约通知。

（2）债务人的通知，仅在向质权人或者债权人表示后，始为有效。

（3）当第 1228 条第 2 款规定的条件成就时，质权人也有权发出预告解约通知；债务人发出预告解约通知的，只需向质权人作出意思表示即可。

第 1284 条至第 1286 条　（略）

第 1287 条　【给付的效力】

债务人已经根据第 1281 条、第 1282 条的规定履行给付的，一经给付，债权人即取得给付物，质权人则取得给付物上的质权。如果给付为转让土地所有权，质权人则取得保全抵押权，如果给付物为转让注册的船舶或者建造中的船舶，质权人则取得船舶抵押权。

第 1288 条至第 1296 条　（略）

3.《法国民法典》第三编第十七、十八章（节选）

与德国一样，法国的担保制度也主要见于《法国民法典》与《法国商法典》，其中亦以《法国民法典》的第三编第十七、十八章为主。考虑到法国与德国的民法制度较为接近，因此编者仅节选具有法国特色的重点制度。

第十七章　质　　押

第 2071 条　质押契约为债务人将作为担保债务的物件交付于其债权人的契约。

第 2072 条 动产质押契约称为“动产质权”。不动产质押契约称为“不动产质权”。

第一节 动产质权

第 2073 条至第 2075 条 （略）

第 2076 条 在任何情形下，如质物仅在债权人或经当事人同意的第三人手中并继续占有时，其优先权始存在于质物之上。

第 2077 条至第 2080 条 （略）

第 2081 条 在以债权作质时，该债权如订有利息，质权人得由该债权的利息内取偿自己债权的利息。

如以债权作质所担保的债未订有利息时，质权人得由该债权的利息取偿自己债权的原本。

第 2082 条 （略）

第 2083 条 债务纵在债务人的继承人和债权人的继承人间可以分割，质权不得分割。

债务人的继承人已清偿其负担部分的债务，如全部债务未完全清偿时，不得请求返还其在质物上的应有部分。

同样，债权人的继承人已受领其应分配部分的债权的清偿时，不得返还质物以损害其他共同继承人未受清偿的应分配部分的债权。

第 2084 条 （略）

第二节 不动产质权

第 2085 条 不动产质权仅得以书面设定之。

债权人依此契约仅取得收取不动产果实的权利，债权如应付利息时，此项果实每年应先抵偿利息，其次即抵偿原本。

第 2086 条 债权人对于因取得不动产质权而占有的不动产，除另有约定外，应负支付每年租税及负担的义务。

债权人应负保存不动产并为有益及必要的修缮之责，其因此所支付的费用，得由收益中扣除之；不为上述行为致发生损害者负赔偿之责。

第 2087 条　在债务未完全清偿前，债务人不得请求享有设定质权的不动产的用益权。

但债权人如愿解除其前条义务时，得强迫债务人回复对于该不动产的用益权；但债权人曾抛弃此项权利时，不在此限。

第 2088 条　债权人不得仅因达到约定期日未为清偿而取得不动产的所有权；任何相反的约定无效：在此情形，债权人得依法请求按强制执行程序剥夺债务人的所有权。

第 2089 条　当事人约定以果实抵偿利息的全部或一部时，该约定的执行与其他为法所不禁的约定同。

第 2090 条　第 2070 条及第 2083 条关于动产质权的规定，对于不动产质权适用之。

第 2091 条　本章的规定并不妨害第三人在设定质权的不动产上的一切权利。

不动产质权人如在不动产上合法地成立或保存优先权或抵押权时，得与其他债权人同样地依照顺位而行使此等权利。

第十八章　优先权及抵押权

第一节　通　　则

第 2092 条　（略）

第 2093 条　（略）

第 2094 条　合法的优先受偿权利的原因为优先权和抵押权。

第二节　优　先　权

第 2095 条　优先权为依债务的性质而给予债权人先于其他债权人甚至抵押权人而受清偿的权利。

第 2096 条　优先权债权人如有数人时，依优先权的性质而定其优先权的顺位。

第 2097 条　同一顺位的优先权人，依其债权额平等受偿。

第 2098 条 国库的优先权及其行使的顺位应依其有关法律的规定。

但国库不得因取得优先权以损害第三人早先取得的权利。

第 2099 条 优先权得对于动产或不动产行使之。

第一目 关于动产的优先权

第 2100 条 优先权得就一般的动产，亦得就特定的动产有优先受偿的权利。

第一分目 动产的一般优先权

第 2101 条 下列债权对于债务人一般动产上有优先权，并依下列顺位行使之：

一、诉讼费用；

二、丧葬费用；

三、受雇人过去一年的报酬及本年到期的报酬；

四、供给债务人或其家属的生活资料；即面包铺、肉铺或其他零售商人在前六个月供给的物品，寄宿舍及批发商人在前一年供给的物品。

第二分目 动产的特定优先权

第 2102 条 下列债权于债务人的特定动产上有优先权：

一、房屋或土地租赁的租金就本年度收获的果实和租赁房屋中或土地上一切设备的价金以及用作耕种土地的工具的价金有优先权；即如租赁契约以公证书或日期已经确定的私证书作成者，关于一切已到期及将来到期的租金有上述优先权；且在此两种情形，其他债权人在土地或房屋租赁期限届满前，有权为自己的利益转租土地或房屋于他人时，应偿还出租人尚未受偿的债权；

如土地或房屋租赁契约非以公证书作成或以私证书作成而日期并未确定时，出租人对于从本年终起算一年间的租金，有本条本款第一段的优先权；

关于承租人所负修缮房屋的义务或一切有关违反租赁契约的履行所发生的债务，亦有本条本款第一段的优先权；但关于种子或本年度收获费用所欠的金额，就收获物受偿，以及关于农具所欠的金额，就农具价金受偿，不问前一情形或后一情形，均有优先于出租人受偿的权利；

土地或房屋的所有人在承租人未得其同意而将土地或房屋中设备迁出时，得扣押此种设备，且如关于土地上的设备在四十日内行使追还权，关于房屋中的设备在十五日内行使追还权者，对于此种设备仍保有优先权；

二、质权债权人就其占有中的质物有优先权；

三、为保存物件支出的费用，就该物件有优先权；

四、购买动产未支付的价金，如该动产仍在买受人占有中者，不问其为现金买卖或赊欠买卖，出卖人就该动产有优先权；

如为现金买卖，在买受人占有该动产时，出卖人并得请求返还该动产，且如于交付该动产之日起八日内诉请返还而该动产仍保持交付时的原状者，并得阻止买受人转卖该动产；

出卖人的行使优先权，应在土地或房屋所有人的优先权之后，如能证明所有人已知土地或房屋所备置的动产不属于承租人时，不在此限；

以上规定并不变更商事上的法规及习惯有关追还所有权的规定；

五、旅馆主人对旅客的供给，就旅客搬运于旅馆的动产有优先权；

六、运输费用及附带费用，就运输物品有优先权；

七、关于官吏在职务上因擅权和渎职所发生的债权，就其出具的保证金及利息有优先权。

第二目　关于不动产的优先权

第 2103 条　在下列情形下，债权人对于债务人的不动产有优先权：

一、出卖人关于不动产价金的清偿，就其出卖的不动产有优先权；

如有连续数次的买卖而其价金的全部或一部尚未清偿时，第一出卖人优先于第二出卖人，第二出卖人优先于第三出卖人，并以此类推；

二、为购买不动产而贷与金钱的贷款人，如经公证的借贷契约证明其贷款的目的为购买不动产，且在出卖人的收据上亦载明买受人所付的价金为贷款人所贷与时，就该不动产有优先权；

三、共同继承人〔即不可分物的共同分割人，因其分配份额被追夺〕，对其他共同继承人有求偿权，以及〔因其分配份额有失公平〕，对其他共同继承人有要求返还超过额或补偿权，为保证此等权利，就遗产中的不动产有优先权；

四、建筑人、承揽人、泥水工、其他建筑、重建或修缮建筑物、沟渠或其他工程的工人，如具备下述程序，对不动产有优先权：1. 工程开始前，由建筑物所在地区的第一审法院指派鉴定人作成所有人计划与工地有关建筑物状况的记录，2. 工程完毕后至多六个月内，由法院指派鉴定人为验收工程作成的记录；但优先权的总额不得超过第二次记录认定的价值，并限于出让不动产时因工程所增加的价值；

五、为支付或偿还有优先权的工人而贷与金钱的贷款人，如经以公证作成的借贷契约和工人收据均证明其金额为供此项用途时，与前述为购买土地而贷与金钱的贷款人就买受的不动产有优先权相同，就前款建筑物有优先权。

第三目　关于动产及不动产的优先权

第 2104 条　关于动产及不动产的优先权为第 2101 条规定的各种优先权。

第 2105 条　前条规定的优先权，在无动产可资受偿而与对不动产有优先权的债权人共同就不动产的价金行使时，应依下列顺位清偿之：

一、第 2101 条规定的裁判上费用及其他费用；

二、第 2103 条规定的各种请求权。

第四目　保持优先权的方法

第 2106 条　不动产的优先权非经法定方式登记于抵押登记机关的登记簿册者，在债权人间，不发生效力，且登记效力仅自登记之日起发生，次条规定为唯一例外。

第 2107 条　第 2101 条规定的请求权免除登记的手续。

第 2108 条　出卖人得将其出让所有权于买受人并证明其应得价金全部或一部尚未支付的证书登记，以保全其对于不动产的优先权；关于此点，买受人登记其买卖证书，和出卖人或在买卖契约中供给买价而取得出卖人权利的贷款人的登记有同一效力；但抵押权登记机关的登记员对于产生于移转所有权证书的债权，不论为出卖人或贷款人的利益，应自行登录于登记簿，否则对第三人负赔偿一切损害的义务；登记员在买卖契约未进行登记的情形，亦得命令其登记以便据以进行保全未付价金的登记。

第 2109 条　共同继承人或依拍卖方法对不可分物进行共同分割之人，为保全其要求返还〔分配〕超过额或补偿权或拍卖的价金，在作成分割证书或拍卖拍定之日起六十日内请求登记时，就各分配份额的财产或拍定财产有优先权；在上述六十日的期间内，就负担返还〔分配〕超过额或补偿权或拍卖卖价的财产，不得成立抵押权，以损害债权人关于要求返还〔分配〕超过额或补偿权或拍卖卖价的权利。

第 2110 条　建筑人、承揽人、泥水工及其他为建筑、重建或修缮建筑物、沟渠或其他工程的工人，及为支付或偿还上述工程费用而贷与金钱，其用途已经证明的贷款人经进行两次的登记——建筑物状况记录的登记，和验收记录的登记——而保全其权利，且自第一次记录登记之日起取得优先权。

第 2111 条　债权人及受遗赠人如依继承章第 876 条规定请求分离继承人与被继承人的财产，并自继承开始六个月内对于遗产的各种财产进行登录时，对于被继承人的继承人和代位继承人的债权人而言，即就遗产中的不动产保有优先权。

在六个月期限内，继承人或被继承人的代理人不得就该财产有效地设定抵押权以损害债权人或受遗赠人的权利。

第 2112 条　各种优先权债权的受让人，取得让与人的地位，得行使让与人的一切权利。

第 2113 条　应完成登记手续的优先权未依照上述法定要件以保全其优先权者，并不停止其保有抵押权；但对于第三人，抵押权仅自依下述规定登记之日起发生效力。

第三节　抵　押　权

第 2114 条　（略）

第 2115 条　（略）

第 2116 条　抵押权分为下列三种：法律上的抵押权、裁判上的抵押权、契约上的抵押权。

第 2117 条　法律上抵押权为依据法律规定所发生的抵押权。裁判上抵押权为依据裁判或司法行为所生的抵押权。契约上抵押权为依据合意及由一定方式的证书和契约所生的抵押权。

第 2118 条　抵押物以下列财产为限：

一、得为买卖的不动产及其视为不动产的附属物；

二、收益期内同一不动产及其附属物的收益。

第 2119 条 动产不得设定抵押权。

第 2120 条 本法典的规定不变更海商法有关船舶及航海船舶的规定。

第一目 法律上抵押权

第 2121 条 赋予法律上抵押权的权利和债权如下：

一、已婚妇女的权利和债权对于其夫的财产；

二、未成年人及禁治产人的权利和债权对于其监护人的财产；

三、国家、区乡、公共机关的权利和债权对于税收人员及会计人员的财产。

第 2122 条 有法律上抵押权的债权人，在以下规定的限制下得对于债务人现在的及将来取得的一切不动产行使其权利。

第二目 裁判上抵押权

第 2123 条 裁判上的抵押权，依最终确定或先予执行的对席判决或缺席判决，利于取得判决的人而产生。

裁判上的抵押权，亦因具有执行令的仲裁裁决以及在国外做出并经法国法院宣告具有执行力的裁判决定而产生。

除债务人得在诉讼过程中或其他任何时候援用第二千一百六十一条及随后条款的权利外，享有裁判上的抵押权的债权人，得对现在属于其债务人的所有不动产登记其权利，但应当遵守第二千一百四十六条之规定。

债权人在相同的限制下，得就以后归入债务人财产内的不动产登记其权利。

第三目 契约上抵押权

第 2124 条 契约上抵押权，仅由有处分其不动产能力之人，始得设定之。

第 2125 条 在不动产上有权利之人，如其权利附有条件，或在某种情形下得解除或取消者，仅得在附有同一条件或同一解除或取消原因下，设定抵押权。

第 2126 条 就未成年人、禁治产人及不在人的财产，当此项财产仅被许可暂时占有的情形，仅依法律所定的原因及方式，或依法院的裁判，始得设定抵押权。

第 2127 条至第 2133 条 （略）

第四目 抵押权的顺位

第 2134 条 债权人间抵押权的顺位，不问其抵押权为法律上的、裁判上的、契约上的，应依债权人按法定方式登录于抵押权登记机关登记簿上的时日先后定之，但有次条规定的情形时，不在此限。

第 2135 条 在下列情形之一时，无须经过任何登录，即有抵押权的成立：

一、未成年人及禁治产人，因监护人为其处理事务，自监护人接受职务之日起，就监护人的不动产取得抵押权；

二、已婚妇女，因设有奁产及订有夫妻财产契约，自结婚之日起，就其夫的不动产取得抵押权。

妻子关于其由继承所取得的奁产或婚姻关系存续中所受赠的奁产的总额，仅自继承开始或赠与发生效力之日起，就丈夫的不动产取得抵押权。

妻子因与丈夫共同负担债务而取得的求偿权，或因其个人财产被夫出售而未予运用的价金，仅自债务发生或出售财产之日起，就丈夫的不动产取得抵押权。

在任何情形下，本条的规定不得影响第三人在本章公布前所取得的权利。

第 2136 条至第 2145 条 （略）

第四节 优先权及抵押权的登录方法

第 2146 条至第 2153 条 （略）

第 2154 条 抵押权及优先权的登录，自登录之日起十年内保有登录的效力；在十年期满前如不更新登录者，应终止其效力。

第 2155 条、第 2156 条 （略）

第五节 登录的涂销与减缩

第 2157 条 涂销登录应依有涂销权的利害当事人的同意为之，或依终审判决或有拘束力的判决的宣告为之。

第 2158 条至第 2160 条 （略）

第 2161 条 依法得就债务人现在及将来所有的不动产取得优先权或抵押权的债权人，未有约定的限制，而就债务人数宗不动产进行优先权或抵押权的登录，超过担保自己债权的必要者，债务人得请求法院将其登录减缩至足供提保的不动产，或涂销其超过担保必要部分的不动产登录。此项诉讼适用第 2159 条关于管辖的规定。

本条的规定对于契约上抵押权，不适用之。

第2162条 就数个不动产所为之登录，如其中一个或数个不动产的价值以其未设定负担前的价值为标准，超过其担保债权原本及合法附属权利的总额达三分之一以上时，应认为超过必要。

第2163条 抵押权担保的债权如并非由契约所订定而依其性质或为期待权，或为附条件或不确定的权利时，基于债权人的估价所为的登录，亦得依前条规定认为超过必要。

第2164条 在前条情形，法院应斟酌情况、条件实现的可能性与事实的推定，既保证债权人上述权利的担保又保障债务人合理地保留其信用的利益，而裁判其登录抵押权是否超过必要；如因某些事实的实现而使未确定债权大量增加时，不妨碍债权人依新的登录且自新登录之日起取得增加抵押权。

第2165条 （略）

第六节 优先权及抵押权对于占有优先权及抵押权标的物的第三人的效果

第2166条 债权人对于不动产已为优先权或抵押权的登录者，不问该不动产转让于何人，仍保留其权利，并依债权的顺位，或登录的顺位而取得清偿。

第2167条至第2169条 （略）

第2170条 占有该不动产的第三人，其个人并不负担债务，且主债务人一人或数人仍占有担保同一债务的其他设定抵押权的不动产时，占有该不动产的第三人得反对出卖其所受让且设有抵押权的不动产，并依保证章规定的方法主张先就主债务人其他设抵押权的不动产实行追索，在此期间，应暂缓该不动产的出卖。

第2171条 主张先就主债务人其他财产实行追索的抗辩，对于有优先权或在特定不动产上有抵押权的债权人，不得主张之。

第2172条 第三人占有不动产，其个人并不负担债务而有处分权利能力者，得抛弃其负担抵押权的不动产。

第2173条　在占有该不动产的第三人承认债务，或在法院判决其应履行债务后，仍得抛弃其不动产：抛弃并不阻止占有该不动产的第三人在拍卖前，因偿还其全部债务及费用而取回不动产。

第2174条　因抵押权而抛弃不动产者，应在不动产所在地法院书记室为之；法院应给予抛弃的证书。

法院依最有利害关系人的请求，对于已抛弃的不动产应指定财产管理人，关于不动产出卖的诉讼应依法定剥夺所有权的方式，向财产管理人提起之。

第2175条至第2177条　（略）

第2178条　占有该不动产的第三人如清偿抵押债务，或抛弃设有抵押权的不动产，或不动产因执行被剥夺所有权时，得依法定担保，对于主债务人行使求偿权。

第2179条　（略）

第七节　优先权及抵押权的消灭

第2180条　优先权及抵押权因下列情形而消灭（略）

第八节　消除优先权及抵押权的方法

第2181条　第三人如拟消除在其不动产上的优先权及抵押权时，应就取得该不动产所有权或其他物权的全部契约，请求不动产所在地的抵押登记机关登录之。

登录应在登记簿上为之，登记员应给予登录证书于请求人。

第2182条　单纯登录不动产出让证书于登记簿者，并不消除不动产上现在负担的抵押权及优先权。

出卖人对于买受人仅移转其在出售的不动产上的所有权及其他权利：因此出卖人移转不动产时亦一并移转其所负担的优先权及抵押权。

第2183条　新所有人有意保证自己免受本章第六节规定诉讼的效力时，应在其被诉前或在其收受第一个催告的一个月内，将下列事项，送达通知于债权人登录时所选定的住所：

一、权利证书的节本，其中仅记载证书的日期及性质、出卖人或赠与人的姓名及详细的叙述、出卖或赠与不动产的种类及所在地；如为一批财产时，不动产的概括指定及其所在地区、价金及构成价金部分的负担，或以不动产为赠与时，其估价额；

二、买卖证书登录的节本；

三、分作三栏的表格，第一栏记载各抵押权设定及登录的日期；第二栏记载各债权人的姓名；第三栏登录债权的总额。

第 2184 条 买受人或受赠人在同一证书上应声明不问债务到期与否，准备在不动产价金限度内偿付债务及抵押权的负担。

第 2185 条至第 2192 条 （略）

第九节 对于夫及监护人的不动产未为抵押权登录时消除其抵押权的方法（略）

第十节 登记簿的公开及登记员的责任

第 2196 条 抵押权登记员对于凡要求取得登录于登记簿上的证书的抄本和现存登录的抄本者，或要求取得并无任何登录存在的证明书者，应交付此种书类。

第 2197 条 抵押权登记员因下列情形发生的损害负赔偿责任：

一、对于在登记簿上权利移转证书的登录和向登记机关要求进行的登录，未为登录者；

二、在证明书上漏未记载现存的一个或数个登录者，在此情形，因请求人的陈述不充分以致发生错误时，不在此限。

第 2198 条至第 2203 条 （略）

4. 《日本民法典》第二编第七、九、十章（节选）

《日本民法典》在历史上曾取法于《法国民法典》与《德国民法典》，其体例、结构与内容均与二者尤其是后者近似。日本的担保物权法主要集中在《日本民法典》第二编第七、九、十章，因此编者特节选其中较具特色者。

第七章　留　置　权

第二百九十五条　留置权的内容

（一）他人物的占有人，就该物产生债权时，于其债权受清偿前，可以留置该物。但债权不在清偿期内，不在此限。

（二）前款规定，不适用于占有因侵权行为而开始的情形。

第二百九十六条　不可分性

留置权人于受债权全部清偿前，可以就留置物的全部行使其权利。

第二百九十七条至第三百零二条　（略）

第九章　质　　权

第一节　总　　则

第三百四十二条至第三百四十六条　（略）

第三百四十七条　留置的效力

质权人，于前条所载债权受清偿前，可以留置质物。但是，不得以此权利对抗对自己有优先权的债权人。

第三百四十八条　转质权

质权人，于其权利存续期间，可以以自己的责任，转质质物。于此情形，对不可抗力造成的、不转质就不会产生的损失，亦负责任。

第三百四十九条至第三百五十一条　（略）

第二节　动　产　质

第三百五十二条、第三百五十三条　（略）

第三百五十四条　抵充简易清偿

动产质权人，于其债权不受清偿时，以有正当理由为限，可以请求法院许其依鉴定人的估计，直接以质物抵充清偿。于此情形，质权人应预先将其请求通知债务人。

第三百五十五条　动产质权的顺位

为担保数个债权，而就同一动产设定质权时，其质权的顺位，依设定的先后而定。

第三节 不动产质

第三百五十六条至第三百五十九条 （略）

第三百六十条 存续期间

（一）不动产质权的存续期间不得超过十年。以长于十年期间设定不动产质权的，其期间缩短为十年。

（二）不动产质的设定可以更新。但其期间，自更新时起，不得超过十年。

第三百六十一条 抵押权规定的准用

关于不动产质，除本节规定外，准用次章的规定。

第四节 权利质

第三百六十二条、第三百六十三条 （略）

第三百六十四条 指明债权质

（一）以指明债权质为质权标的的，非依第四百六十七条的规定将质权的设定通知第三债务人或经第三债务人承诺，不得以之对抗第三债务人及其他第三人。

（二）前款规定，不适用于股份。

第三百六十五条 （略）

第三百六十六条 指示债权质

以指示债权为质权标的时，非将质权设定背书于其证书，不得以之对抗第三人。

第三百六十七条 债权质权人的权利

（一）质权人可以直接收取作为质权标的的债权。

（二）债权标的物为金钱时，质权人以对自己的债权额部分为限，可以收取。

（三）上述债权的清偿期，先于质权人的债权清偿期届至时，质权人可使第三债务人提存其清偿金额。于此情形，债权存在于提存金上。

（四）债权标的物不是金钱时，质权人于作为清偿所受的物上有质权。

第三百六十八条　（略）

第十章　抵　押　权

第一节　总　　则

第三百六十九条　抵押权的内容

（一）抵押权人，就债务人或第三人不转移占有而供债务担保的不动产，有先于其他债权人受自己债权清偿的权利。

（二）地上权及永佃权可以成为抵押权的标的。于此情形，准用本章的规定。

第三百七十条、第三百七十一条　（略）

第三百七十二条　其他担保物权规定的准用

第二百九十六条（留置权的不可分性）、第三百零四条（先取特权的物上代位）及第三百五十一条（质权物上保证人的求偿权）的规定，准用于抵押权。

第二节　抵押权的效力

第三百七十三条　顺位

（一）为担保数个债权，而就同一不动产设定抵押权时，抵押权的顺位，以登记的先后而定。

（二）抵押权的顺位，可以依各抵押权人的合意而变更，但是，有利害关系人时，应经其承诺。

（三）前款的顺位变更，非经登记，不发生效力。

第三百七十四条至第三百七十六条　（略）

第三百七十七条　价金清偿

就抵押不动产买卖所有权或地上权的第三人，应抵押权人的请求，对其清偿了价金后，抵押权为该第三人而消灭。

第三百七十八条　涤除

就抵押不动产取得所有权、地上权或永佃权的第三人，可以依第三百八十二条至三百八十四条的规定，向抵押权人支付或提存其提供、得到抵押权人承诺的金额，而涤除抵押权。

第三百七十九条 不得实行涤除者

主债务人、保证人及其承受人，不得涤除抵押权。

第三百八十条 不得实行涤除者

附停止条件的第三取得人，于条件成否未定期间，不得涤除抵押权。

第三百八十一条 对涤除权人的通知

抵押权人欲实行其抵押权时，应预先将其意旨通知第三百七十八条所载的第三取得人。

第三百八十二条 涤除的时期

（一）第三取得人，于接受前条通知前，可以随时涤除抵押权。

（二）第三取得人，于接受前条通知后，除非于其后一个月内进行次条的送达，不得涤除抵押权。

（三）有前条通知后，取得第三百七十八条所载权利的第三人，限于前款的第三取得人可实行涤除期间内，可以涤除。

第三百八十三条 涤除的程序

第三取得人欲涤除抵押权时，应向已进行登记的各债权人，送达下列书面文件。

1. 记载取得原因、年月日、让与人及取得人姓名、住所、抵押不动产性质、所在地、价金及取得人其他负担的书面文件。

2 有关抵押不动产的登记簿的誊本。但是，关于已消灭权利的登记，无须记载；

3. 记载权利人如不于一个月内依次条规定提出增价拍卖请求时，则第三取得人即债权顺位，清偿或提存第一项所载价金或特别指定的金额意旨的书面文件。

第三百八十四条至第三百八十七条 （略）

第三百八十八条 法定地上权

土地及土地上存在的建筑物属于同一所有权人，而仅以土地或建筑物进行抵押，于拍卖时，视为抵押人设定地上权。但其地租，因当事人请求，由法院予以确定。

第三百八十九条　抵押地上建筑物的拍卖

抵押权设定后，抵押人于抵押地上建造了建筑物时，抵押权人可以将建筑物与土地一起拍卖。但其优先权，只能就土地的价金行使。

第三百九十条　拍买人

第三取得人，可以为拍买人。

第三百九十一条　第三取得人的费用偿还请求权

第三取得人就抵押不动产支付了必要费或有益费时，可以依第一百九十六条的区别，以不动产的价金最先受偿还。

第三百九十二条　共同抵押

（一）债权人于担保同一债权的数个不动产上有抵押权可以同时接受其价金分配时，则不动产按其价额，分别负担其债权。

（二）可以只受某不动产价金的分配时，抵押权人可以就该价金，受债权的全部清偿。于此情形，次顺位的抵押权人，以上述抵押权人依前款规定应就其他不动产受清偿的金额为限度，可以代位行使其抵押权。

第三百九十三条　代位的登记

依前条规定代位行使抵押权者，可以于抵押权登记中附记其代位。

第三百九十四条　自一般财产所受的清偿

（一）抵押权人，只能就以抵押不动产的价金未能清偿部分，以其他财产受清偿。

（二）前款规定，不适用于应以其他财产的价金，先于抵押不动产价金分配情形。但是，其他各债权人，为了使抵押权人依前款规定受清偿，可以请求提存应向其分配的金额。

第三百九十五条　短期租赁的保护

不超过第六百零二条所定期间的租赁，虽于抵押权登记后进行登记，亦可以之对抗抵押权人。但是，其租赁权害及抵押权人时，法院因抵押权人请求，可以命令解除该租赁。

第三节 抵押权的消灭（略）

第四节 最高额抵押

第三百九十八条之二 被担保债权的范围

（一）抵押权，亦可依设定行为的订定，为在最高额的限度内担保属于一定范围的不特定债权而设定。

（二）前款抵押权（以下称“最高额抵押”）担保的不特定债权的范围，应限于因和债务人的特定的继续性交易契约所产生者，或因和债务人一定种类交易所产生者而予以确定。

（三）基于特定原因，与债务人间继续地产生的债权或票据、支票上的请求权，可以不拘前款规定，以之作为最高额抵押全担保的债权。

第三百九十八条之三 优先清偿的范围。

最高额抵押权人，可就已确定的原本、利息及其他定期金，作为最高额抵押权因担保的债权，于债务人停止支付时，或就债务人有破产、和解开始、更生程序开始、整理开始、特别清算开始的申请时，或对抵押不动产有拍卖申请、因滞纳处分有扣押时，只能就于其前取得者，行使最高额抵押权，但不妨碍就不知其事实而取得者行使最高额抵押权。

第三百九十八条之四 被担保债权范围的变更

（一）原本确定前，可以变更最高额抵押权担保的债权的范围，变更债务人亦同。

（二）前款无变更，无须经后顺位的抵押权人或其他第三人承诺。

（三）关于第一款的变更，未于原本确定前进行登记者，其变更视为未变更。

第三百九十八条之五 最高额的变更

最高额抵押权的最高额，非经利害关系人承诺，不得变更。

第三百九十八条之六至之八 （略）

第三百九十八条之九 继承与最高额抵押权

（一）原本确定前，就最高额抵押权人有继承开始时，最高额抵押权，除担保继承开始时存在的债权外，还担保依最高额抵押权人于最高额抵押人的合意而定的、继承人于继承开始后负担的债务。

（二）第三百九十八条之四第二款的规定，准用于进行前两款合意情形。

（三）于继承开始后六个月，未就第一款与第二款的合意进行登记的，应担保的原本，视为于继承开始时确定。

第三百九十八条之十　合并与最高额抵押权

（一）于原本确定前，就最高额抵押权人有合并时，最高额抵押权，除担保合并时存在的债权外，还担保合并后存续的法人或因合并而设立的法人于合并后取得的债权。

（二）于原本确定前，就债务人有合并时，最高额抵押权，除担保合并时存在的债务外，还担保合并后存续的法人或因合并而设立的法人于合并后所负担的债务。

（三）于前两款情形，最高额抵押权人可以请求确定应担保的原本。但是，于前款情形，债务人为最高额抵押人时，不在此限。

（四）有前款请求时，应担保的原本，视为于合并时确定。

（五）第三款的请求，于最高额抵押人知有合并日起经过两周时，不得进行。自合并日起经过一个月时，亦同。

第三百九十八条之十一　最高额抵押权的处分

（一）于原本确定前，最高额抵押权不得实行第三百七十五条第一款的处分，但不妨碍以最高额抵押权作为其他债权的担保。

（二）第三百七十六第二款的规定，不适用于前条但书情形中于原本确定前进行的清偿。

第三百九十八条之十二　最高额抵押权的让与

（一）于原本确定之前，最高额抵押权人经最高额抵押人承诺，可以让与其最高额抵押权。

（二）最高额抵押权人，可以将其最高额抵押权分割为两个最高额抵押权，而依前款规定将其中之一让与。于此情形，就让与的最高额抵押权消灭。

（三）进行前款让与，应经以该最高额抵押权为标的的权利所有人承诺。

第三百九十八条之十三　最高额抵押权的部分让与

于原本确定前，经最高额抵押人承诺，最高额抵押权人可以实行最高额抵押权的部分让与，而与受让人共有其最高额抵押权。

第三百九十八条之十四　最高额抵押权的共有

（一）最高额抵押权的共有人，按其各债权额的比例受清偿。但是，于原本确定前，定有与上述不同比例，或定某人可以先于他人受清偿时，从其所订。

（二）最高额抵押权的共有人，经其他共有人同意，可以依第三百九十八条之十二第一款的规定，让与其权利。

第三百九十八条之十五条　顺位利益的承受

受抵押权顺位让与或抛弃的最高额抵押权人，实行其最高额抵押权的让与或部分让与时，受让人承受该顺位让与或抛弃的利益。

第三百九十八条之十六　共同抵押规定的准用

关于最高额抵押权，以与其设定同时，登记为担保同一债权而于数个不动产上设定最高额抵押权者为限，适用第三百九十二条及第三百九十三条的规定。

第三百九十八条之十七　共同最高额抵押的变更、确定等

（一）有前条登记的最高额抵押权应担保债权的范围、债务人、最高额的变更，以及让与和部分让与，非就所有不动产进行登记，不发生效力。

（二）有前条登记的最高额抵押权应担保的原本，即使在只就某一不动产发生确定事由时，亦即确定。

第三百九十八条之十八　无共同担保登记的最高额抵押

于数个不动产上有最高额抵押权者，除第三百九十八条之十六条情形外，可以就各不动产的价金，于各最高额范围内行使优先权。

第三百九十八条之十九　原本确定的请求

（一）最高额抵押权人，自最高额抵押权设定时起，经过三年时，可以请求确定应担保的原本。但是，定有担保原本确定日期者，不在此限。

（二）有前款请求时，应担保的原本，自其请求时起经过两年而确定。

第三百九十八条之二十　原本的确定事由

（一）于下列各项情形，最高额抵押权应担保的原本予以确定：

1. 因应担保债权范围的变更、交易终止或其他事由，应担保原本不再产生时；

2. 最高额抵押权人，就抵押不动产申请拍卖或申请第三百七十二条中准用的第三百零四条规定的扣押时。但是，以有拍卖程序开始或扣押为限；

3. 最高额抵押权人，就抵押不动产，实行因滞纳处分而产生的扣押时；

4. 自最高额抵押权人知晓对抵押不动产的拍卖程序开始或有因滞纳处分而产生的扣押时起，经过两周时；

5. 债务人或最高额抵押人受破产宣告时。

（二）前款第四项的拍卖程序开始、扣押或第五项的破产宣告的效力消灭时，应担保的原本视为未确定。但是，有以原本确定为前提，取得其最高额抵押权或以之为标的的权利者时，不在此限。

第三百九十八条之二十一　最高额的减额请求

（一）于原本确定后，最高额抵押权人，可以请求将其最高额抵押权的最高额，减至现存债务额上以后二年应产生的利息、其他定期金及因债务不履行而产生的损害赔偿额的计算。

（二）关于有第三百九十八条之十六登记的最高额抵押权最高额的减额，前款请求，只就一个不动产进行即可。

第三百九十八条之二十二　最高额抵押权的消灭请求

（一）于原本确定后，现存债务额超过最高额抵押权的最高额时，为担保他人债务而设定最高额抵押权者，或者抵押不动产取得所有权、地上权、永佃权或可以对抗第三人的承租权的第三人，可以支付或提存该最高额的相当金额，而请求消灭最高额抵押权。于此情形，其支付或提存，有清偿的效力。

（二）有第三百九十八条之十六登记的最高额抵押权，于就一个不动产提出前款请求时消灭。

（三）第三百七十九条及第三百八十条（不得实行涤除者）规定，准用于第一款的请求。